交通运输类“十三五”创新教材
内河船舶船员基本安全和特殊培训教材

内河散装化学品船安全知识与操作

中国海事服务中心组织编审
主编 ◎ 姚昌栋

大连海事大学出版社

图书在版编目(CIP)数据

内河散装化学品船安全知识与操作. / 姚昌栋主编
. — 大连 : 大连海事大学出版社, 2020.12
内河船舶船员基本安全和特殊培训教材
ISBN 978-7-5632-4041-8

Ⅰ.①内… Ⅱ.①姚… Ⅲ.①化工产品—内河运输—散装货物运输—交通运输安全—教材 Ⅳ.①U698.3

中国版本图书馆CIP数据核字(2020)第262380号

大连海事大学出版社出版

地址:大连市凌海路1号　邮编:116026　电话:0411-84728394　传真:0411-84727996
http://press.dlmu.edu.cn　E-mail:dmupress@dlmu.edu.cn
大连彩色印刷有限公司印装　大连海事大学出版社发行

2020年12月第1版　2020年12月第1次印刷
幅面尺寸:184 mm × 260 mm　印张:12.5　字数:307千

出 版 人:余锡荣　策　划:李继凯
责任编辑:王桂云　责任校对:刘若实
版式设计:解瑶瑶　封面设计:解瑶瑶

ISBN 978-7-5632-4041-8　定价:60.00元

内河船舶船员基本安全和特殊培训教材
编委会

前　言

根据《内河船舶船员适任培训和考试大纲（2019版）》，中国海事服务中心组织在内河船舶运输领域有着丰富教学和培训经验的专家在2012年培训教材的基础上重新编写了“内河船舶船员基本安全和特殊培训教材”，并组织实践经验丰富的海事管理机构专家和船公司的专家对教材进行了审定。

在本套教材编写前，中国海事服务中心组织参编专家对内河船舶运输现状进行了广泛的调研和深入的讨论，确保教材内容符合船上实际，反映最新航运技术和与航运相关的最新法律、法规、规范与标准，并在表达方式上通俗易懂，符合内河船舶船员业务学习和技能培训的需要。

本系列教材包括《内河船舶船员基本安全知识与技能》《内河油船安全知识与操作》《内河散装化学品船安全知识与操作》《内河客船安全知识与操作》《内河滚装船安全知识与操作》《内河船舶包装危险货物运输管理》《内河高速船安全知识与操作》。

《内河散装化学品船安全知识与操作》由南京油运海员培训中心姚昌栋主编，江苏海事局葛同林、韩杰祥，中国海事服务中心刘长青主审。江苏航运职业技术学院任云烨，南京油运海员培训中心赵家禹、刁雨玲、张柱龙、康红、陈洪生、王新桥、皮小波参与了本教材的编写。全教材由姚昌栋负责统稿。

《内河散装化学品船安全知识与操作》全教材内容共分八章，第一章化学品船的基本知识、第二章化学品的危害及预防措施、第三章职业健康与安全预防措施、第四章内河散化船消防、第五章应急反应、第六章化学品船的货物操作与管理、第七章散化船防污染和第八章散化船安全管理。本教材适用于内河散装化学品船舶任职船员的特殊培训，也可供航运企业内部培训使用。

教材在编写过程中得到了各海事机构、航运院校、船员培训机构、航运企业等相关单位的关心和大力支持，特致谢意！由于时间仓促，教材中难免存在错误和疏漏，欢迎广大读者和专家批评指正。

中国海事服务中心

2020年7月

目　录

第一章

化学品船的基本知识

第一节 散装化学品货物内河运输的发展、前景及运输方式

化学品液货船：建造或改建成用于散装运输《内河散装运输危险化学品船舶法定检验技术规则》第17章所列的任何液体化学品货物的货船。

液体化学品：温度37.8 ℃时，其蒸气压力不超过0.28 MPa（绝对压力）的液体。

一、散装化学品货物内河运输的发展

20世纪开始，随着工业发达国家石油化学工业的发展，石油化工制品、合成化学品的利用范围日益扩大，使运输量骤增，陆地运输已不能满足运输要求，且易造成环境的污染和危害。通过专门的化学品船进行海上运输是比较安全的，运输量又大，甚至能跨海越洋远距离运输；同时散装运输比桶装运输节约包装材料，减少桶装、倾倒流程，可节省大量成本；在装卸及航运中，桶装会造成货损，货品外漏对设备、环境及人体健康造成危害，散装运输化学品船能满足安全、经济、高效、快捷的要求。

（一）世界化学品船的发展简史

第一代化学品船：最早出现的散装液体化学品船是在1948年，美国把T2型普通油船改装成化学品船。典型例子是T2型油船改装成9 073总吨的化学品船，设有双层底舱，中央舱可装9种不同的化学品，边舱装载煤油，并使用了深井泵，具有较灵活的管线系统，装卸比较方便，如图1-1所示。但实际上第一代化学品船没有脱离普通油船的模式，其原

因是受货舱结构材料所限，对装运化学品货物有很大的局限性。

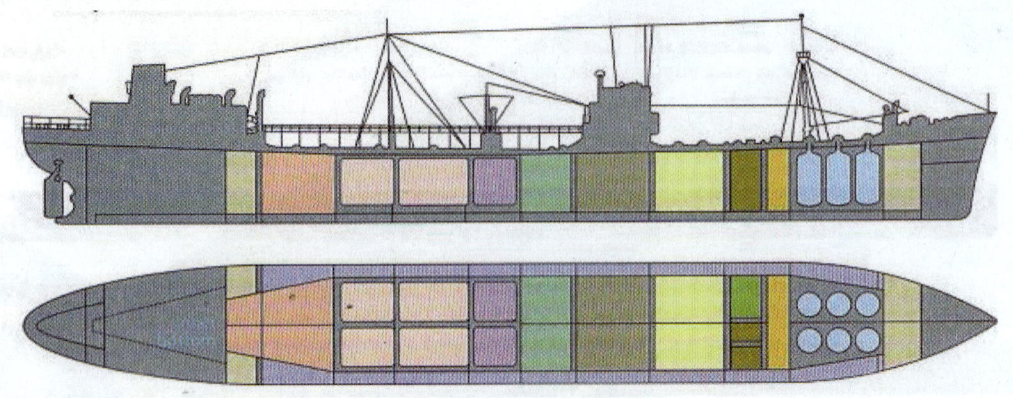

图 1-1　第一代化学品船

第二代化学品船：到了20世纪60年代，为了能装运更多品种的化学品，将成品油船加以改造，成为第二代化学品船。

第二代化学品船具有两个明显的特点：一是采用分隔式的货舱，即在成品油船的货舱内再加设隔舱壁，使其分隔成更多独立的小舱室，并增设了相应复杂的泵和管线系统，由泵房统一操纵控制；二是广泛地应用了舱壁涂层工艺，使装运散装化学品的适应性进一步扩大。

第三代化学品船：20世纪70年代，液体化学品货运量和货种不断增加，如运输酸、碱等货物，对货舱结构材料提出了更高的要求。为了保证货物的质量和运输的安全，有1/3～1/2的中央液货舱及其所使用的泵和管线是用不锈钢建造的，从而扩大了使用范围；在结构上，采用双层底舱，可做压载之用，如图1-2所示。

管系采用一舱一泵体系，一般不用总泵房操作，而分段设置泵房，使装卸操作更为灵活方便。

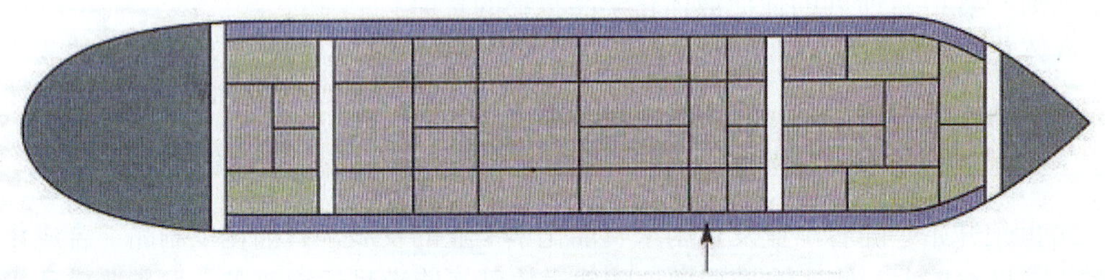

图 1-2　第三代化学品船

第四代化学品船：1985年5月，韩国大宇造船公司为总部设在美国的挪威斯图尔特–尼尔森公司建造的化学品船才是名副其实的“散化”船，其主要特点是：吨位较大，该船总载重吨为39 370载重吨，分隔较密，如图1-3所示。

47 000 m³舱容被分隔成58个独立型液体货舱，舱间有隔舱，并配之以一舱一泵的独立泵/管体系；货舱70%采用了高强度不锈钢材料，可适应装载比重大、腐蚀性强的酸、碱类液货；设有先进的控制系统、加热系统、透气系统、检测系统、警报系统及情性气体系统，其构造和设备能满足所载运化学品的安全运输和防污染的要求，而且具有更大的灵活性和更好的营运性能。

图1-3　第四代化学品船

第五代化学品船：1989年挪威的克莱文（Kleven）船厂为斯图尔特·尼尔森公司建造的4艘30 000载重吨级化学品船已进入了第五代化学品船。其主要特点：吃水浅，设计吃水为10 m；以全不锈钢型货舱为主，39个货舱中有23个为全不锈钢型，其余为硅酸锌涂层；利用甲板空间载货配置2个全不锈钢型甲板货舱；能装载磷酸或甲醇以及所有的化学品植物油等散装液货。

（二）国内化学品船运输的发展

我国散化船的发展起步较晚，20世纪80年代以前我国没有散装化学品船；随着改革开放的需要，20世纪80年代初上海海运局用“大庆20”号小型油船代替化学品液货专用船进行试运；随着改革开放的深入，上海海运局于1983年11月，从日本购进1艘载重吨为3 861 t的化学品船，开创了中国近海/沿海化学品运输。我国也设计建成了一批化学品船，但基本上都是小型船，只有大连造船厂为马来西亚船东建造过载重吨46 000 t的大型化学品船。中国现有的船队中几乎没有大型的多功能化学品船，北美到远东、欧洲到远东，经营化学品船的航线被几个主要的化学品船东垄断着，这与我国这样一个航运大国并不相称，也对我们国家的化学品外贸不利。

我国化学品运输企业规模较小、船舶也小，主要分布在沿海和长三角地区，整体运输能力还是有限。

“十一五规划”提出我国船队结构以向大型化发展，我国化学品水上运输逐步形成吨位结构大、中、小合理配置，适合市场需求具有较强竞争能力的国际国内海运船队。

近年来，我国化学工业每年以较快的速度发展，特别是化学品水上运输行业将由于化工产品产量的发展，超出同期国民经济的增长速度。随着中国化学品市场的运输因产量的飙升而急剧扩张，国际地位也不断提升，我国化学品内贸专用船有几千艘，随着我国经济的飞速发展及对化工品需求的加大，中国的化学品运输将在今后的一段时间内快速上升。

我国内河运输危险品船舶种类繁多。内河危险品运输船舶包括外籍国际航行船、江海直达航行船及长期在内河航行的各类中、小型船。

内河散化船运输的主要特点：成本低、品种多、距离远、节省土地资源、成本费用低等有利条件，散化船运输已成为危险化学品运输的主要方式之一。

中国石油和化工行业“十三五规划”方案是着力破解产能过剩，淘汰落后产能，重点建设七大石化产业基地，随着各炼化基地重大项目的陆续投产，区域内的短途运输将成为未来化工运输的主流。

随着规划建设的一批大型炼化企业及其下游配套化工装置的陆续落地投产，以及国内沿海大型MTO项目的推进，国内沿海液体化工品运输总量从2019年年底开始出现爆发式增长，以恒力石化2 000万吨炼油装置开车为代表，中化弘润60万吨PX装置投产、斯尔邦化学二期26万吨丙烯腈新增产能、中石化海南炼化90万吨新增PX的投产、中海壳牌二期100万吨乙烯部分产品投产等，预示着沿海运输量将达新高。

近年来国家行业发展战略的调整为内河航运发展带来了空前的发展机遇。尤其是随着我国西部开发、中部崛起、东部率先发展战略的深入实施，一大批产业加快了从沿海向内地转移的步伐，在我国中西部省市沿内河开发政策的引导下，大批化工企业沿我国内河加快布局。沿江建设的化工园区主要依靠内河长江水运船舶来运输危险化学品。随着我国内河沿岸城市的飞速发展，内河船舶危险品运输市场的发展，经由内河干线运输的危险货物运输量在大幅增长。我国经济飞速发展及对化工品的需求增大，世界著名石化集团Shell、BP、Mobil集团等在我国相继开展了业务，由此可预测我国的化学品运输无论是货物的运输量还是运输船舶的数量、吨位，在今后一段时间内都会不断增加。

二、内河散装化学品船货物的运输方式

液体化学品多为有毒、易燃、腐蚀性强的液体货物。化学品货物散装运输，用货泵进行装卸，故内河液体化学品船应按照《内河散装运输危险化学品船舶构造与设备规范》的要求建造。其结构特点：具有许多较小的水密货舱，舱壁采用防腐性强的不锈钢等金属体；为防止化学液体外漏，设置双层底，以保障人命和财产的安全，保护水体环境不受污染。

船舶操作人员只有按照规则的要求去操纵船舶，才能保证安全、经济、高效、便捷地进行运输。

散化船运输的优点：减少包装工序，节省包装材及装桶、倾倒流程，可降低成本，在装卸及航运中，桶装还易造成货损，外漏的腐蚀性货物还会造成船体及设备损坏，危害人员健康和对环境造成污染。

化学品运输的特点：

（1）品种多、批量小；

（2）性质复杂、危险性大；

（3）运输要求高、工艺复杂；

（4）船舶技术条件复杂、造价高。

几乎所有的货物都可用散装化学品船来进行散装运输，运载的是固体货物时，通过加温使固体熔化再进行散装运输。如固体硫黄专用船，运输前在货物基地加热至150 ℃变成熔化硫黄，装船时货舱加热到100 ℃以上，航行中在140 ℃进行保温。

气态货品运输时，同样采取一定的措施，使货物变成液态进行散装运输。

第二节 化学品船概述

散化船运输的货物品种多，形态也不相同，我们有必要对其先进行分类，根据不同的货物采取不同的措施以保证运输的安全，保护环境不受污染。

为了散化船运输的安全，先介绍与散装化学品船运输有关的定义。

一、基本定义

（1）危险货物：是指凡具有安全危害、环境危害和健康危害的，在运输和装卸过程中能造成船舶、港口和人命财产损失或水域环境损害的危险有害物质。

（2）危险货物包括SOLAS 74公约第七章所包括的有安全危害的：

①包装和固体散装危险货物；

②散装液态化学品；

③以及MARPOL 73/78公约附则Ⅰ、Ⅱ、Ⅲ规定的散装油类、有毒液体化学品和包装有毒物质。

（3）危险货物安全适运：指所托运的危险货物的货物性质、运输名称、包装、标记、标志等技术条件已满足现行规定的运输要求。

（4）危险货物船舶安全适载：指载运危险货物的船舶结构、设备等技术条件已满足现行规定的运输要求。

（5）化学品船：指建造成用于散装运输《内河散装运输危险化学品船舶构造与设备规范（以下简称《规范》）》中第17章所列的任何液体化学品货物的货船。

（6）危险化学品：指《内河散装运输危险化学品船舶构造与设备规范》第17章货品安全标准所规定的会引起安全危害的液体化学品。

（7）有毒液体物质：指《内河散装运输危险化学品船舶构造与设备规范》第17章或第18章中列入污染类别栏规定或暂定为X、Y或Z类的物质。

如果有毒液体物质进入水体环境，很可能危及人体健康，损害生物资源及水生物，损害舒适度或妨碍其他水资源合理利用。

二、化学品船的类型

化学品船是专门建造的船，规则对船舶结构做了规定。

（一）船型

内河散装运输液体危险化学品货物的船舶除应满足《内河散装运输危险化学品船舶构造与设备规范》规则外，尚应满足中华人民共和国海事局（以下简称海事局）《内河船舶法定检验技术规则》及经海事局认可的中国船级社《钢质内河船舶建造规范》和《材料与焊接规范》的有关要求。

我国内河水域散装运输液体危险化学品货物的船舶应能承受在某种外力作用下船体遭受假定破损后的正常浸水影响。此外，为了保护船舶和环境，某种类型船舶的液货舱应受保护，以防船舶因与码头或拖船接触而产生较小破损引起的渗漏，并且采取保护措施以防因碰撞或触礁引起的破损，即把液货舱布置在舷内距船体外板应有规定的最小距离之处。假定的破损和液货舱与船体外板的距离，均取决于所装货品的危险程度。

《规范》要求，为了保护船舶和环境，化学品船的液货舱应受保护，以防碰撞、搁浅或触礁引起的破损造成货物渗漏，从而带来污染、毒害、危险反应等严重后果。因此，需把液货舱布置在舷内距船体外板应有规定的最小距离处。其距离大小取决于所装货品的危险程度。

（1）1型船：指用于运输第17章中对环境或安全有非常严重危险的货品的化学品船，需用最有效的预防措施来消除其漏逸，如图1-4所示。

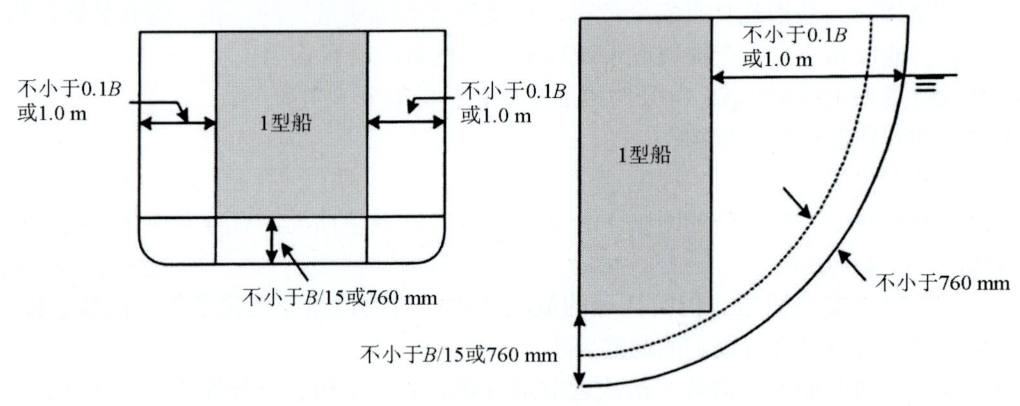

图1-4　1型船

其液舱位置要求：距舷侧不小于0.1B或1.0 m，取较小者；距中心线处的船底外板型线不小于B/15或760 mm，取较小者；任何部位距船体外板都应不小于760 mm；且不得在液舱内底设下伸吸井，以保证围护系统的完整性。

1型船用于运输《规范》第17章中最危险的货物。其危险性主要表现在高度毒性、极其忌水性和高度易燃性。需要特别指出的是，并非最危险性货品就可用1型船承运，还有大量危险化学品不得在内河散装运输。1型船适装《规范》第17章列明的需用1型船承运的22种货品。

（2）2型船：指用于运输第17章中对环境或安全有相当严重危险的货品的化学品船，需要有效的预防措施来消除其漏逸，如图1-5所示。

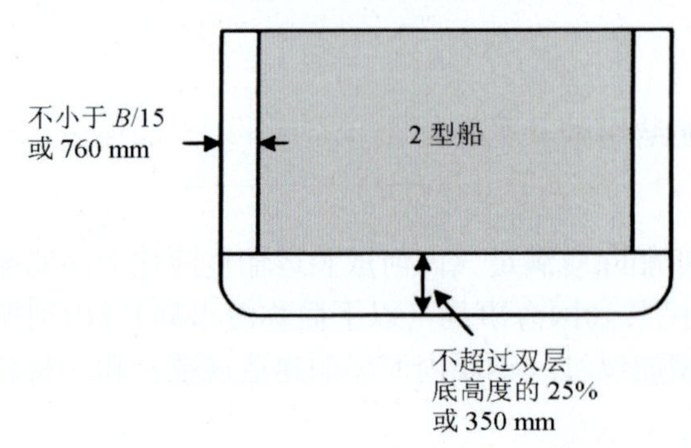

图1-5　2型船

其液舱位置要求：液货舱任何部位距船体外板都应不小于760 mm，但液舱内底可设下伸吸井，其下伸高度应不超过双层底高度的25%或350 mm，取小者。

2型船主要用于运输具有中等毒性、遇水反应性、严重易燃性等特性的货物。

（3）3型船：指用于运输第17章中对环境或安全有一般危险的货品的化学品船，需要中等程度的围护来增强破舱条件下的残存能力，如图1-6所示。

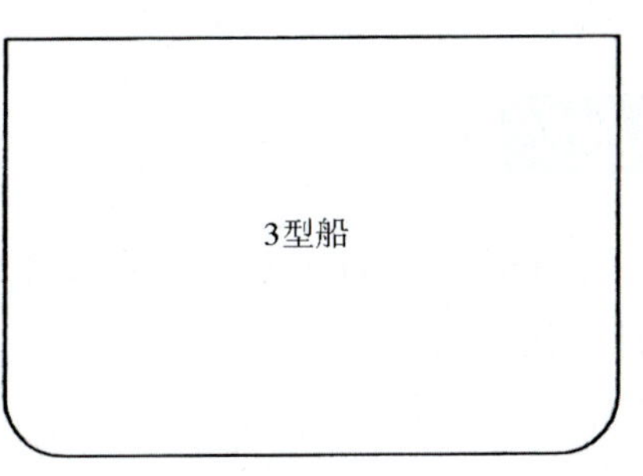

图1-6　3型船

3型船对其液舱位置无特殊要求。但不同于内河油船，它需有较宽的水密舱区域，亦即宽深比较大，以增强其抗沉性。如设有双层底的，亦可设液舱下伸吸井，下伸高度要求与2型船相同。

3型船承载的是其他达到最低危险标准的货物。《规范》规定，用3型船承运同时需具备独立的重力舱（1G舱型）的货品有244种，否则需用2型船承运。这也说明内河化学品船都具有双层底结构。只有盐酸和硫黄（熔融的）两种货品可直接用3型船运输（第17章共列有537种货品）。

现代的散化船有许多都采用1型船的要求，但目前已投入运营的多数中小型散化船通常采用2型船。

（二）舱型

化学品大多可在常温常压状态下承运。但有少数货品承运过程中会产生（或存在）高蒸汽压或需温控运输，特殊的温度和压力必须由液舱来围护，否则会影响到船体强度和应力，另外舱材还需相应的韧性或刚性。所以，化学品船有以下几种舱型。

1. 独立液舱

独立液舱是指不与船体结构相连接或不是船体结构的组成部分的货物围护容器。建造和安装独立液舱是为了在所有可能的情况下，能消除因相邻船体结构的应力或移动对液货舱所造成的应力。独立液舱对船体结构的完整性不是必需的（代码“1”）。

2. 整体液舱

整体液舱是指构成船体结构一部分的货物容器，且以相同方式与邻近的船体结构一起承受相同的载荷。它通常是船体结构完整性所必需的（代码“2”）。

3. 重力液舱

重力液舱是指其舱顶设计压力（表压）不大于0.07 MPa的液货舱。重力液舱可以是独立的，也可以是整体的（代码“G”）。

4. 压力液舱

压力液舱是指其设计压力（表压）大于0.07 MPa的液货舱。压力液舱只有独立的，因为主船体是不能承受高蒸汽压的（代码“P”）。

以上四种液舱可组合成四种舱型，并用代码标注于第17章表中的“f”栏中，承运货品时应满足。整体重力舱（2G型），用于常温、常压状态下的货物运输；独立重力舱（1G型），用于温控货的运输；独立压力液舱（1P型），用于超常压状态下的货物运输；整体压力液舱（2P型）是没有的。当然，1G、1P型舱亦可运常温、常压状态下的货；1P舱型运温控货需考虑舱材的韧性等要素。

三、化学品船的设计布置

由于化学品货物的危险、危害不同，对船舶的要求不同，散化船根据货物的特性，应按照《规范》的要求进行设计、建造。

（一）稳性与保全

1. 船舶应配备装载手册和稳性资料

该手册应包括典型的营运状态、装卸货和压载操作、对估算其他装载状态的规定以及对船舶残存能力的总结等详细资料。另外，该手册还应包含使船长能以安全和适航方式装载货物和操纵船舶的足够资料。

2. 破损假定

假定的最大破损范围应为：

（1）舷侧破损：纵向 $1/3L^{2/3}$ m；横向0.1B或1.0 m，取小者；垂向自基线向上，无限制。

（2）船底破损：纵向 $1/3L^{2/3}$ m；横向1/6B或2.0 m，取小者；垂向（自基线向上量起）1/15B或760 mm，取小者。

其假定浸水的范围应根据船型按下列标准决定：

（1）1型船应假定在其船长范围内任何部位上经受破损；

（2）船长超过110 m的2型船舶，应假定在其船长范围内任何部位上经受破损；

（3）船长为110 m或以下的2型船及3型船，应假定在其船长范围内除尾机型机舱边界舱壁之外的任何部位上经受破损。

3. 残存要求

（1）适用《规范》的船舶，应能按上述假定浸水标准，在稳定平衡状态下经受住破损假定范围内的破损。

（2）在浸水的任何阶段：

①考虑下沉、横倾和纵倾后的水线应低于可能发生继续浸水或使主船体内部浸水的任何开口的下缘。

②由于不对称浸水引起的最大横倾角不应超过15°。

③浸水中间阶段的剩余复原力臂为正值。

（3）在浸水后的最终平衡状态：剩余复原力臂曲线在平衡角以外进水角或消失角（取小者）至少有10°的正值范围，此范围内该曲线下的面积应不小于0.01 m·rad。

（二）船舶布置

1. 货物隔离

除《规范》另有规定外，应用隔离舱、留空处所、货泵舱、泵舱、空液舱或其他类似

处所，把液货舱与起居处所、服务处所、机器处所、饮用水舱和生活用品储藏室分隔开；货物管系不应通过任何起居处所、服务处所和除货泵舱之外的机器处所；货物管系需与货物通风系统隔离，货物不应装载于首尖舱和尾尖舱。

2. 起居、服务和机器处所及控制站

不应设置在货物区域内，货舱或污水舱不应设置在任何起居处所的前端之后；其入口、空气进口和开口不应面向货物区域，应设置在不面向货物区域的端壁处和/或距面向货物区域的端壁不小于船长（*L*）的4%但不少于3 m的上层建筑或甲板室的外侧壁处，但该距离不必超过5 m。

3. 货泵舱

货泵舱的布置应确保：在任何时候都能从扶梯平台或从舱底地板不受限制地通行、让穿着保护服的人员能不受限制地接近货物装卸所需的一切阀门；应设有能用救生绳提升受伤人员的设施，以能方便地提升受伤人员；所有扶梯和平台上都应设有栏杆；正常出入泵舱的扶梯不应垂直设置，应在适当间隔处设置平台；舱内应设污液处理设施，且有排出设备，能在舱外操作；泵的排出压力表应装在舱外。

4. 出入货物区域内各处所的通道

应直接通到开敞甲板，并能确保对所通舱室进行全面检查；进入双层底处所的通道可以通过泵舱、深隔舱、管隧或类似舱室，但必须对通风方面予以考虑；对于以水平开口、舱口或人孔作为出入口者，其开口尺寸应不小于500×550(mm^2)；对于以垂直开口或人孔作为出入口者，其最小无障碍尺寸应不小于450×550(mm^2)或400×600(mm^2)，且离船底板的高度不大于600 mm。

四、货舱的结构材料与涂层

内河散化船的结构和材料在《规范》中有要求，《规范》中没有的，需满足《钢质内河船舶建造规范》中有关油船构造章节的最低要求，这也说明散化船是在油船基础上的特种构造型式。这里所述为散化船液货舱的结构和材料有别于油船的部分条款。

（一）结构

（1）具有重力独立液舱的船舶，其船体结构应满足《钢质内河船舶建造规范》第一篇第2章船体结构的有关要求。

（2）具有独立液货舱型的船舶，其船体结构应满足《规范》中的有关要求。

（3）当液货舱中既有普通钢又有不锈钢时，应采取特殊的防护措施，以减少双金属的接触腐蚀。不锈钢应涂刷高性能油漆，以减少对普通钢的侵蚀。不锈钢是含铬量不低于11%的铁合金。其防腐性能主要是因其中含有大量的铝和镍，含碳量非常低。但不锈钢同样会产生锈蚀现象，如普锈、斑点锈、电化锈蚀、裂纹锈蚀、应力锈蚀、江水清洗锈蚀等，使用中应予注意。

（4）当液舱区域的甲板采用不锈钢钢板或不锈钢复合板时，其甲板厚度可减小5%。不锈钢复合板是由低碳钢包进1.5 ~ 2.0 mm厚的不锈钢镶面而成的。其优点有质轻、价廉、适货广、便于清舱洗舱等，内河散化船正被广泛采用。

（5）液货舱区域的甲板骨架设置在舱外时，应在其横舱壁处设置防倾肋板，液舱区域的端部保持甲板纵骨或纵桁的连续性，中间强横梁与边舱强横梁对齐且用肋板过渡，强横梁和甲板纵桁的腹板上均应开设直径为30～50 mm的流水孔。

（6）液舱区域的双层底：1型和2型船液舱区域的双层底高度在任何情况下均应不小于760 mm。

（7）整体液舱的实肋板间距不大于2.5 m，其槽型舱壁的槽型应垂直设置，并应设置一道水平桁；若纵向槽型水平设置，则应在每个强肋骨的平面内设置垂直桁。

（8）独立液舱应设支持结构，以克服液舱温、压产生的应力对船体结构的影响，并应加固，防止船体的运动对液舱的影响。

（二）材料

（1）用于液货舱连同与其相关的管路、泵、阀门、透气管及其接头的构造材料应适合于所载货物的温度和压力，并应符合公认的标准，通常情况下应为钢材。

（2）船厂应负责向操作人员和/或船长提供相容性信息，且必须在交船之前或改造之前提供。

（3）选材必须考虑下列要素：

①作业温度下的缺口韧性；

②货物的腐蚀作用；

③货物与构造材料之间产生有害反应的可能性。

（4）货主必须在运输货品之前负责向操作人员和/或船长提供相容性信息，以确保货品：

①不会损坏船舶材料的完整性；和/或

②不会引起危险或潜在危险的反应。

（5）《规范》第17章附表1列有适装货品对材料的要求，N1～N8分别为材料中不应存在的元素，Y1～Y5为可选用的材料，Z为电气设备的材料应加保护。建造商和船东有责任查核并确保满足其要求。

N1：铝、铜、铜合金、锌、镀锌钢和汞；

N2：铜、铜合金、锌或镀锌钢；

N3：铝、镁、锌、镀锌钢或锂；

N4：铜和铜基合金；

N5：铝、铜、铝合金和铜合金；

N6：铜、银、汞、镁和其他形成乙炔化合物的金属及其合金；

N7：铜和铜含量大于1%的铜基合金；

N8：铝、锌、镀锌和汞；

Y1：铝、不锈钢或覆有合适的保护衬或涂层的钢；

Y2：铝或不锈钢用于浓度在98%或以上的货物；

Y3：用于货物浓度低于98%的特殊耐酸不锈钢；

Y5：纯奥氏体不锈钢。

（6）液货舱结构材料应为同类型材料，以防产生电化学腐蚀；若同舱使用不锈钢和低碳钢，则所有钢构件表面都应涂层保护；低碳钢的附件不允许装在不锈钢的液舱内。

（7）含锌底漆不得用于不锈钢材料。舱内涂料必须与材料和货物都相容。涂料厂商应向船长提供涂料的适货证书。

（三）液货舱的涂层及相容性的概念

装入某一货舱中的货物，应不能与舱壁发生化学反应，否则或者舱壁受损，或者货物质量破坏，或者两者同时发生。因此，在载运化学品的过程中应充分注意到货物与货舱间的相容性。

目前，越来越广泛地采用了货舱涂层工艺。货舱涂层便于货舱的清洗并减少沾污，各类型的涂层与货物的相容性是至关重要的。常见的涂层材料介绍如下：

1. 硅酸锌涂层

硅酸锌是无机化合物，单层厚度为75 ~ 100 μm；适用于芳香烃溶剂、卤代烃、醇、酮等，要求pH值维持在5.5 ~ 11；不耐酸碱和海水侵蚀，如果油脂中游离脂肪酸（FFA）超过2.5%时该涂层不适用，甚至舱壁表面的水分也会因水解产生游离酸而破坏涂层。

2. 环氧树脂

环氧树脂是用气密高压喷涂的办法在舱壁上涂上2 ~ 4层，使总干膜厚度达250 ~ 300 μm，固化一周即可使用。环氧树脂的耐碱性较好，耐酸性较差，适用于动植物油脂、乙二醇、江水和碱液。要求油脂的酸值（FFA）不得超过10%，若超过10%，则应限制贮存时间。环氧树脂对芳香烃溶剂、醇、酮、酯等的抵抗能力有限，这些有机物被吸收后会使涂层软化。软化程度可用“指甲试验”，若指甲能穿透涂层，则在装货前，或装压载水时，或用水洗舱前，必须对货舱进行彻底通风，使涂层干燥硬化，如图1-7所示。

图1-7　环氧树脂涂层

3. 聚氨（基甲酸乙）酯

聚氨（基甲酸乙）酯是一种较新型涂料，凡是环氧树脂和硅酸锌涂层适用的货物都可使用这种涂层。其特点是表面光滑，残渣不易沉积在舱壁上，便于清洗。但它与环氧树脂相似具有多孔性，会吸收醇、酮、酯等溶剂，使其发生同等程度的软化现象。因此，卸货后必须彻底通风、干燥，并应降低空气的露点，使其低于舱壁表面的温度。这种涂层已开始代替环氧树脂涂层。

4. 酚醛树脂

酚醛树脂以环氧酚醛树脂的性能更为优越，可适用于大多数上述3种涂层适用的货物，还能适用于对环氧树脂和聚氨酯有侵蚀作用的强溶剂，使用越来越广泛，但费用比较高。

5. 橡胶衬里

丁腈橡胶、顺丁橡胶和氯丁橡胶耐酸性很好，能承受高腐蚀性的磷酸，以及对软钢和不锈钢都会有腐蚀性的盐酸，但对其他氧化酸并不适用，因为橡胶氧化后容易破裂。橡胶衬里比其他涂层要厚，必须黏结牢固，使表面平整。不同类型涂层的优缺点如表1-1所示。

表1-1 不同类型涂层的优缺点

涂层类型	优点	缺点
大众化环氧树脂 （非聚酯或乳化液）	防护膜好，硬且耐久 抗化学剂和溶剂性好 防水和防潮型好 易形成薄膜	产生两个覆盖层 贮存期短 防酸能力差 易风化变黄
聚氨酯	防化学性极佳 防水性极佳 光泽，颜色，黏附性持久 易于建立薄膜	两个覆盖层 贮存期短 重涂间隔期短
聚酰	防护膜好，硬，耐久，抗磨 抗化学剂和溶剂性好 防水 防潮性好 薄膜形成力强 使用期长，光泽和颜色持久	分层 贮存期短 防酸能力差
无机锌	耐久性极佳 耐热性极佳 耐磨性极佳 能满足许多表面情况 不溶解烃化合物 有电化防腐性	不适用酸或碱接触（除非严格包装） 要自信的选择底层和顶层涂层 使用类别不同，温湿度的要求也不同
氯丁橡胶	抗水和矿物油性好 抗磨性好 光泽和颜色持久	不适于浸在动植物油里 对浓溶剂无阻抗性

（四）不锈钢液货舱

1. 不锈钢的应用

组成液货舱的材料通常有3种：不用涂层的软钢、采用涂层的软钢和不锈钢。不加涂层的软钢在现今的散化船上已极少能见到，一般散化船的液货舱都由加涂层的软钢或不锈钢或由二者共同建成。

大多数新型散化船的部分液货舱用不锈钢建造，另一部分液货舱用软钢加涂层建造，还有一些船全部采用了不锈钢舱。部分液货舱用不锈钢建造的一般做法是中央舱采用不锈钢，边舱采用软钢加涂层，许多牌号的不锈钢均有很好的耐化学品腐蚀性能。

不锈钢液货舱的舱壁有的由整体不锈钢板组成，有的由复合不锈钢板组成。

复合不锈钢板是在软钢的一面上覆贴一层通常为2 mm厚的不锈钢，覆贴的方法一般是热轧。

如采用单层舱壁分隔且要求两边都达到不锈，则必须采用整体不锈钢板，如图1-8所示。

图 1-8　货舱的舱壁图

不锈钢是耐腐蚀合金钢材的一个通称，其中铬和镍是主要的合金元素。不锈钢除了用于运输类似硝酸这种强腐蚀性货物外，还用于运输纯度和防锈蚀污染要求高的货物，如酒和果汁等。

奥氏体不锈钢同各种化学品有着广泛的相容性，具有良好的加工性能和较好的可焊性。无钼类不锈钢（如AISI304）仅适用于运输腐蚀性轻微但必须保持色、味和要求高清洁的货物。为了能装运各种货品，316 L类钢较为适用，因而被广泛选用。317 L类钢是一种比316 L类钢更高级的合金材料，其增加的钼含量使其具有更强的抗点蚀能力，适用于装运磷酸。

2. 采用不锈钢的原因

（1）不锈钢液货舱可装运各种需要运输的货物。随着货物种类的越来越多，这一兼用性具有很重要的意义。

（2）由于不锈钢液货舱缩短了检查时间和洗舱时间，船舶在港内的停泊时间得以缩短，从而减少了停泊费用。

（3）不锈钢能耐受多种化学品的腐蚀。

（4）不锈钢液货舱加快并简化了货舱清洗工作。

（5）减免了以后的舱涂更换费用。

第三节　化学品的基础知识

几乎所有的货物都可以用化学品船运输，由于船运化学品货物种类多，性质各不相同，大多数具有易燃、有毒、易腐蚀，危险性大的特性。为了安全装载和运输以及便于对货品实施全面质量管理，我们有必要先了解货品的分类和理化性质，以便采取相应的安全措施。

一、化学品的分类

当今内河化学品船运输的散装化学品，可以按以下方式进行分类：

（1）根据物质误排入江河对生态环境和人类健康造成的危害性，可以分成X、Y、Z、OS类。

①X类物质：这类有毒液体物质，如从洗舱或卸载作业中排放入水，将对水资源或人类健康产生重大危害，因而严禁向水域环境排放。

②Y类物质：这类有毒液体物质，如从洗舱或排出压载的作业中排放入水，将对水资源或人类健康产生危害，或对水上的休憩环境或其他合法利用造成损害，因而对排放入水域的该类物质的质和量应采取严格的限制措施。

③Z类物质：这类有毒液体物质，如从洗舱或排出压载的作业中排放入水，将对水资源或人类健康产生较小的危害，或对水上的休憩环境或其他合法利用造成较小的损害，因而对排放入水域的该类物质应采取较严格的限制措施。

④OS类物质：以OS形式被列入《国际散装化学品规则》第18章污染类别栏目中的物质，并经评定认为不能列入本附则定义的X、Y或Z类物质之内，此类物质如从洗舱或排除压载的作业中排放入水，目前认为对水域资源、人类健康、水上休憩环境或其他合法的利用并无危害。

（2）根据我国液体的火灾危险性，可以分成易燃液体（闪点在60 ℃以下）和可燃液体（闪点在60 ℃以上）。

易燃液体及其所挥发的可燃气体，遇火迅速燃烧；所挥发的可燃气体在空气中的浓度达到爆炸极限时，遇火星可发生爆炸；运输中应特别注意防火、防热、防撞击，并按安全要求进行操作。

（3） 国际上根据物质的闪点将易燃液体分成低闪点液体（闭杯闪点低于-18 ℃）、中闪点液体（闭杯闪点为-18～23 ℃，不包括23 ℃）和高闪点液体（闭杯闪点为23～61 ℃，包括61 ℃）。

（4）根据其成分不同，大致可以分成以下几种：

①石油化工产品：除汽油、柴油等油类以外的饱和烷烃、不饱和烃、烯烃等，包括润滑浦、溶剂、添加剂等；

②煤焦油产品：如苯、甲苯、二甲苯、苯酚等；

③动植物油：如牛油、豆油、棕榈油等；

④重化学品：如硫酸、氢氧化物、硝酸等；

⑤碳水化学物及衍生物：如醇类、酯类等。

二、化学品的物理性质

物理性质是物质本身固有的性质，如密度、闪点、黏度等；化学性质是通过化学反应表现出来的性质。

1. 温度

温度用来表示物体的冷热程度。

最常用的三种温标及其换算关系如下。

（1）摄氏温标（℃）：在标准大气压下，将纯水的冰点与沸点等分为100份，每一份为1 ℃。

（2）开氏温标（K）：取标准大气压下，纯水的三相点（0.01 ℃）为基本定点，并定义为273.16 K，每“1 K”等于水的三相点热力学温度的1／273.16。因此，开氏温标与摄氏温标的标值是一样的，即：1 K=1 ℃，所以T=（t+273.16 K）。

（3）华氏温标（℉）：在标准大气压下，将纯水的冰点定为32 ℉，沸点定为212 ℉，将冰点与沸点之间等分为180份，每一份为1 ℉。这种温标在西方国家常用（人体温为98～99 ℉）。华氏温标与摄氏温标的换算关系为：1 ℃=5×(1 ℉−32)/9，1 ℉=9×1 ℃/5+32。

2. 压力和压强

垂直施加于某面积上的力叫作压力。垂直作用在单位面积上的力，则称为压强。

国际单位为Pa，即Pasca（帕斯卡，简称“帕”）。1 Pa=1 N/m^2，即1 N的力作用在1 m^{2}面积上为1 Pa；1×10^6 Pa=1 MPa，1×10^3 Pa=1 kPa。常用的单位有：工程制单位kg/cm^2、英制单位lb/in^2（磅／平方英寸）、mmHg（毫米汞柱）、mmH_2O（毫米水柱）和bar（巴），前两项习惯上常说成压力是多少千克或多少磅。

3. 沸腾与沸点

沸腾是在液体表面和内部同时进行的一种汽化现象。

沸点是沸腾时的温度，是液态变为气态时的（相变）温度。

沸点与货运等关系重大。例如，沸点低的可燃液体，因为挥发度大，蒸气易进入空气，形成可燃混合气体；沸点高低还关联到灭火方法。

4. 熔化与熔点

熔化：物质由固体状态变为液体状态。熔化是拉大晶体分子间的距离。

熔点：熔化时的温度，是固态变为液态时的相变温度，又称为熔化点。它是凝固的逆反应，是吸热反应。

在装载过程中体积要发生变化，以免因膨胀而损坏液舱。一般熔化时体积增大，但冰融化为水时，体积却减小。

5. 状态

物质有三种常见的状态，即气体、液体和固体。

船运化学品时，应根据货品状态分别采取相应的措施确保液态运输。

在运输时液货舱不能充装过满，防止受热膨胀，造成溢舱或液货舱的损坏。在温度过高时，还要对液货舱降温。对凝固点较高的物质，常温下货物的流动性较差，为利于装卸作业，作业前往往需要对货物进行加热。

6. 气味

有些化学品具有较明显的气味，因此根据货物的气味，能够判断是否发生货物泄漏，并根据气味来源找到泄漏源。如人们闻到硫醇味，就觉察到煤气泄漏了。但是有些化学品虽是剧毒或易燃易爆品，却是无气味的，在散装运输时必须添加有气味的添加剂。

7. 密度

密度是表示单位体积物体所含质量多少，成分不同，其密度也有差别。

密度与温度、压力有关，所以一般规定：在标准大气压下、15 ℃或20 ℃时，选定一个标准温度，就能测得其相对应的标准密度。密度单位为：kg/m^{3}或t/m^3、kg/L、g/cm^3。我

国国内的船运输货物将20 ℃时测得的密度作为标准密度。

散化船上运载的货物密度范围很大，为0.6～2.4 g/cm^3。如石脑油0.625 g/cm^3、硫酸1.834 g/cm^3、氯仿1.489 g/cm^3，要求散化船有较高的结构强度。

密度倒数为比容，即单位质量的某物质所占的体积或容积，单位为m^3/kg、L/kg、cm^3/g。

在载运化学品时，应根据货物的性质和本船的实际情况合理确定各舱的允许载货量，不能超载。在万一发生不溶于水的货物泄漏而污染水域时，还应根据泄漏物与水的密度比较，判断其是否漂浮于水面，从而使用适当的手段清除污染物。

8. 黏度

流动性是液体的特性之一。但当液体流动时，会遇到对抗流体运动的各种阻力，这些阻力统称为内摩擦阻力，这个阻力大，则该液体的黏度就大，这个阻力也叫黏滞力，而这种特性称为黏滞性。流动性和黏滞性是一个问题的两方面。

流体的黏滞性大小，用黏度表示，由此可知，黏度是液体流动时内摩擦的表现。

反过来说，黏度的大/小也表示了流体流动性的差/好；黏度越大，流动性越差；反之越好。影响黏度的因素是温度与压力；在一定温度和压力下，每种液体物质的黏度是确定的；而在常压下，黏度随温度的变化而变化，温度越高，则黏度越小，流动性越好。每种液货都有它特定的变化规律，物理学上称液体黏度随温度变化的规律为黏温特性。在储运过程中，当气温和水温较低时，对液货保温或加温，就是为了有利于装卸；一般没有必要将温度升得太高，恰到好处地掌握温度，既可以节约船舶的能源以降低运输成本和保持液货质量，又可以保证装卸时间。

9. 闪点与燃点

闪点：可燃性液体表面上的蒸气，和周围空气在一定浓度范围内所形成的混合气体，与足够强的点火源接触，发生闪火现象时的最低温度，称为该可燃性液体的闪点。

闪点可用开口杯法或闭口杯法测定。将试样置于敞开式容器中，直接加热测得的闪点，称为开杯闪点，以o. c. 表示。将试样置于密闭式容器中，间接加热测得的闪点，称为闭杯闪点，以c. c.表示。同种货物的闭杯闪点低于开杯闪点。因为测定开杯闪点时，其蒸气表面始终向大气敞开，其蒸气损失较多，故测得的开杯闪点要比闭杯闪点高3～5 ℃；特别当闪点为23 ℃左右时，闭杯试验的数据比开杯试验的数据来得准确，因此国际危规建议以闭杯法测定闪点，并以c. c.标注易燃液体的闪点。

闪点是衡量货品燃烧难易程度的重要指标。

货品闪点越低，挥发性越强，越容易燃烧，危险性越大。

我国定义：

- 一级易燃货品：闪点在28 ℃以下，如二甲苯
- 二级易燃货品：闪点在28～60 ℃，如苯乙炔
- 三级易燃货品：闪点在60 ℃以上，如重油

燃点：可燃性混合气体与同样的点火源接触着火，并能持续燃烧至少5 s的最低温度，或可燃性混合气能持续燃烧的最低温度。

闪点、燃点都是衡量可燃性液体的挥发及产生爆炸或火灾危险性的指标，也是规定该可燃性液体使用和储运条件的重要安全指标之一。

易燃液体的闪点和燃点越低，越容易发生燃烧和爆炸，船舶在载运这些货物时，必须

采取相应的安全措施。

沸点低、挥发性强的液体化学品的闪点和燃点也低。

10. 自燃与自燃点

自燃：当某种可燃物质借助于物质本身的化学反应或蓄热，使自身温度积聚高到足以达到可以发生燃烧的温度，并未有火花或火焰等外界火源来点燃，而引起自行燃烧的现象。例如，黄磷在太阳下暴晒会自燃。

自燃点：当可燃物质在燃点以上继续受热，其蒸气与空气的混合气体虽不接触火焰，也能自行燃烧，发生自行燃烧的最低温度，也称为自燃温度或高温着火温度。

11. 燃烧（爆炸）极限

可燃气体或易燃液体的蒸气与空气混合形成的混合气称为爆炸性混合气体，遇到足够的火源才能引起燃烧爆炸的可燃气体浓度的最高点和最低点就是极限值。

燃烧范围（爆炸范围）：爆炸性混合气体，遇到足够的火源能引起燃烧爆炸的可燃气体浓度的浓度范围。

燃烧下限：能引起燃烧爆炸的可燃气的最低浓度。

燃烧上限：能引起燃烧爆炸的可燃气的最高浓度。

物质的燃烧爆炸范围越大，或下限越低，危险性越大。

可燃气浓度，低于下限，不会燃烧，也不会爆炸；高于上限，不会发生爆炸。

不同的可燃气体或易燃液体的蒸气燃烧极限是不同的，常用在空气中的体积百分比表示，爆炸极限越宽的货品危险性越大。

例如，甲醇的爆炸极限为6%～35%；苯的爆炸极限为1.5%～9.5%。

甲醇的爆炸危险比苯大得多。

船舶载运燃烧爆炸范围较大的物质时，必须采取一定的安全措施，防止明火、静电等引起火灾爆炸事故。

12. 毒物与毒性

毒物：指经口服、皮肤接触和吸入时，有使人致死，或者会使人造成重大危害可能性的物质。

所有物质，在某一特定条件下，都会成为有害物质。

就毒性危害程度的轻重来分，危害可分为：重大危害、产生危害、较小危害和可察觉的危害4个等级类别。

半致死量LD50：在规定的时间内，使实验鼠半数死亡所施用的物质剂量或浓度。

半致死量的单位为mg/kg，半致死量的数值越小，表示毒物的毒性越强；反之，半致死量数值越大，毒物的毒性越弱。

13. 溶解度

在一定温度下（20 ℃），某种化学物质在100 mL的水或溶剂中，达到饱和状态时所溶解的克数。

物质的溶解性有全溶、易溶、可溶、微溶和不溶等。同一物质在不同液体中的溶解度是不同的。以原油为例，原油很难溶解在水中，但却能溶解于普通的有机溶剂。

了解液体的溶解度，有助于在散化运输和作业过程中采取相应的污染防治与清除措施。如果泄漏到水域的货物是易溶于水的，采取常规污染清除手段是无实际意义的，此时，船舶应根据其扩散去向，及时向有关部门报告。

14. 蒸气压与挥发性

封闭空间内的液体在一定温度下，总会发生汽化和再液化现象。当其达到平衡时的单位面积的蒸气压力就是该液体在该温度下的饱和蒸气压。饱和蒸气压是衡量液体挥发性的重要指标。一定温度下，货物的蒸气压越大，其挥发性越高。一般情况下，液体的饱和蒸气压随温度的升高而增大，如图1-9所示，为一些常见液体饱和蒸气压随温度的变化曲线。

物质的挥发性，决定于其沸点和温度，温度越高，或沸点越低，越容易挥发。挥发出来的气体会在空气中扩散。由于大部分货物蒸气的密度比空气大，在背风处气流缓慢，如图1-10所示，故而容易在背风处积聚。因此在货物装卸作业中不允许开启背风处的门、窗，以避免货物蒸气扩散至生活区，引起燃烧爆炸或人员中毒危险。

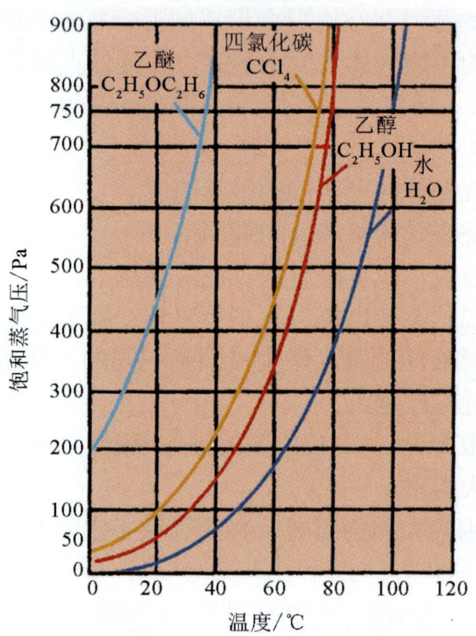

图1-9 饱和蒸气压和温度的关系

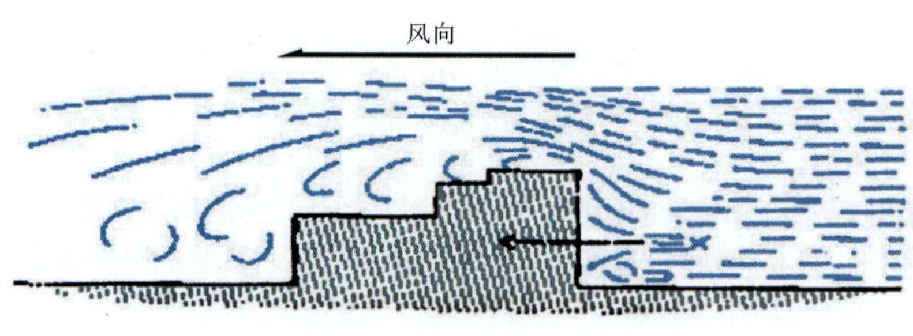

图1-10 气流通过障碍物（如生活区）的气流图

15. 产生静电性

物体通过摩擦或感应，能产生静电。

化学品在流动时，在与管壁摩擦过程中容易产生静电，由于化学品的纯度较高，导电率较低，容易积聚静电，在一定条件下会发生放电现象。故而必须对货物的装卸速度进行限制，避免静电放电而产生危险。

三、化学品的化学性质

化学性质是通过化学反应表现出来的性质，如氧化、分解等。

1. 氧化性

狭义地说，氧化是指物质在一定条件下和空气中的氧化合的反应，氧化反应的结果是形成氧化物。凡能引起这样反应的特性称为氧化性，如燃烧。

广义地说，物质失去电子的反应均称为氧化反应。其中夺取（得到）电子的物质，称为氧化剂。

氧气、氯气、重铬酸钠、高锰酸钾等都是氧化剂；硫和卤族元素都可以作为氧化剂。

2. 还原性

狭义地说，还原是指氧化物在一定条件下，失去氧的反应。

广义地说，物质获得电子的反应，称为还原反应。其中失去电子的物质，或者说能还原其他物质而自身被氧化的物质称为还原剂，如氢气、亚硝酸钠、漂粉精等。还原剂能供出电子的特性叫还原性。

3. 燃烧和可燃性

燃烧：可燃物（可以是两种或以上的可燃混合物）与助燃物质在一定的温度条件下，发生剧烈的氧化反应，并同时产生放出热量和发光的现象。简单地说，是可燃物与氧遇火源发生剧烈反应，并伴随放热和发光的现象。

燃烧必须具备：可燃物质或其混合物、助燃物质氧气或其他助燃物质、燃烧温度三个要素，缺一不可，如图1-11所示。

在散化船上防火防爆的首选措施：控制具有点火能量的火焰、火花或静电火花。

可燃性：物质在空气中能发生燃烧的特性。物质的可燃性取决于其闪点、自燃点和爆炸（燃烧）极限。

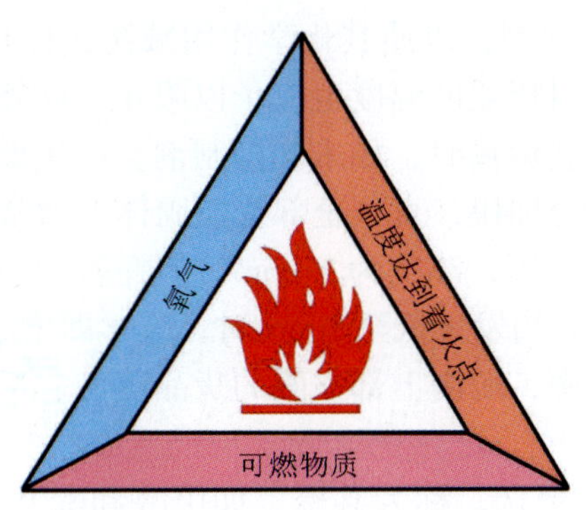

图1-11 燃烧的三要素图

4. 腐蚀、腐蚀性

腐蚀，是指腐蚀品能与物质表面发生化学反应或电化学反应，使其结构发生变化的现象。这种特性叫腐蚀性，腐蚀品图标如图1-12所示。

图1-12 腐蚀品图标

腐蚀品系指与皮肤接触在4 h以内，皮肤出现可见坏死现象，或在温度55 ℃时，对20号钢或类似的钢或铝的表面年腐蚀率超过0.25 mm的固体和液体。

广义地说，腐蚀过程就是使矿物和金属转变为无用产物的化学过程。除了对金属和矿物状态的破坏外，DOT（美国运输部）还把腐蚀品看作一种能对人体皮肤组织与其接触处造成明显的破坏或改变的物品。如柴油中的硫及硫化物腐蚀气缸；人的肌肤遇碱发生皂化反应而发生腐蚀，铁遇盐酸发生电化学反应而产生铁的氯盐。造船时，之所以要安装锌块，就是为了利用锌的电化学腐蚀，以牺牲阳极来保护作为阴极的船体。

5. 聚合

由不定数的小分子结合成为链状或网状的大分子的反应，称为聚合反应。聚合反应所形成的单个分子，称为高聚物或大分子。

在运输过程中要避免产生聚合反应，以免货品变质和造成危险。

自反应聚合是聚合的一种。例如，苯乙烯、丙烯酸甲酯、甲基丙烯酸甲酯在室温下就有自发聚合作用，均需加抑制剂，以使其化学作用减缓或停止，抑制剂的分量必须足够，防止航程中发生危险反应，对货舱的温度也应予以限止。此外，自反应货品不得装在加热货的隔邻。例如，苯乙烯散装运输时，如未加抑制剂会产生聚合作用，所产生的热又会加速聚合作用，使聚合物的聚合加快，直到全部变成固体。通常加入TBC（对叔丁基邻二苯酚）作为抑制剂以阻止聚合作用，浓度为15ppm，但在航程中抑制剂浓度会降低，必须经常检查，通常每天检查一次，当发现低至8ppm时，应立即增添抑制剂。

抑制剂添加在液态货品中，舱内上部空间的货品蒸气、透气管里货物没有抑制剂，仍有发生聚合的可能。

不同种分子也可能相互聚合，称为共聚，如甲醛和酚共聚生成酚醛塑料。丙烯酸甲酯、丙烯酸乙酯等也能与其他单体共聚，也需加以抑制。

6. 相容性与不相容性

两种不同的物品相遇时不会发生反应的特性，称为相容性，如甲醇与航空煤油间就是相容的。两种不同的物品相遇时会发生反应的特性，称为不相容性，如醋酸和氢氧化钠互为不相容货品，酸和碱之间均存在不相容性。不相容货品配载时必须根据其性质采取相应的隔离措施，如配载不当，致使相互接触，不但造成货损，而且往往会因发生强烈的化学反应而产生毒气甚至爆炸，导致舱柜破损甚至人身伤亡。所以，配载与装卸时，必须充分

予以隔离，至少由一个舱室隔离（可以是泵间、隔离舱等），且必须利用不同的管线进行装卸与通风。

此外，还要考虑该化学品与舱壁或构件间是否相容。装入某一舱柜中的货物，应避免与舱壁发生化学反应，否则或者舱壁受损，或者货物变质，或者两者同时发生。

四、化学品的分子特性和排列特性

1. 烃

由碳和氢两种元素所组成的有机物的总称为烃。

（1）饱和链烃（烷烃通式C_nH_{2n+2}）

饱和链烃是指分子里的碳原子以单键相互结成链，碳原子的化合价都得到充分的利用而达到碳原子四价的稳定状态，由此组成相差一个或几个CH_2原子团的一系列碳氢化合物。同系列里的各种物质互称同系物，如甲烷（CH_4），丙烷（C_3H_8），丁烷（C_4H_{10}）……都称为饱和链烃。

饱和链烃主要存在于天然气和石油中，通过裂解分馏而得到。石油是多种液态的烃的混合物，其主要元素组成是：碳83%～87%，氢11%～14%，氮、氧共1%～3%。天然气是多种气态烃的混合物，主要有甲烷、乙烷、丙烷、丁烷等饱和烃，除此以外，尚含有少量的硫化氢、氮气、二氧化碳等气体。

饱和链烃化合物具有下列主要理化性质：

①随着碳原子数的增加，逐渐由气态转变为液态或固态物质，它们分别属于易燃气体、易燃液体和可燃固体类。我们经常使用的汽油含碳原子数为5～10个，煤油含碳原子数为11～16个。

②可燃性。（以甲烷为例）

$$CH_4 + 2O_2 \rightarrow CO_2 + 2H_2O + 210.8\ kcal$$

如果跟空气混合（爆炸极限为5.3%～14%），在爆炸极限之内，遇火立即爆炸。

③跟卤素发生取代反应。（以甲烷为例）

$$CH_4 + Cl_2 \rightarrow CH_3Cl \rightarrow CHCl_2F \rightarrow CCl_4$$

如果把甲烷与氯气混合，在日光下直射，就会立即爆炸，生成氯化甲烷和氯化氢。

④裂解：当在催华剂如铂的作用下，隔绝空气升温时，饱和链烃可以发生断链，由此分子变成小的饱和烃的分子。石油化工厂就是采取此原理取得化工原料。

（2）环烷烃（C_nH_{2n}，其中$n \geq 3$）

环烷烃是指分子里碳原子间以单链相接连成环状结构的烷烃。它们和碳原子数相同的烯烃互为异构体，例如：环丙烷和丙烯$CH_3—CH═CH_2$互为异构体，环己烷与乙烯$CH_3—CH_2—CH_2—CH_2—CH═CH_2$互为异构体。环烷烃的化学性质跟饱和链烃相似。

（3）不饱和链烃（烯烃C_nH_{2n}和炔烃C_nH_{2n-2}）

不饱和链烃是指分子里的碳原子所结合的氢原子比相应的饱和链烃里的氢原子少2或4个，是碳原子的化合价没有达到“饱和”的一系列碳氢化合物。乙烯（C_2H_4）、丙烯（C_3H_6）……都是烯烃的同系物，乙炔（C_2H_2）、丙炔（C_3H_4）……都是炔烃的同系物。

烯烃、炔烃的理化性质有些是相似于饱和链烃，例如，具有气态、液态、固态三态，气态物质与空气混合点燃可发生爆炸。但因分子式中存在“—C═C—”双键和“—C≡C—”三键，因此可发生加成反应和聚合反应等，伴随放出热量。

(4) 芳香族化合物

芳香族化合物是指分子里含有一个或几个苯环的有机物，也就是苯和它的衍生物的总称。苯是芳香烃里最简单，最基本的化合物。

苯的同系列可以看作苯分子里的一个或几个氢原子被不同的烃基取代后的产物，通式是C_nH_{2n-6}（$n \geq 6$），如甲苯（C_7H_8）、乙苯（C_8H_{10}）、邻二甲苯、间二甲苯、对二甲苯。

苯和苯的同系物的主要理化性质：

①在通常情况下，随着碳原子的增加（分子量增加），苯同系物的沸点升高，同系物一般为液态、固态类型。

②苯及苯的同系物具有取代反应，加成反应等，并有可燃性。

2. 烃的衍生物

烃的衍生物是指烃分子里的一个或几个氢被其他元素的原子或原子团所取代后的生成物。

功能团（官能团）：在烃的衍生物分子里决定它们化学特性的原子团。

在烃的含氧衍生物中，如果衍生物分子量相差不太大的情况，火灾危险性是依照醚、醛、酮、酯、醇、羧酸的次序降低的。

在芳香族烃中，氯基、氢氧基、氨基、磺酸基取代苯环中的氢的各种衍生物，火灾的危险性一般是下降的，取代的基数越多，则火灾的危险性就越低，特别是磺酸基更不易着火。但硝基却相反，取代的基数越多，爆炸燃烧的危险性越大（如TNT是三硝基甲苯，苦味酸是三硝基苯酚，它和硝化甘油等爆炸威力极强）。

许多有机物质的蒸气具有一定的毒性。像芳香族、醛类、腈类（—CN）、胺类、烃的含硫化合物、甲醇等，会从呼吸道侵入人体，造成危害，因此，在装卸、洗舱中应注重通风及采取对呼吸道的保护措施。

第二章

化学品的危害及预防措施

化学品货物具有易燃易爆性、毒害性、污染性、反应性、腐蚀性等，熟悉这些危害性，对化学品货物运输和生产中做好安全防范措施具有重要意义。

第一节 有毒货物对健康的危害及预防措施

船运的化学品种类很多，其中有一些货物有毒，会对船上的工作人员造成伤害，使人发生中毒，我们在工作时要采取防范措施，防止发生中毒事故。

一、对人体健康的危害

（一）有毒物质

物质进入人体，达到一定的剂量时，与机体组织发生反应，破坏机体的正常的生理功能，引起暂时的或永久的损害，甚至危及生命的物质。

毒性：某种物质进入人体，引起人体的病理变化，造成损伤的能力。有毒物质毒性越大，对人体造成的危害越大。不同毒性的毒物对机体的危害不尽相同。

物质的毒性大小通常是用中毒临界值（TLV）表示。

中毒临界值TLV（容许浓度）：在正常作业环境下空气中污染物质所允许的最大浓度（ppm），在该浓度下，大多数操作人员每天反复工作，甚至连续劳动不会影响身体健康。中毒临界值单位为ppm（体积浓度的百万分之几）。

通常采用时间加权平均浓度来作为安全对策和气体检测器性能的标准。

该浓度对于每周5天、每天8小时工作的大多数人来说是安全的，但不是指所有人安全，如个别人体质较差、较敏感仍有发生中毒的可能。

例如，苯的中毒临界值为1ppm；酚的中毒临界值为5ppm；一氧化碳的中毒临界值是25ppm。该数值越低，表示其毒性越大。容许浓度不是区分安全与危险的界限，可作为制定安全对策的依据。

化学品可通过不同的途径侵入人体，造成毒害作用，其中呼吸道吸入是最常见的途径，凡是呈气体、蒸气或气溶胶形态的毒物均可由此进入人体。皮肤接触吸收也是比较常见的中毒途径，有些化学物质可通过无损伤的皮肤（如皮脂腺和汗腺）进入人体，如苯、丙烯腈等。通常毒物的浓度越高，接触皮肤的面积愈大，经皮肤吸收的量就愈多。此外，毒物还可经消化道途径进入，但是这种情况比较少见。

评价毒性时，通常以实验动物（家兔或小白鼠）的死亡反应为终点，来测定动物死亡的剂量或浓度。

毒物进入人体后，会引起人员中毒。由于其理化性质、浓度（或剂量）、接触时间、作用部位和方式以及人体状态的不同，毒物的中毒作用表现形式不同，船上工作人员吸入有毒的化学品，将产生危害，表现症状有：

（1）使人嗅觉迟钝、喉痉挛、声门水肿；

（2）眩晕、乏力、恶心、呕吐、嗜睡、视力模糊；

（3）感觉迟钝、意识障碍、昏迷，抽搐；

（4）头痛、哮喘；

（5）烦躁、多疑、恐惧；

（6）神志恍惚、精神错乱（像喝醉酒一样）；

（7）停止呼吸、窒息死亡。

中毒可分为急性中毒和慢性中毒两种：

一般来说，少量吸入可使人的反应和感觉迟钝、意识减弱，大量吸入甚至可危及生命。

接触时间对人员中毒的影响如图2-1所示。

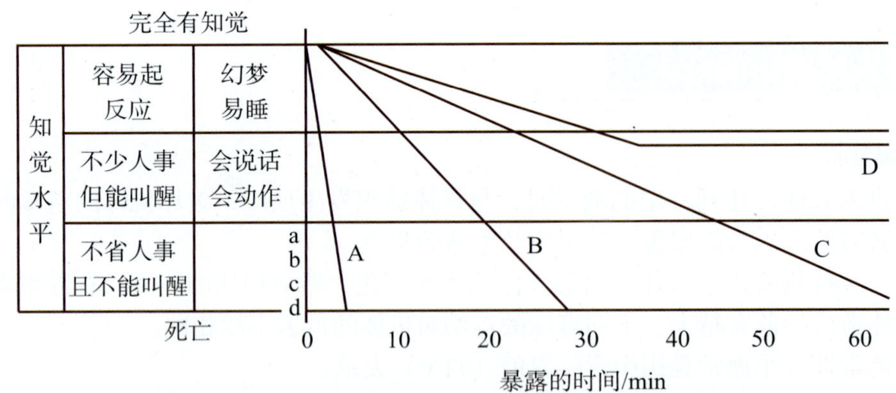

A—严重缺氧；B—高浓度有毒气味、充足氧气；C—中等浓度有毒气体、充足氧气；D—低浓度有毒气味、充足的氧气；a—瞳孔缩小；b—瞳孔放大；c—呼吸停止；d—心跳停止

图2-1　接触时间对人员中毒的影响

（二）预防原则

为了防止工作时人体吸收毒物而发生中毒事故，在船上工作的人员要采取一定的防范措施。

1. 在船上工作时穿戴好个人防护装备

在操作任何有毒物质时，操作者必须穿着必要的防护装备。货品溅到皮肤上，立即用水洗去；用过的油棉纱，频繁地更换，且不要放进口袋里；尽可能穿干净的工作服，特别是内衣。工作结束后，清洁皮肤。

2. 进行必要的气体检测，避免吸入有毒的气体

大多数的化学品蒸气比空气重，往往集聚在甲板和低洼处，人员进入这些场所时要进行必要的气体检测。

二、环境危害及预防措施

化学品对环境的污染，主要是造成生物积聚、破坏生物资源和环境、危害人类健康。

（一）对水体环境造成污染

1. 生物积聚的污染

当一种水生物吸收了其周围的一种化学品，以至于它含有该化学品的浓度高于周围水中该物质的浓度，这时就形成了生物积聚，并对该生物造成中毒和损害。不仅如此，一旦发生积聚，食物链中较高级的生物，包括人类在内，都会受到有害影响。

2. 生物资源的破坏

危险化学品泄漏到水中通过对生物的影响及在水体环境中相互作用，可能破坏生物栖息地，造成生物资源的损坏，造成包括养殖业、水域沿岸景区的旅游业的重大经济损失。图2-2所示为油污事件对生态的破坏。

图2-2　油污事件对生态的破坏

3. 人类健康的危害

人类吃了积聚毒性物质的鱼类、贝类或喝含有毒性物质的水能造成急性或慢性中毒。

有些物质通过人类皮肤接触和吸入，从而刺激人的皮肤、黏膜、眼睛或引起对内部组织的伤害。

4. 休息环境的损害

休息环境包括用作休息、娱乐场地的水体环境的各个方面，也包括它的外观。

为了保护水体环境，散化船上严禁违章操作，防止跑、冒、滴、漏造成污染，散化船上产生的污水按照要求存放于污液舱，日常生产、维护过程中使用的抹布等沾附了少量的货物残余物应统一存放，以便送岸上接受处理。

（二）对大气污染的危害

1. 破坏大气中的臭氧层

致使气候发生温室效应，天气变暖，农作物减产，森林面积减小，人类及动物因受过量紫外线的辐射而致癌。

2. 影响空气质量

散化船货物装卸期间、航行中挥发和排出的货物蒸气，洗舱和除气导致的货物蒸气进入大气，会危害大气环境。

为了防止货物蒸气释放到大气里，港口和码头要求船方在装卸货物时回收货物蒸气到岸上。船上提供一个延伸到船头、船尾和两舷的歧管。独立的货舱通风管线能够用相称的管路与此公共的气体回收管线相连。歧管处一接头接到岸上气体回收管线上形成一个回路。这样货物通过装货管线被装到船上，货物蒸气通过回收管线被返回到岸上。这个系统普遍叫作气体释放控制系统。

三、反应性危害及预防措施

化学品货物种类多，不同物质之间或同一物质本身会发生的化合、分解、聚合等反应，在装卸、储存和运输过程中需要特别注意，确保运输的安全。

船运化学品时可能出现货物自身反应、货物与水反应、货物与空气反应、货物之间发生反应。

船运化学品一旦出现反应时会有新物质的产生，并伴随升温、发热、释放有毒气体或燃烧、爆炸等现象。

(一)自身反应

自身反应通常有以下几种：聚合反应、分解反应、水合物等。

自身反应最常见的形式是聚合反应。聚合反应一般的结果是把液体转化为黏稠液体或固体，同时产生大量热和气体，所产生的热量可以加快这一进程。

在运输过程中要避免产生聚合反应，以免货物变质和造成危险。如苯乙烯、丙烯酸甲酯、甲基丙烯酸甲酯在室温下就会产生自发聚合作用，均需加抑制剂，以使其化学作用减缓或停止，抑制剂的分量必须足够防止航程中发生危险反应，对货舱的温度也应予以限止。同时，容易自反应聚合的货物不得装在加热货的隔邻。

(二)与水发生反应

某些货物和水发生反应，可能会对船舶及其人员产生危险。这类货物需要在干燥和惰化条件下进行运输。

(三)与氧发生反应

某些化学货物，主要是醚类，醛类，可能会在空气中与氧发生化学反应或形成不稳定的氧化物（过氧化物），如果反应持续，就可能引起爆炸。这些货物需要加抗氧化剂的抑制剂或在惰化条件下进行运输操作。

(四)与其他货物发生反应

不相容的货物相互间会发生反应，装载时这些货物间必须有隔舱隔离，防止混装，货泵、货管和透气系统需要完全独立。

(五) 与其他材料发生反应

化学品种类多，其中酸、碱等物质，特别是硫酸、硝酸等强酸，腐蚀性强，不仅对皮肤会造成伤害，而且对普通货舱构造和管道的材料发生反应并产生腐蚀。

散化船上装载此类货品时，要求货品与货舱、货管、货泵、阀门等材料相容。

这类货品可用专用的材料的货舱进行装运，也可用舱壁加涂层的货舱进行装运。

四、腐蚀性危害及预防措施

几乎所有的物质都可用化学品船来装运，某些化学品货物有一定的腐蚀性，不仅能对接触的皮肤造成严重损伤，而且对普通货舱构造和管道等的材料也会有严重腐蚀，要避免接触这类物质。例如，固体氢氧化钠溶于水形成的烧碱有强腐蚀性；浓硫酸若装入有水的普通碳钢货舱，很快会发生腐蚀、烂穿；浓度高于30%的过氧化氢（俗称双氧水）溶液，有分解并剧烈爆炸的危险，它的氧化性强，对皮肤有特别的腐蚀作用，浓度越大，危险性越大，药用仅含3%。过氧化氢作为氧化剂参加反应会迅速发生，并放出大量的热，与大多数有机物接触均会着火。浓度高于30%的过氧化氢溶液中必须加入少量的焦磷酸钠等作为稳定剂，以减缓其分解速度，并避免与铁、钢、铅等接触，以防强烈分解，当其加热至14.4 ℃时，也会剧烈分解。如硫酸会使铁板发生电化学腐蚀而生锈。

载运腐蚀性化学品，必须使用相应材料制造的液货舱，其相应的设备也要满足防腐蚀要求，如液货舱、主货泵、管路、阀门等需要使用不锈钢材料制造；人员在操作中应采取适当的保护措施，防止造成皮肤损伤。

五、可燃和爆炸的危害及预防措施

船运的多数化学品货物闪点、沸点、自燃点较低，是可燃性的货品，易发生火灾事故。

(一) 化学品货物的可燃性

可燃性：物质能够燃烧的特性。

化学品货物多数属于易燃、可燃的物质，且极易散发出易燃气体，与空气混合其浓度在爆炸范围，遇到火源，就有发生火灾、爆炸的可能。

散化船上燃烧三要素：可燃物质（货品蒸气）、助燃物（氧气）、温度（着火源），三者都要达到一定的量级，缺一不可。

散装化学品液货船上的火灾大多数是因为液货燃烧所引起的。液货燃烧是液货表面上的货品蒸气的燃烧，而不是燃烧的液货本身。

大部分化学品属于易燃液体，其闪点、沸点较低，易燃、易爆范围较广，自燃温度也较低，需要的点火能量较低。在装卸、储存过程中，在管路、货泵间等部位散发出易燃气体，与空气形成爆炸性混合气体，遇到电火花、电弧、明火、静电火花等点火源或足够高的温度，容易发生爆炸、燃烧事故，造成生命财产的巨大损失。易燃液体标志如图2-3所示。

图2-3　易燃液体标志

（二）防火防爆的预防原则

防火防爆的措施：去除燃烧三要素里的任何一个条件。

（1）首选措施是控制引起液货燃烧的火源。

（2）控制作业环境中可燃气的浓度。

（3）控制氧气的含量。

六、多种危险性

化学品的成分复杂，性质多样，往往同时具有多种危险性，有时除常见的危险性外，可能还有其他危险性，且其他危险性可能更严重，这种情况尤其应引起船员的注意。

第二节　散化船的静电危害与预防措施

由于化学品的纯度较高、导电率较低，散化船在运输易燃、易爆的货品时，除运输本身蕴藏着危险外，在装卸、清洗、维修等作业过程中，也存在各种危险，这种危险通常是由静电所引起的，叫静电的危害问题，或叫静电的不安全因素。

化学品船的静电危险比油船更大。

静电：附着在物体上很难移动的集团电荷。静电并不是静止的电。

静电是一种常见的带电现象，在日常生活中，用塑料梳子梳头发或脱下化纤衣服时，

黑暗中可见放电的闪光，这都是静电引起的。

特点：无所不在，无时不有，能量较小，电压较高，它来无影、去无踪，在我们船上却频频扮演“杀手”的角色，导致易燃易爆物意外着火、爆炸，令人防不胜防。

一、静电的危害

静电是无所不在、无时不有的。静电的电压很高。给我们船上的工作带来以下的危害。

（一）电击

静电电击就是带电人体接触物体放电，或带电物体向人体放电，在人体中流过电流而引起的。电击对人体有害，但损害的程度与流过人体的电流数值、时间、路经、电流频率、年龄、身体状况等因素有关。

如在干燥的天气里开门时，手会被门锁“电一下”。

（二）引起火灾

在可燃气体危险场所，静电放电会点燃可燃气至闪爆，继而引起火灾。

散化船会因静电放电而点燃货舱内可燃气体，使散化船爆炸。根据国外资料报道，由于静电放电而引起的火灾、爆炸在石油化工、交通运输等生产中是非常严重的。特别是在船舶运输中，由于静电放电引起的火灾、爆炸事故，不但比例较高，而且后果较为严重，这方面的事例屡见不鲜。

二、静电产生的途径

（一）静电产生的原理

静电危险基本上是通过三个阶段形成的：电荷分离、电荷储集、静电放电。这是构成静电起火的三要素。

1. 电荷分离

两种不同物质相互接触和摩擦时，在界面上发生电荷分离现象，一种物体带负电荷的电子就会越过界面，进入另一种物体内，形成电荷层，静电就产生了。

散化船上能使异性电荷分离的情况如：

（1）当两种液体（如油与水）流过管道或密致的过滤器时；

（2）固体物质在液体中沉淀或互不相溶液体的澄清过程（如铁锈在液货中的沉淀）；

（3）细小的颗粒或液珠从喷嘴中高速喷出的过程（如蒸气蒸舱作业）；

（4）在固体表面上泼溅或激烈搅动某种液体（如洗舱作业或往货舱中装液货的初始阶段）；

（5）某些合成化纤材料之间经过剧烈摩擦后，随之又将其分开（如手上带着聚氯乙烯手套在聚丙烯绳上滑动）。

2. 电荷储集

电荷储集：分离的异性电荷，由于某种原因不能中和或中和的速度很慢，造成电荷聚集。

影响电荷储集（电荷中和）的因素：被分离物质的导电性。

3. 静电放电

静电放电就是物体内储存的静电荷会像气体一样释放出来，发光、发热、发出破裂声。

静电放电带来的危害：放电时将电能转变成热能，作为火源，引燃可燃物。

对于船舶来讲，静电的产生、积累并不可怕，最可怕的是静电的放电和引燃。

（二）静电产生的途径

静电荷随时产生，有可能会发生危害。

1. 货品在管路中流动产生静电

货品在管路中流动进入货舱，货品流速越快，流量越大，流程越长，管内货品所带电荷越多，电位越高。

采取措施：控制液货的入舱流速，控制装货速率，在装货的初始阶段，流向每一货舱支管的流速不得超过1 m/s。

2. 不溶于水的液货与水相混产生静电

不溶于水的液货与水相混泵送或扰动，或水在沉降过程中都会产生静电荷，如此时从舱底送气，会使水和杂质搅浮起来，增加静电荷的量。

3. 自由流落入舱

液体分裂成细小的颗粒入舱，液滴和货舱之间会产生接触和分离。

散化船上不允许由舱口直接灌装，一律由舱底进货。

4. 水雾

将水喷入货舱内，洗舱时带电雾珠形成电场，分布电压贯穿于整个液货舱空间，离舱壁越远，电位越高。如舱内有未接地导体，可能产生放电。

5. 测量设备操作的静电

在散化船上的设备操作产生的静电主要是指测量操作过程中方法不当而产生的静电。

测量操作通常是指测深、测量舱顶空当和采样操作。

测量操作用的设备应便于接地。

在每一货舱装载完成后和开始进行以上的测量操作之前应间隔30 min的时间（有些国家要求2 h），这是为了等候液货中的水珠和颗粒沉降聚集，从而使电位下降，电荷消退。

6. 人体带电

人体与衣服、衣服与衣服、人体与地面之间由于摩擦会产生静电（这一点在穿着化纤衣物更为突出），从而使人体成为带电体。人体所带的电荷，会由于人体动作的剧烈程度，动作时间的长短，人体与衣服间、衣服与衣服间的实际分离而不断增加。当人们在脱衣服或鞋底与地面分离时，就会发生放电，或是在接触到被绝缘的金属物体时而发生放电。

船上工作人员入舱时要注意人体消电，穿防静电服、防静电鞋，天气干燥时要增加湿度，工作人员也可在舱口或甲板进入生活区通道两侧的金属牌消除静电。

三、静电的放电形式

物体一旦带上静电，有时尽管所带的静电量不多，但是电位却很高，有数千伏甚至数万伏之高。如果一旦达到这样的高电位，物体内储存的静电荷就会像气体那样释放出来，

出现发光、破裂声响等放电现象。

静电放电可分为电晕放电、刷形放电、火花放电三种形式，如图2-4所示。电晕放电能量最小，危险性也较小；刷形放电具有一定的危险性，有时也能引燃可燃性气体；火花放电能量较大，因而危险性最大。

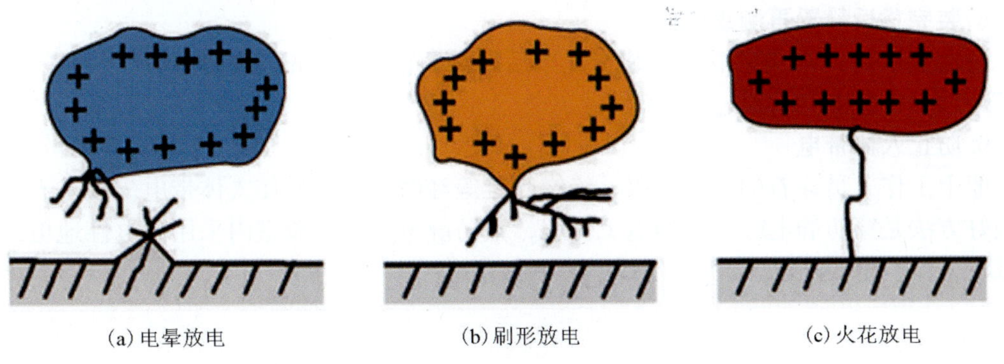

(a) 电晕放电　(b) 刷形放电　(c) 火花放电

图2-4　静电放电

四、船舶静电的预防措施

散化船上很多场合会引起静电，静电引起燃烧或爆炸必须同时具备两个条件：静电放电的周围可燃混合气浓度在爆炸范围内；静电放电时的能量足够大。

（一）防静电的原则

防静电的原则和静电荷产生的三个要素相对应，只要消除静电空间中的可燃性混合气体或三要素中的任何一个，就能有效控制静电可能引起的危险。

（1）设法防止和减少静电产生；

（2）静电产生不可避免时，加速泄漏，防止电荷积聚；

（3）防静电放电着火，避免电击、爆炸事故。

（二）静电的预防措施

根据防静电的原则，散化船上相继采取了一系列的预防措施，将静电带来的危害减至最小。

1. 良好接地

散化船上产生静电是不可避免的，要使产生的静电及时消除掉，船上的许多设备都需要接地或使两个不同电位的物体进行结合使其保持等电位。接地的作用是加快静电荷的泄漏，防止静电荷聚集产生危害。

船上设备的接地就是与主船体金属结构连接。

2. 控制装、卸油速度

控制装、卸油速度，为减少静电电荷的积聚，可采用大管径、低流速的大流量方式装、卸货。在装货的初始阶段，流向每一货舱支管的流速不得超过1 m/s。

3. 控制液面上方空间的混合气体中的氧含量

为了防止货舱内静电引起爆炸，目前最好的办法就是控制液面上方空间的混合气体中的氧含量（惰化），使舱内含氧量降到8%以下，只要舱气中含氧量低于8%，进行任何操作通常都不会有燃烧、爆炸的危险。

4. 防止不溶于水液货与水相混入舱

防止不溶于水液货与水相混入舱，水在液货中会不停地上下骚动翻腾，使电荷分离，导致水和液货都带上不同的电荷。

5. 装完货后静置再测量取样

装完货后静置再测量取样，装货完毕后，需要停止30 min再进行测量、采样等作业，以等待油品中静电电荷通过舱壁消散。

6. 防止人体带电

船上工作人员穿着的化纤衣服、绝缘胶鞋等经摩擦后容易使人体带电。预防人体带电的最好方法是穿防静电鞋、防静电工作服，戴防静电手套，舱室内采用导电性地板，以此可减少人体产生的静电。

第三节 化学品安全说明书（MSDS）简介

一、化学品安全说明书(MSDS)的简单介绍

MSDS（Material Safety Data Sheet）即化学品安全说明书，亦可译为化学品安全技术说明书或化学品安全数据说明书。MSDS是一分危险物质的详细安全数据说明书。

化学品安全说明书的主要内容：包括危险物质的理化参数，危险特性，毒性参数，接触限制，健康和环境危害，安全运输、贮存和使用注意事项，泄漏应急处置，急救措施以及有关的法律法规等方面的信息。

化学品安全说明书主要作用：使用户明了危险物质的有关危害，在运输、储存、使用、处置的过程中能主动进行防护，从而减少职业危害、预防危害事故发生并减少对环境的负面影响。

二、我国的化学品安全说明书的基本格式要求

第一项：化学品及企业标志

第二项；危险性概述

第三项：成分组成信息

第四项：急救措施

第五项：消防措施

第六项：泄露应急处理

第七项：操作处置与储存

第八项：接触控制/个体防护

第九项：理化特性

第十项：稳定性和反应性

第十一项：毒理学资料
第十二项：生态学资料
第十三项：废弃处置
第十四项：运输信息
第十五项：法规信息
第十六项：其他信息

三、化学品安全说明书（MSDS）在船舶运输中的应用

供货商在开始装载前，为要装载货物或燃油的油船提供化学品安全说明书MSDS。在MSDS中应指明拟装载货物或燃油的所有成分中，具有危险性或有毒构成成分的类型和大致浓度，尤其是H_2S和苯。

提供了MSDS，并不能保证所装载的特殊货物或燃油中的所有危险或有毒构成成分已得到确认或已经归档。没有提供MSDS也并不说明不存在危险或有毒构成成分。作业人员应备有适当的程序，以确定他们所预计的可能含有有毒成分的货物中是否存在有毒构成成分。

船舶应向收货人提供欲卸载货物的MSDS。该船舶还应告知码头和货舱检查员或验船师，所运载的前票货物是否含有任何有毒物质。

船舶相关工作人员应按要求熟悉本航次所载化学品的MSDS中所述的特性及发生危急时应采取的应急措施，特别是物质安全数据表中的货物特性、货物危害、防护措施、应急措施等内容，并将其张贴在公共场所，便于让所有人员熟悉和参考。

苯安全技术说明书

第一部分　化学品及企业标识

化学品中文名称：苯
化学品俗名或商品名：纯苯
化学品英文名称：benzene
企业名称：
地址：
邮编：
电子地址邮件：
传真号码：
企业应急电话：
技术说明书编码：
生效日期：2018年4月3日
国家应急电话：(86)-(0532)-(83889090)

第二部分　危险性概述

紧急情况概述

无色液体，有芳香气味。易燃液体和蒸气。其蒸气与空气可形成爆炸性混合物。重度中毒出现意识障碍、呼吸循环衰竭、猝死。损害造血系统。可致白血病。

GHS危险性类别

易燃液体：类别2

皮肤腐蚀/刺激：类别2

严重眼睛损伤/眼睛刺激性：类别2

致癌性：类别IA

吸入危害：类别1

对水环境危害：类别2

对水环境危害：慢性，类别3

标签要素

象形图：

警示词：危险。

危险性说明：易燃液体和蒸气，引起皮肤刺激，引起严重眼睛刺激，可致癌，可引起遗传性缺陷，可能引起昏睡或眩晕，长期或反复接触引起器官损伤，吞入并进入呼吸道可能致命，对水生物有毒并且有长期影响。

防范说明

预防措施：远离热源、火花、明火，使用不产生火花的工具作业。保持容器密闭，采取防止静电措施，容器和接受设备接地、连接。使用防爆电器、通风、照明及其他设备。直接接触戴防护手套、防护面罩吸（食）入者迅速就医作业场所不得进食、饮水、吸烟。

事故响应：火灾时使用泡沫、干粉、二氧化碳、砂土灭火。如果吸入，脱离污染区至空气新鲜处。如果呼吸停止，立即进行人工呼吸。如果呼吸困难，给吸氧。如果呼吸困难持续，就医。如皮肤（或头发）接触，立即脱掉所有被污染的衣服，用大量肥皂水和水冲洗皮肤/淋浴，如发生皮肤刺激，就医。如接触眼睛，立即提起眼睑，用流动清水冲洗15分钟，立即就医。如果食入，禁止催吐。饮水或牛奶。立即寻求医生或医疗机构的帮助。被污染的衣服洗净后方可重新使用。

安全储备：在阴凉、通风良好处储存，保持容器密闭。

废弃处置：建议用焚烧法处置。

物理化学危害

易燃液体和蒸气。其蒸气与空气混合，能形成爆炸性混合物。遇明火、高热能引起燃烧爆炸。与强氧化剂能发生强烈反应。流速过快，容易产生和集聚静电。其蒸气比空气重，能在较低处扩散到相当远的地方，遇火源会着火回燃。

健康危害

高浓度苯对中枢神经系统有麻醉作用，引起急性中毒；长期接触苯对造血系统有损害，引起慢性中毒。急性中毒：轻者有头痛、头晕、恶心、呕吐、轻度兴奋、步态蹒跚等

酒醉状态，可伴有黏膜刺激；严重者发生烦躁不安、昏迷、抽搐、血压下降，以致呼吸和循环衰竭。可发生心室颤动。呼气苯、血苯、尿酚测定值增高。慢性中毒：主要表现有神经衰弱综合征；造血系统改变：白细胞、血小板减少，重者出现再生障碍性贫血；少数病例在慢性中毒后可发生白血病（以急性粒细胞性为多见）。皮肤损害有脱脂、干燥、皲裂、皮炎。可致月经量增多与经期延长。

环境危害

对水体、土壤和大气可造成污染。

燃爆危险

易燃，其蒸气与空气混合，能形成爆炸性混合物。

第三部分　成分/组成信息

纯品☑混合物□

化学品名称：

有害物成分	含量	CAS No.
苯	≥99.0%	71-43-2

第四部分　急救措施

皮肤接触：脱去污染的衣着，用肥皂水和清水彻底冲洗皮肤；如有不适感，就医。

眼睛接触：提起眼睑，用流动清水或生理盐水冲洗；如有不适感，就医。

吸入：迅速脱离现场至空气新鲜处；保持呼吸道通畅；如呼吸困难，给输氧；如呼吸停止，立即进行心肺复苏术；就医。

食入：饮水，禁止催吐；如有不适感，就医。

第五部分　消防措施

危险特性：易燃，其蒸气与空气可形成爆炸性混合物，遇明火、高热极易燃烧爆炸。与氧化剂能发生强烈反应。易产生和聚集静电，有燃烧爆炸危险。其蒸气比空气重，能在较低处扩散到相当远的地方，遇火源会着火回燃。

有害燃烧产物：一氧化碳、二氧化碳。

灭火方法及灭火剂：用泡沫、干粉、二氧化碳、砂土灭火。

灭火注意事项：消防人员必须戴空气呼吸器、穿全身防火防毒服，在上风向灭火。喷水保持火场容器冷却，可能的话将容器从火场移至空旷处。容器突然发出异常声音或出现异常现象，应立即撤离。用水灭火无效。

第六部分　泄漏应急处理

应急处理：消除所有点火源。根据液体流动和蒸气扩散的影响区域划定警戒区，无关人员从侧风、上风向撤离至安全区。建议应急处理人员戴自给正压自给式呼吸器，穿防毒、防静电服，戴橡胶耐油手套。作业时使用的所有设备应接地。禁止接触或跨越泄漏物。尽可能切断泄漏源。防止泄漏物进入水体、下水道、地下室或限制性空间。

环境保护：防止泄漏物进入水体、下水道、地下室或受限空间。

泄漏处置：陆地泄漏，小量泄漏用砂土或其他不燃材料吸附或吸收。也可以用大量水冲洗，洗水稀释后放入废水系统。大量泄漏构筑围堤或挖坑收容。用泡沫覆盖，降低蒸气灾害。用防爆泵转移至槽车或专用收集器内，回收或运至废物处理场所处置。水上泄漏，如没有危险，可采取行动阻止泄漏，立即用围油栅限制溢漏范围，从表面撇去，并警告其他船只。上述泄漏处置建议是根据该材料最可能的泄漏情况提出的；然而，各种自然条件都可能对所采取的方案有很大影响，为此应咨询当地专家。注意：当地法规可能对所采取的方案有规定或限制。

第七部分　操作处置与储存

操作注意事项

密闭操作，加强通风。操作人员必须经过专门培训，严格遵守操作规程。建议操作人员戴自吸过滤式防毒面具（半面罩），戴化学安全防护眼镜，穿防毒物透工作服，戴橡胶耐油手套。远离火种、热源，工作场所严禁吸烟。使用防爆型的通风系统和设备。防止蒸气泄漏到工作场所空气中。避免与氧化剂接触。灌装时应控制流速，且有接地装置，防止静电积聚。搬运时要轻装轻卸，防止包装及容器损坏。配备相应品种和数量的消防器材及泄漏应急处理设备。倒空的容器可能残留有害物。

储存注意事项

储存于阴凉、通风的库房。远离火种、热源。库温不宜超过30 ℃。保持容器密封。应与氧化剂、食用化学品分开存放，切忌混储。采用防爆型照明、通风设施。禁止使用易产生火花的机械设备和工具。储区应备有泄漏应急处理设备和合适的收容材料。

第八部分　接触控制/个体防护

最高容许浓度：中国PC-TWA（mg/ m^3）：6[皮][G1]；PC-STEL（mg/m^3）：10[皮][G1] 美国（ACGIH）TLV-TWA：0.5ppm[皮]；TLV-STEL：2.5 ppm[皮]

生物限值：尿中S-苯巯基脲酸，班末采样，25 ug/g肌酐；尿中反反式黏康酸（ttMA），班末采样，500 ug/g肌酐。（ACGIH）

监测方法：溶剂解析气相色谱法；热解吸气相色谱法；直接进样气相色谱法。

工程控制：生产过程密闭，加强通风。提供安全淋浴和洗眼设备。

呼吸系统防护：空气中浓度超标时，戴自吸过滤式防毒面具（半面罩）。紧急事态抢救或撤离时，应该戴空气呼吸器。

眼睛防护：戴化学安全防护眼镜。

身体防护：穿防毒物渗透工作服。

手防护：戴橡胶耐油手套。

其他防护：工作现场禁止吸烟、进食和饮水。工作完毕，淋浴更衣。实行就业前和定期的体检。

第九部分　理化特性

外观与性状：无色或黄色透明液体，有强烈芳香味。

pH值：无资料

熔点（℃）：5.5

相对密度（水=1）：0.88

沸点（℃）：80.1

相对蒸气密度（空气=1）：2.77

饱和蒸气压（kPa）：9.95（20 ℃）

燃烧热（kJ/ mol）：–3 264.4

临界温度（℃）：289.5

临界压力（MPa）：4.92
辛醇/水分配系数的对数值：2.15
闪点（℃）：–11
爆炸上限%（*V*/*V*）：8.0
引燃温度（℃）：560
爆炸下限%（*V*/*V*）：1.2
溶解性：不溶于水，溶于乙醇、乙醚、丙酮等多数有机溶剂。
主要用途：用作溶剂及合成苯的衍生物、香料、染料、塑料、医药、炸药、橡胶等。
其他理化性质：略。

第十部分　稳定性和反应活性

稳定性：稳定
禁配物：强氧化剂、酸类、卤素等
避免接触的条件：无资料
聚合危害：不聚合
分解产物：无资料

第十一部分　毒理学资料

急性毒性：LD50：1 800 mg/kg（大鼠经口）；4 700 mg/kg（小鼠经口）；8 272 mg/kg（兔经皮）LC50：31 900 mg/m^3，7 h（大鼠吸入）。

亚急性和慢性毒性：家兔吸入10 mg/m^3，数天到几周，引起白细胞减少，淋巴细胞百分比相对增加。慢性中毒动物造血系统改变，严重者骨髓再生不良。

刺激性：家兔经眼：2 mg/24 h，重度刺激。家兔经皮：500 mg/24 h，中度刺激。

致突变性：DNA抑制：人白细胞2 200 μmol/L。姐妹染色单体交换：人淋巴细胞200 μmol/L。细胞遗传学分析：人吸入125ppm（1a）。体细胞突变：人淋巴细胞1 mg/L。

致畸性：小鼠孕后6 ~ 15 d吸入最低中毒剂量（TCLo）5ppm，致血和淋巴系统发育畸形（包括脾和骨髓）。小鼠腹腔内给予最低中毒剂量（TCLo）219 mg/kg，致血和淋巴系统发育畸形（包括脾和骨髓）、肝胆管系统发育畸形。

致癌性：IARC致癌性评论：G1，确认人类致癌物。（TCLo）150ppm/24 h（孕7 ~ 14 d），引起植入后死亡率增加和骨骼肌肉发育异常。

其他：略。

第十二部分　生态学资料

生态毒性：LC50：46 mg/L（24 h）（金鱼），20 mg/L（24 ~ 48 h）（蓝鳃太阳鱼）；27 mg（96 h）（小长臂虾）；LC100：12.8 mmol/L（24 h）（梨形四膜虫）LD100：34 mg/L（24 h）（蓝鳃太阳鱼）TL m：36 mg/L（24 ~ 96 h）（虹鳉，软水）；

生物降解性：好氧生物降解（h）：120 ~ 384；
厌氧生物降解（h）：2 688 ~ 17 280；
非生物降解性：水中光解半衰期（h）：2 808 ~ 16 152；
光解最大光吸收坡长范围（n m）：239 ~ 268；
水中光氧化半衰期（h）：8 021~3.20×10^5；
空气中光氧化半衰期（h）：50.1 ~ 501；
生物富集：BCF：3.5（日本鳗鲡）；4.4（大西洋鲱）；4.3（金鱼）

其他有害作用：略。

第十三部分　废弃处置

废弃物性质：□危险废物□工业固体废物

废弃处置方法：用焚烧法处置。

废弃注意事项：把倒空的容器归还厂商或在规定场所掩埋。

第十四部分　运输信息

危险货物编号：32050

UN编号：1114

包装标志：易燃液体

包装类别：Ⅱ类包装

包装方法：小开口钢桶；螺纹口玻璃瓶、铁盖压口玻璃瓶、塑料瓶或金属桶（罐）外普通木箱。

海洋污染物（是/否）：否

运输注意事项：本品铁路运输时限使用钢制企业自备罐车装运，装运前需报有关部门批准。铁路运输时应严格按照铁道部《危险货物运输规则》中的危险货物配装表进行配装。运输时运输车辆应配备相应品种和数量的消防器材及泄漏应急处理设备。夏季最好早晚运输。运输时所用的槽（罐）车应有接地链，槽内可设孔隔板以减少震荡产生静电。严禁与氧化剂、食用化学品等混装混运。运输途中应防曝晒、雨淋，防高温。中途停留时应远离火种、热源、高温区。装运该物品的车辆排气管必须配备阻火装置，禁止使用易产生火花的机械设备和工具装卸。公路运输时要按规定路线行驶，勿在居民区和人口稠密区停留。铁路运输时要禁止溜放。严禁用木船、水泥船散装运输。

第十五部分　法规信息

1.《中华人民共和国安全生产法》（中华人民共和国主席令第十三号）；

2.《中华人民共和国职业病防治法》（中华人民共和国主席令第五十二号）；

3.《中华人民共和国环境保护法》（1989年12月26日第七届全国人民代表大会常务委员会第十一次会议通过 2014年4月24日第十二届全国人民代表大会常务委员会第八次会议修订）；

4.《危险化学品安全管理条例》（中华人民共和国国务院令第591号）针对危险化学品的生产、储存安全，使用安全，经营安全，运输安全，危险化学品登记与事故应急救援，法律责任等做了相应规定；

5. GB 13690—2009《化学品分类和危险性公示通则》规定了有关GHS的化学品分类及其危险公示；

6.《危险化学品目录（2018版）》；

7. GB/T 15098—2008《危险货物运输包装类别划分方法》规定了划分各类危险货物运输包装类别的方法。

8. 地方法规；

9. 国际法规。

第十六部分　其他信息

参考文献：《化学品安全技术说明书　内容和项目顺序》（GB/T 16483—2008）；

《化学品分类、警示标签和警示性说明安全规范》系列标准（GB 20582—599-2006）；

《个体防护装备选用规范》(GB/T 11651—2008)：

高毒物品目录。

化学危险品安全技术全书，化学工业出版社，1997

填表时间：

填表部门：安环部/技术部

数据审核单位：

修改说明：

其他说明：本安全数据单是依据联合国《全球化学品统一分类和标签制度》(第五修订版）的要求编写的，其中的所有信息是基于公司目前所掌握的知识，因此，我们无法保证其中所有信息的正确性，仅供使用者参考。安全数据单的使用者应该是根据使用目的，对相关信息的合理性做出判断。我们对在该产品操作、存储、使用或处置等环节产生的任何损害不负任何责任。

第三章 职业健康与安全预防措施

第一节 化学品船的防护与安全措施

一、人员安全防护设备

（一）人员防护用具

在散化船上工作的人员，在发生事故或正常生产过程中，容易受到热辐射或化学品的毒害。为了保护船上人员的安全，根据不同的工作环境和任务需要，散化船除了配备消防服、防静电工作服外，还配备了其他适宜的保护设备，载运毒性货物的船舶，还应有足够的整套安全设备。下面分别给予简要介绍：

1. 消防服

消防服是当船舶发生火灾时，供灭火人员穿戴的，具有防止热辐射以及防烧伤作用的服装，这是所有船舶均需配备的基本安全设备。消防服种类较多，使用时主要依据其耐火程度、使用的目的来确定，如图3-1所示。

消防服应存放在干燥通风处，通常与呼吸器同放。

图3-1　消防服

2. **防静电工作服、手套、工作鞋**

为了减少人体静电作用，散化船通常需要使用防静电工作服、手套、工作鞋。这种装备一般是由防静电材料制成的，防止工作人员在作业操作过程中产生静电而发生危险。

3. **防化服**

防化服由防护衣、手套、靴子、护目镜、面罩等组成，能有效地保护作业人员免受化学物质腐蚀，防止毒物进入人体。防护衣一般是衣裤连体的，有些防化服的防护衣和靴子、手套等也是连体的。考虑到可能接触的各种化学品的性质，防化服一般由特殊材料制成，具有一定的防渗漏、耐酸、耐碱等作用，如图3-2所示。

图3-2　防化服

4. **呼吸器**

在紧急情况下，当人员需要进入含有毒气、烟雾或缺氧状态的舱室时必须佩戴呼吸器。有的因时间紧迫，必须马上进入不明情况的封闭舱室或空间，同样需要佩戴呼吸器。呼吸器的作用是向使用者提供足够的空气，并防止作业人员吸入有毒气体。

呼吸器通常有三种类型；过滤式防毒面具、自给式呼吸器和空气管路式呼吸器。

（1）过滤式防毒面具

过滤式防毒面具即滤毒罐型防毒面具，人员呼吸的空气来自环境中的气体，因此其使用的基本条件是：环境中按体积比氧气含量不低于18%；环境温度在-30～45 ℃时毒气浓度应符合规定。

（2）自给式呼吸器

自给式呼吸器带有压缩空气瓶，能够向使用者提供储存的空气，在使用过程中无须吸入现场气体，因此适用范围广，在缺氧、毒气浓度高或气体环境不明的情况下皆可使用，而且使用者呼吸舒适，使用也很方便，如图3-3所示。

图3-3　自给式呼吸器

（3）空气管路式呼吸器

空气管路式呼吸器能将新鲜空气直接输送给使用者，由于可使用时间较长，更便于人员到封闭空间从事较长时间的作业。使用这种呼吸器时，除保证正常供气外，值守人员与使用者应保持联系，以免发生危险，如图3-4所示。

图3-4　空气管路式呼吸器

5. **其他重要个人防护设备**

（1）安全帽

如图3-5所示，此类安全帽通常附带耳朵防护和面罩，同时面罩与帽的边缘之间不应有空隙，以防液体漏入罩内。

图3-5 安全帽

（2）防护眼镜

当呼吸器采用半脸面具进行防护时，应戴上防护眼镜，如图3-6所示。

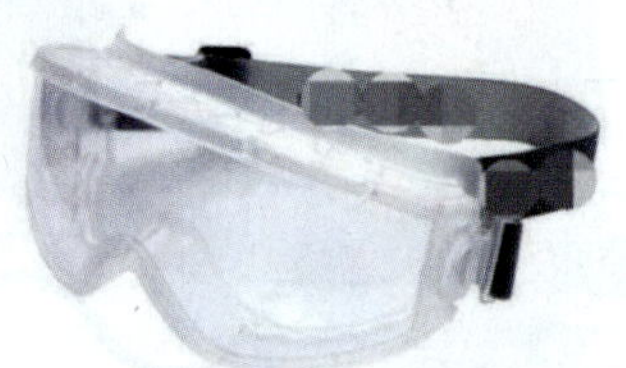

图3-6 防护眼镜

（3）耳罩

戴上耳塞或耳罩，主要防噪声污染，如图3-7所示。

图3-7 耳罩

（4）防护鞋

如图3-8所示，此类鞋采用钢头和脚心钢条，以防砸伤。一般以靴代替鞋，穿着时裤脚管应置于靴里。

图3-8 防护鞋

（5）防护手套

如图3-9所示，手套一般结实防刺、防污、防渗透。使用时上衣的袖子应包覆在手套外缘，防止任何液体进入手套内。手套应用带子与工作服或防溅服扎紧。

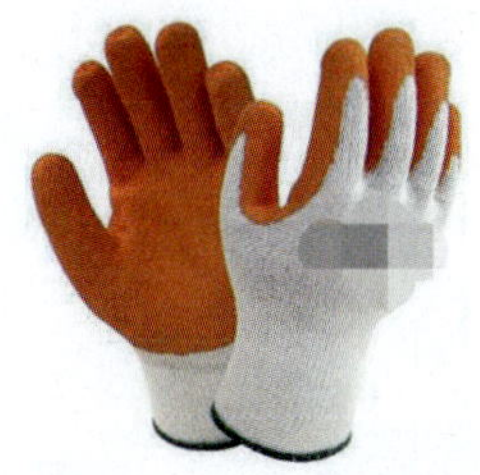

图3-9 防护手套

（6）救生索

救生索的作用是当使用者在散化区域内因体力、氧气供应不足，或其他原因需要帮助时，向安全区域的人员发出求救信号，并用以寻找和吊运使用者，如图3-10所示。

图3-10 救生索

（7）防爆灯

防爆灯主要供使用者在液货区域照明用，该灯具必须满足安全要求，不会引燃可燃气体，如图3-11所示。

图3-11 防爆灯

（二）洗眼和喷淋装置

洗眼和喷淋装置是散化船特有的人员防护设备，目的是当货物一旦喷溅到人体皮肤、眼睛等部位时，能以最快速度对相应部位进行彻底冲洗，以减轻危害，防止伤害的扩大。

散化船的洗眼和喷淋装置一般设置在货物区域内。洗眼器上装有一个仰角为45°的双叉喷头，便于使用者冲洗眼睛内溅入的化学物质。喷淋装置由莲蓬头和水龙头组成，主要用于冲走身上的残余物，也可用于清洁使用后的防护服等防护设备。洗眼和喷淋装置附近不得堆放杂物，便于随时使用，如图3-12所示。

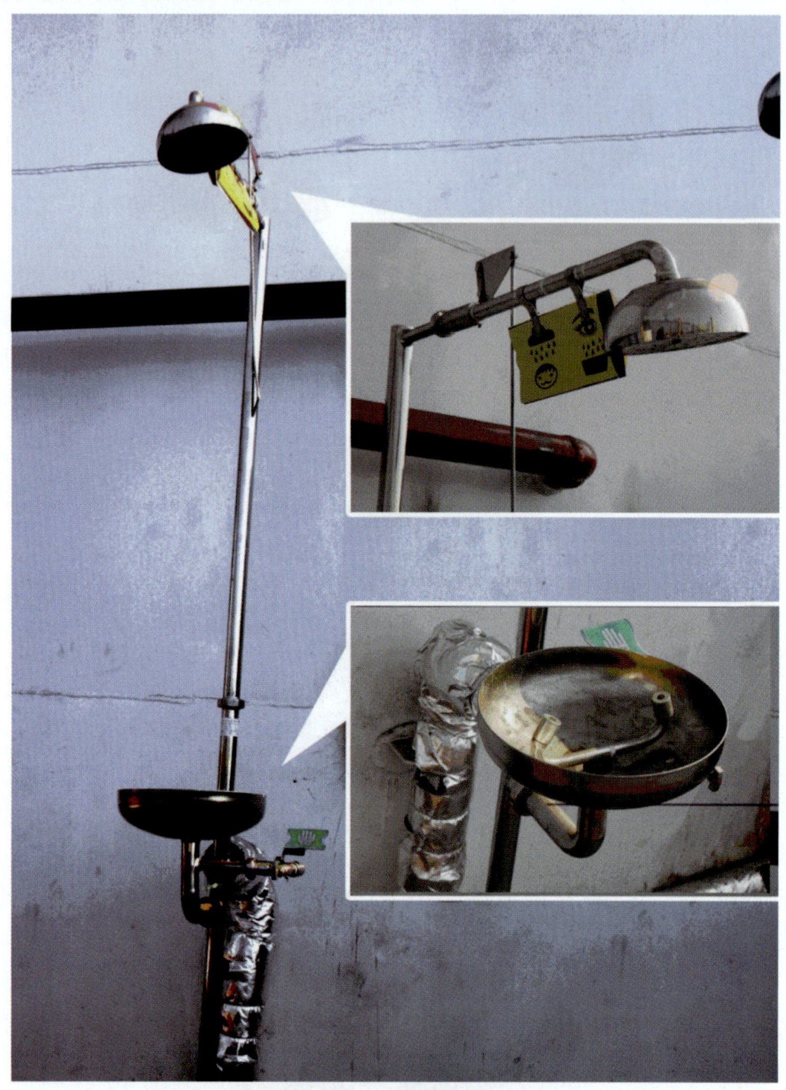

图3-12　洗眼和喷淋装置

二、生活舱室的防护要求

防止有毒、有害气体进入生活舱室的措施和隔离要求，船员工作服和防护设备应保存在容易取到的地方，并放在专门的储存柜内。

为了防止生活舱室受到危害性蒸气侵袭，散化船对生活舱室有一些特殊要求。对内河散化船而言，最主要的防护要求是船舶的生活舱室与货物区域应当满足隔离条件，对生活舱室更要实施严格的管理措施。船员必须遵守有关管理规定，才能保证船舶及自身安全。

（一）关于生活舱室与货物区域的分隔

内河散化船的构造与设备必须满足有关规范要求，其中很重要的一点是，生活舱室与

货物区域应达到一定的隔离条件，内河散化船船员要了解这些条件，未经许可不能随意改变，不能破坏船舶已有的隔离布置。如对于货物透气管路布置，其设计已经考虑有毒或可燃货物蒸气的逸出与扩散，如果贸然降低其隔离距离，可能造成货物蒸气进入生活舱室，对船员构成威胁。

（二）防止货物蒸气进入生活区

（1）不要随意改动生活舱的入口、进气口和开口的布置，防止货物蒸气进入生活舱室；

（2）货物装卸期间，生活舱室的门、舷窗、空调进气口及其他开口应处于关闭状态；

（3）液货舱透气系统应减少货物蒸气在甲板积聚和进入生活舱室的可能性；

（4）船上按规定配备的货物蒸气探测设备应处于良好的可用状态；

（5）船员工作服和防护设备如果沾染残留货物，不得存放于生活舱室。

三、散化船中毒的途径

散化船使人中毒的途径有以下几种。

（一）呼吸道吸入

进行测量货舱液位或舱顶空当时，站位错误，站到测量孔下风侧或脸部正对测量孔而导致从测量孔冲出的有毒（害）气体被操作人员所吸入；进行除气作业或装载作业时，在货舱甲板上工作，吸入由排气口排出高浓度舱气或惰气而造成的中毒；进入货舱进行清洁、检查等工作，由于缺氧或舱底脚挥发出的有毒气体的吸入而发生的中毒；进入泵舱工作，由于货泵等漏泄使泵舱充满有毒、有害物质，加之泵舱通风不良，使进入泵舱工作的人员中毒，如图3-13所示。

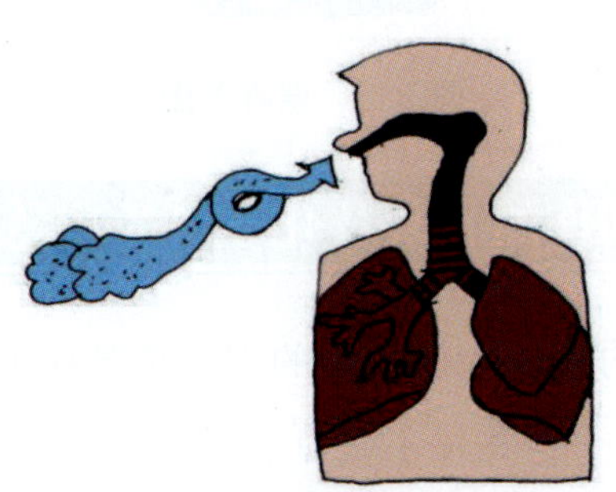

图3-13 呼吸道吸入图

其他方面的原因，例如，由于启用机舱通风机不当，而使机舱工作人员呼吸高浓度的排风气体；人员在房间睡觉，没有关闭侧窗而吸入有毒气体；在救助他人时成为第二个中毒（受害）者；化学品船失火时消防员在扑火场吸入有毒烟气/烃气的混合气而中毒；化学品船失事弃船时，吸入水面上浮油而造成的中毒；货物或燃油加温后蒸发的气体积聚，致使在附近工作的人员中毒，等等。

（二）皮肤接触

多种石油化工产品，尤其是挥发性较高的，对皮肤均有刺激性，它能脱去皮肤上必不可少的油脂，引起皮炎。长期、反复地与一些石油化工产品相接触能导致严重的皮肤病。

部分散装化学品对眼睛的刺激也很大。腐蚀性化学品能导致皮肤坏死，某些非常温运输货物能冻伤、烫伤皮肤，既水溶性又脂溶性货物能渗透皮肤致人中毒，如图3-14所示。

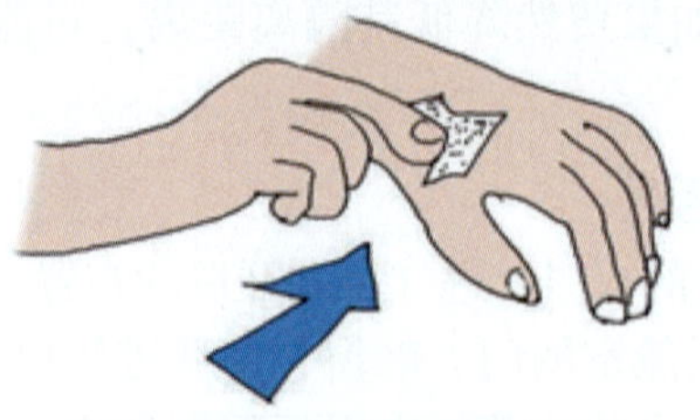

图3-14　皮肤接触图

为了避免或减少与货物直接接触，配备劳保用品是必要的，尤其是手套和护目镜、防护服等。在化学品船上作业不得裸露身体，作业完成后应洗澡清洁；工作服上沾污的应清除掉。

（三）误吞入

在一般散装化学品船作业中遇到误吞入大量液态化学品的险情是很少见的。但是一旦误吞入有毒物质，这是些物质进入人体，达到一定的剂量时，与机体组织发生反应，破坏机体的正常的生理功能，会引起暂时的或永久的损害，甚至危及生命，如图3-15所示。

图3-15　误吞入图

四、化学品物质中毒、灼伤的急救及化学事故应急处理

预防化学品物质中毒、灼伤，急性中毒的现场抢救应遵循的原则和方法，如人工呼吸、心脏按压方法和要领如下文所述。

（一）化学品物质中毒、灼伤的急救

散化船在装卸、洗舱、管系破损，设备破坏均可能使大量有毒化学品外溢，如不及时正确地施救，可能危及生命。化学品对人体的伤害是多方面的，其中以中毒和化学品灼伤最为突出和严重，现对这两种的急救知识简述如下：

1. 急性中毒的现场急救

中毒可分为急性中毒、慢性中毒。在职业中慢性中毒多见，急性中毒仅见于事故场合，危害极大。

急性中毒的现场抢救应遵循下列原则：

（1）救护者应做好个人保护

急性中毒发生时多由呼吸系统和皮肤侵入体内。因此，救护者在进入毒区之前，首先

要做好个人呼吸系统和皮肤的防护，穿好防护服，佩戴好自供式防毒面具或空气呼吸器。如中毒者是在货舱、泵舱或其他隔离舱处所，救护者应系上安全带然后进行救人；否则，由于匆忙中没有防范措施，非但中毒者不能获救，救护者也会被困，致使事故救援难度加大。

（2）切断毒物来源

救护人员进入事故现场后，除对中毒者进行抢救外，同时应侦察毒物来源，采取果断措施（如：关闭泄漏管道阀门，停止装卸、盖住盲板、堵塞泄漏的设备）切断来源，防止毒物继续外溢。对于已经扩散出来的有毒气体或蒸气，应立即启动通风设备或开启门窗以及采取综合防范措施，降低有毒物质在空气中的浓度，为抢救工作创造有利条件。

（3）采取有效措施防止毒物继续侵入人体

①救护人员进入事故现场后，应迅速将中毒者移至新鲜空气处。

②将中毒者移至新鲜空气处以后，要松解患者颈胸部纽扣、腰带，以保持呼吸通畅，同时要注意保暖和保持安静，严密注视患者神态，呼吸状态和循环系统的功能。

③清除毒物防止沾染皮肤和黏膜。当皮肤受到腐蚀性毒物灼伤，不论其呼吸与否，均应立即采取下列措施进行清除，防止伤害加重：

A. 迅速脱去被污染的衣服、鞋袜、手套等。

B. 立即彻底清洗被污染的皮肤，清除皮肤表面的化学刺激性毒物，冲洗时间要达到15 ~ 30 min。

C. 如毒物系水溶性，现场无中和剂，可用大量水冲洗。用中和剂清洁时，酸性物用弱碱性溶液冲洗。如遇水能反应的物质，应先用干布或其他能吸收液体的东西抹去沾染物，再用水冲洗。

D. 对黏稠的毒物可用大量肥皂水冲洗。

E. 较大面积的冲洗，要注意防止着凉、感冒。

经口中毒，毒物进入胃时，应迅速用1：5 000高锰酸钾溶液或者1% ~ 2%碳酸氢钠溶液洗胃，再用硫酸镁溶液导泻。腐蚀性强的毒物一般不宜洗胃，可用蛋清、牛奶或氢氧化铝凝胶液灌服，保护胃膜。

（二）促进生命器官功能恢复

若中毒者停止呼吸、心搏停止，应立即进行复苏。急救的基本方法，检查病人心脏功能和呼吸的方法如下：

1. 人工呼吸法

人工呼吸法是心肺复苏术中常用的方法之一。用人工的方法，使空气有节律地出、入肺部，以供组织代谢所需的氧气，并排出二氧化碳，这种方法称为人工呼吸法。它是呼吸衰竭或呼吸停止时最重要的抢救措施，适用于溺水、触电、窒息、煤气中毒、药物中毒、呼吸肌麻痹等突发性的呼吸停止时的抢救。常用的人工呼吸法分为口对口人工呼吸法、仰卧压胸人工呼吸法、口对鼻人工呼吸法、俯卧压背人工呼吸法和仰卧举臂压胸人工呼吸法五种。其中以口对口人工呼吸法效果最好。

在进行人工呼吸前，需要先对患者进行初步处理，开放气道；然后判定呼吸是否停止；最后需清理患者气道异物，以免阻塞呼吸道。进行上述处理后，可以对患者进行人工呼吸。

(1) 口对口人工呼吸法与口对鼻人工呼吸法

操作时病人仰卧，操作者一手将病人下颌向上、后方托起，从而使病人头向后仰，以保持呼吸道通畅；操作者的另一手则将病人鼻孔捏紧，操作者先深吸一口气，对准病人口部用力吹入（如图3-16所示），之后将病人鼻腔松开，使病人胸部扩张，如此反复每分钟进行16～18次。如果病人胸壁能随每次吹气而凸起，吹气停止后病人口部能感到气流呼出，人工呼吸即属有效。

图3-16　口对口人工呼吸法

急救时遇有牙关紧闭的病人，可改用口对鼻人工呼吸法，其操作方法与口对口人工呼吸法相同，只是操作者对准鼻孔用力吹入。此法的通气量、效果与口对口者相似。必须注意：对于受有毒货物毒害造成的呼吸停止或呼吸严重抑制的病人，切忌使用口对口人工呼吸法。

(2) 仰卧举臂人工呼吸法

病人仰卧，操作者骑跪病人头部，双手握住病人腕部，尽力使病人双臂外伸、举起，然后触地，从而使病人胸廓扩大和肺脏膨胀、形成呼气，如图3-17所示。

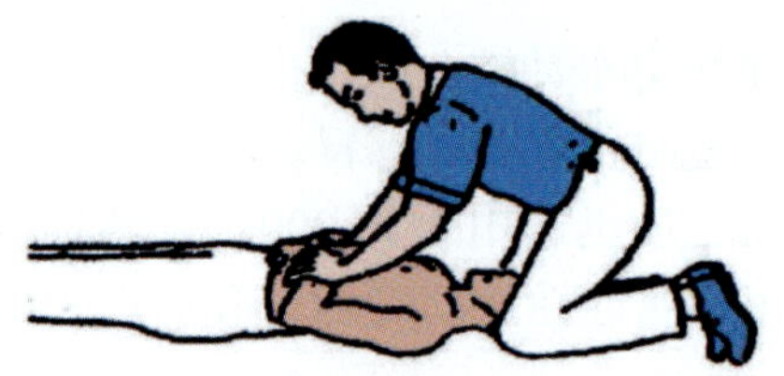

图3-17　仰卧举臂人工呼吸法

(3) 仰卧压胸人工呼吸法

病员仰卧，腰背部垫枕，使胸部抬高，把病员头转向一侧，两手平放。急救者跪跨在病员两侧的下胸部，拇指向内，其余四指向外，向胸部上后方压迫持续2～3 s，使胸廓缩小将空气压出肺部，然后放松，使胸部自然扩张而吸入空气，如图3-18所示，如此反复按压和放松，每分钟16～18次。

图3-18

(4) 俯卧压背人工呼吸法

病人俯卧，操作者骑跪于病人的髋部，两手掌张开，取向前、向上的方向，压迫病人

第9～12根肋骨形成呼气；压迫后立即放开，使胸廓重新舒张，形成吸气，如图3-19所示。

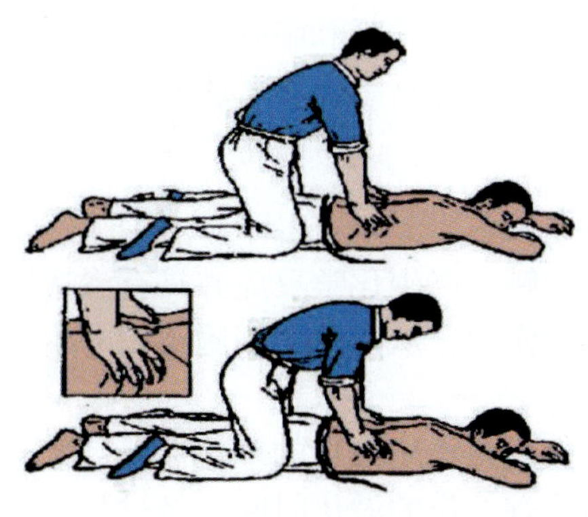

图3-19

2. 心脏按压法

心脏按压法是发生心搏停止时依靠外力挤压心脏来维持心脏排送血液功能的方法。进行心脏按压时，虽然可以产生一些人为的换气，但不足以使血液得到足够的氧，因此每当实施心脏按压时需要同时进行人工呼吸。

（1）心脏按压的准备和注意事项

①将伤员仰卧置于坚硬的地板面。如伤员躺在软床上，应在其背部垫一块硬木板或其他类似的支撑物。

②为使伤员上呼吸道畅通，应将伤员颈部上抬，头后仰；首先用拳猛击伤员的心前区1～2次，如心脏未复跳，立即进行心脏按压。

③注意按压的正确的位置。

④按压时急救者的手指绝对不能放在病人的肋骨上，以免压断病人的肋骨。

（2）正确操作方法要领

①用手触到胸骨的末端，然后往伤员头部方向距该处约4 cm的按压处，取跪姿紧靠在伤员身旁，仅用一只手掌跟部放在按压处的上面，然后把另一只手掌放在第一只手的上面；

②身体前倾使肩部基本垂直于病人胸部上方；

③手臂体伸直并以基本垂直的角度下压使成年病人胸骨向下4～5 cm；

④当有 2 名抢救人员时心脏按压频率为每分钟60次。只有一名抢救人员时，每分钟80次。这个速度一般足以维持血液流动，也有足够的时间使心脏充满血液。按压应匀速，不间断，施压的放松要有节奏。在任何情况下，按压中断不得超过5 s；

（3）检查心脏按压术是否有效的方法

①检查瞳孔反应。接触光亮时瞳孔缩小表明大脑获得足够的氧和血液。如果瞳孔仍放大并对光没有反应，则可能不久会发生或已发生严重的脑损伤。瞳孔放大但仍有反应是一种不太严重的症状。

②检查脖颈脉搏。在实施心脏按压术和人工呼吸后的第一时刻，检查伤员的脖颈脉搏，如能感觉得到有脉搏，表明心脏按压有效果，或已恢复有效的自然心跳。

③表明心压按压术有效的其他迹象有；每次向病人肺部吹气时病人胸腔都出现扩张；每次按压胸部时都能感觉到脉搏；病人肤色恢复；病人自然呼吸；病人恢复自然心跳。

④如果没有医生，应连续不断地进行人工呼吸和心脏按压，直至伤员心脏重新开始跳动，恢复呼吸，或者将伤员转交给医生或其他负责应急救护人员继续进行抢救；

⑤如果病人深度昏迷，没有自然呼吸和瞳孔放大并凝滞15～30 min，表明病人大脑死亡，再做恢复循环和呼吸的进一步努力，通常也是无效的。这时可以中止心脏按压抢救。

（三）化学灼伤的现场急救

凡由于化学物质直接接触皮肤所造成的损伤，均属化学灼伤，如硫酸、过氧化氢等。由于化学物质与皮肤或黏膜接触，产生化学反应并具有渗透性，对细胞组织产生吸水、溶解组织蛋白和皂化脂肪组织的作用，从而破坏细胞组织的生理机能。有些有毒气体还对呼吸道、消化道造成灼伤。

化学物质对皮肤的损害作用与物质本身的理化性状、接触部位等因素有关。有的化学物质如氢氟酸等对皮肤的灼伤有一定的潜伏时间，经过数小时后才能表现，有的物质（如氨）对皮肤的作用较弱，但溅入眼睛能造成失明。

（1）发生化学灼伤时，由于化学物质的腐蚀作用，如不及时除掉，就会继续腐蚀下去，从而加剧，灼伤初期无明显的疼痛，往往不引起重视，以至贻误处理时机。所以，迅速、正确地进行现场急救和处理，这是减少伤害及早痊愈，避免严重后果的重要环节。

（2）化学灼伤的程度同化学物质的理化性质有关。酸性物质引起的灼伤，其腐蚀作用只要在当时，经急救处理，伤势往往不再加重。碱性物质引起的灼伤会逐渐向周围和深部组织蔓延，因此现场急救应首先判明化学致伤物的种类、侵害途径、灼伤面积及深度。某些化学品灼伤可从灼伤皮肤的颜色加以判别，如苛性钠和苯酚灼伤表现为白色，硝酸灼伤表现为黄色，氯磺酸灼伤表现为灰白色，硫黄酸灼伤表现为黑色，磷灼伤局部皮肤呈现特殊气味。

（3）当化学物质接触人体组织时，应迅速脱去污染衣服，立即用大量清水冲洗创面，不应延误，冲洗时间不得少于15 min，以利于将渗入毛孔或黏膜内的物质清洗出来。清洗时要遍及各受害部位，尤其要注意眼、耳、鼻、口腔等处。

对眼睛的冲洗一般用生理盐水或用清洁的自来水，冲洗时水流不宜正对角膜方向，不要揉眼睛，也可将脸浸在清洁的水盘里，用手把上下眼皮撑开，用力睁大眼睛，头部在水中左右摆动，也可使眼睛保持张开，须彻底冲洗10 min，如对化学物品是否已被完全冲洗掉存有任何疑虑，再重复10 min。

其他部位灼伤，先用大量水冲洗，然后用中和剂洗涤或湿敷，用中和剂的时间不宜过长，并且必须再用清水冲洗掉，然后视病情予以适当处理。

碱类：$NaOH$、KOH、NH_3、Na_2CO_3，立即用大量水冲洗，然后用2%醋酸溶液洗涤中和，也可用2%以上的硼酸水湿敷。

酸类：H_2SO_4、HCl、HNO_3、$HClO_3$、H_3PO_5、CH_3COOH等立即用大量水冲洗，再用5%碳酸氢钠水溶液洗涤中和，然后用净水清洗。

氰化物、氢氰酸：用大量水冲洗后，用0.1%高锰酸钾水溶液冲洗，再用5%硫化铵溶液湿敷。

苯酚：用大量水冲洗，或用体积比为4∶1的乙醇（7%）与氯化铁（1N）混合液洗涤，再用5%碳酸氢钠溶液湿敷。

（4）抢救时必须考虑现场情况，应首先使伤员脱离现场，送到空气新鲜和流通处，迅速脱除污染的衣物及佩带的防护用品等。

（5）小面积化学灼伤创面经冲洗后，如确实致伤物已消除，可根据灼伤部位及深度采取相应包扎疗法或暴露疗法。

（6）中、大面积化学灼伤。经现场抢救处理后应送往医院处理。

（四）应急方案

1. 化学事故

不论发生在大型的化工生产过程中，或发生在大容量的储运过程中，由于其可能产生大面积的危害，造成极严重的后果，所以大多数国家将化学事故的处理作为对国民安全教育的一项重要内容，同时还以法令、标准或规则等形式颁布。

这里，根据我国的管理制度和化学品船运输现状，编制了一份化学品船上化学事故的应急部署，并予以说明。

2. 关于人员组织

现行的组织形式是船长负责制。船长担任总指挥全面负责应急行动，大副在船上的地位则首先是完成货运生产的全过程，他是船长的第一助手。实际工作中，尤其是化学品运输过程中，他是日常生产工作的组织者、指挥者和具体操作的指导者，因而，当发生了意外事故时，大副应该亲临化学事故现场起着上述作用。

至于船上轮机部全体人员在这种场合下，则应在轮机长的带领下，以最大的努力来满足应由轮机部门提供的各项需求。除了机械、物质保障外，根据需要还应该不折不扣地提供人力。和船上发生火警时的原则一样，任何在人员组织上的过失，以至于给应急处理造成损失都是不可推卸责任的。

3. 化学品船上化学事故应急处理方法之一

在诸多形式的化学事故中，因货管断裂引起货喷所致严重后果，往往危及面大，并易造成人员伤害。由于这种情况的复杂和多样性，有必要将其作为一个重要的环节来分析。

当货管因某种原因发生破裂，由于管中液货有一定的压力，液货必然会从破裂处喷出。

喷出的货物可能是无毒的，但如温度很高就有可能造成烫伤；如果是强酸强碱，可能造成化学灼伤；如果是易燃易爆的溶剂类，那么较强的喷射还会引起静电引爆。

（1）在受载过程中货管发生断裂。管子断裂一般在连接船岸的软管段或输油臂的接头处，这点和卸载过程是一样的。

（2）当接到报警后，船长立即设法了解具体情况，经调查，确定是货管断裂，就应令大副亲临现场指导处理。

（3）在发现货管断裂时，值班人员应立即对船岸双方都发出警报。岸上值班人员接到报警后应立即停止发货，使管路内压力下降，紧接着船上应迅速关闭船上的总进出口阀门及正在装货舱的所有阀门，使之岸上货物源安全隔离。这是控制事故不再扩展的极重要的步骤。

（4）为了使事故不再发生，或不再扩展，船岸双方就应客观地、负责地各自仔细检查原因。只有查明真正的引起事故的原因，才有可能真正控制事故不再发展。

（5）及时排除故障，通知管辖该类事故的海事部门或现场海事值班人员，商洽清理现场事宜。

（6）卸载过程大致也和受载过程相似，唯货物流向不同，两者之间在具体操作方法上也有不同。例如，货流的推动力，受载时推动力来自岸方，而卸载时推动力来自船上。因

此，在卸载前要搞清楚船上“应急停泵”操作事宜。

应急停泵有按钮型的，也有拉栓型的。有些船不仅在甲板栈桥上有，在集控室内也有，有关人员一定要熟悉掌握这些重要的操作控制点。

（7）对于卸载中发生货管断裂或崩裂事故时，应注意的是由于船的标高总是小于岸上储罐的，从流体力学的原理来分析，当船上应急停泵装置一动作，流体流动的推力就会失去。这时如果不立即关闭总进出口阀门，就有可能发生倒压现象。

上面说了7点细节，但仍有很多经验上的事值得讨论，相信已有化学品船工作经验的船员，必然会有更多、更深刻的体会和经验。

但有一条要特别指出的是，在装卸作业的过程中，船方从本质上讲总是处在被动地位的，因此，做好船岸联络工作是一个关键。

4. 化学品船上化学事故应急处理方法之二

上一段说的是货管崩裂的处理，这里要讨论的是，如从崩裂的管中喷出的货物溅到操作人员身上，或因其他原因使人员接触受伤，应如何处理？这里也得从化学品的多样性考虑。

（1）无毒货品造成烫伤

一般说来，货品即使要保持较热温度以便于装卸操作，也不致高到烫伤人的程度。只有很少数的一些货，如粗棕榈油、高标号蜡，货温可能会高过60 ℃。这种货溅到人身上，会造成轻度的烫伤，这时只需用清水冲洗后，抹上点蓝油烃之类即可，即使较严重的，送卫生站包扎处理一下也不会有什么严重后果的。

（2）强酸、强碱喷洒到人身上

首先要明确强酸、强碱主要指硫酸和烧碱溶液。硫酸船运时，不须加热。烧碱溶液则不然，最常遇到的是浓度为50%氢氧化钠溶液，尤其在冬季或寒冷地带，如不到足够高的温度会有结晶的危险。这两类货溅到身上，就可能造成严重的化学灼伤。当出现这种情况时，最简单的方法是用大量水冲，水应该是冷的，不管是河水，或船上携带淡水即城市自来水都可，但以冷的为好，因为冷的水可减轻化学反应的强度，且这些东西遇水又都会产生热。

在冲水的同时，视情况而定，如大量货物被衣服吸收了，一方面大量水冲，另一方面旁边的同伴谨慎地帮他脱去被污染的工作服。如发现只是轻度灼伤或甚至无遗留伤则用大量水冲后即可。或冲到无烧灼感即可。如情况严重，则上面所说的措施不能拖延，同时应向岸上急救组织求援派出医护人员。

水冲是一种将强酸、强碱从皮肤上移走的物理方法，如果当时的情况看来单用水冲还不够理想的话，就采取一些温和的化学方法。强酸的代表有硫酸，当溅到身上可用碳酸氢钠溶液淋洗，浓度以偏低的为好，最高不要超过5%。烧碱溶液则可用硼酸水溶液淋洗，硼酸水溶液浓度为3%为最佳，这种浓度的硼酸水溶液一般用来作皮肤清洁剂或洗眼液用，甚至，厨房里的醋也可用来减轻烧碱伤人的后果。

用过这些东西后仍应用淡水或清洁的水冲洗一下。对于强酸、强碱而言，要想减轻或者消除伤害性后果，最重要的是要争取时间。任何耽误时间的做法都是错误的，都可能加强伤害的后果。

（3）中强酸喷溅在身上

仍用大量水冲洗，但冲洗中要注意，不管是强酸、强碱或中强酸，冲水要冲得温和

些。要是货物溅到眼睛中，冲洗用的水流更要温和些。中强酸（如磷酸、醋酸），虽不像硫酸烧灼伤人那么严重，但溅到眼睛里还是应认真对待的。淋洗一定要达到完全程度方可，很多急救医生指导都建议冲洗 10 ~ 15 min。

（4）甲醇及较毒溶剂类液货喷溅

它又分为水溶性的和非水溶性二类。不论是水溶性的或非水溶性的都需用水淋洗后更衣。要防止误食，非水溶性的用大量水冲后，应到甲板上的应急淋浴室内去用肥皂淋浴。

在化学品船上如发生货物喷溅，造成严重沾污的衣服、鞋袜、手套、帽子都不能在生活处所的浴室里洗，也不要带到自己房间和餐厅去。这是防止污染扩散的重要措施。

5. 化学品船上化学事故应急处理方法之三

化学品船上还可能发生一种意外事故是有毒蒸气或有毒气体外逸。

发生的原因不外乎船上某处出现了气密性能下降。有时舱压并不很高，气体只是渗漏；如果舱压很高，那就不是一般的渗漏而是喷射。

（1）气体渗漏

通常应在大副的组织指导下，采取适当的呼吸保护，检查破损情况。如果有必要，应立即降低舱压后修补渗漏处。修补后，还应定时复查。

（2）气体喷射

首先应采取适当的呼吸保护。修补前应先降低舱压，对于那些静电等级很强的物质，过强的喷射还可能造成静电引爆，就这点而言，降低舱压也是具有积极意义的，修补后须定时复查。

如果放电引起闪燃，就须按化学品船火灾应急部署行动。

6. 化学品船上化学事故应急处理方法之四

在化学品储运过程中还有发生化学反应的事故，这也是化学品运输的复杂性的一个表现。当发生化学反应事故时，首先必须设法将反应货物隔离，以控制化学反应继续进行；如果反应产生大量气体，应设法泄压；如果产生固体沉淀，则应立即设法清除沉淀物。

7. 化学品船上化学事故应急处理方法之五

在需进入封闭舱室工作时，尤应防止因缺氧窒息和急性中毒。若发生前者情况，应立即将伤员移到新鲜空气处。如果情况严重，还应做人工呼吸并同时安排送医院治疗。急性中毒无疑应迅速将伤员移至新鲜空气处，人要保暖，同时向岸上急救机构求援。在求援过程中必须向救援机构说明载运的货品名称、种类、中毒原因等。

第二节 进入封闭舱室的安全措施

封闭舱室一般都缺氧，有些还存在可燃气和/或毒气，人员进入都有一定的危险，因此做好相应的入舱安全防范工作极为重要。船员必须掌握如何防范并落实到工作中去。

一、封闭舱室的范围

封闭舱室是指液货舱、双层底、间隔舱、泵舱、压载舱、燃油舱等处所。这些舱室在正常情况下仅用于装载货物、燃油、压载水或空置。

二、封闭舱室的危险性

散化船上载运的货物有易燃、易爆和毒害性等危险性，出于工作的需要，散化船上的人员可能需要进入液货舱、泵舱等封闭舱室。由于通风不良和货物的挥发性原因，未经足够的除气、通风，这些舱室可能存在可燃气体、有毒气体或舱内含氧量严重不足等情况而导致危险。人员进入封闭舱室应满足一定安全作业条件，即舱内氧气浓度正常、有毒气体在允许浓度以下、有热工作业或冷工作业，舱内的可燃气体含量应在安全范围内。

三、进入封闭舱室应采取的安全措施

（1）进舱要取得船长的允许，并由专人负责指挥，落实人员进舱的安全措施。

（2）拟进入的舱室应经过足够的通风，在通风完毕后，由负责指挥的人员进行氧气含量、可燃气体和有毒气体的检测，只有当舱内气体符合安全作业要求时，才能进入舱内。

①氧气含量：在进入舱室前应进行此项检测，安全空气的氧气含量应为18%～21%，一旦发现含量不足，应退出；

②可燃气体：一般应低于可燃下限的1%；

③有毒货物气体或蒸气：有毒气体的浓度应低于容许值，其浓度在允许范围内。

（3）经检测认为达到安全条件时才能安排人员进入封闭舱室，人员在舱内期间，应保持封闭舱室持续通风，并定时检测气体含量。

（4）在舱室外安排人员守望，以便在必要时提供帮助。

（5）备妥照明和通信工具。

（6）进入人员应戴好救生索，为安全起见可能要背带呼吸器（除确认舱室里含氧量充足并没有毒气存在），舱外守望人员应准备好救生索、吊带和呼吸器，以便进舱救助时随时可用。

（7）进入封闭处所的作业人员必须和外面的作业指挥人员保持有效的通信联系。

（8）舱内如进行冷工和热工作业时，必须采取以下特别措施：

①检测可燃气体的浓度低于可燃下限的1%才能动工作业；

②应预先进行洗舱和有效通风；

③相邻的管道已经冲净、排空，无关阀门应予关闭，防止货物蒸气从与该处所相通的其他处所进入该封闭舱室；

④作业现场应准备好消防和防污染器材；

⑤作业过程中定期进行气体安全检测，一旦发现含量超出容许的范围，即应停止工作，人员离舱；

⑥作业人员穿戴安全帽、防滑鞋等防护用品；

⑦舱内使用的工具应为认可的型式；

⑧有些挥发性不高的物质，其残余物可能有一定毒害性，作业人员应尽量避免与舱内残余物的直接接触，并使用防护服、呼吸器等防护器材；

⑨作业人员如感到不舒服，应暂停工作，舱内作业持续时间不能过长；

⑩在作业的同时，不要进行货物装卸、加油、加水等作业；

⑪作业完毕，应及时清理现场，防止留下任何安全隐患。

四、进入封闭舱室发生危险时应急措施

在舱内工作时，如果安全措施不足或操作时不小心，容易发生跌落受伤、缺氧窒息或急性中毒事故，应立即采取以下应急处理。

（一）跌落受伤

如果发现有人跌落受伤，不要贸然移动，防止骨折病人因鲁莽移动而损坏神经、血管等。应观察和询问伤势，采取相应的急救措施。

（二）缺氧窒息

发现舱内人员发生缺氧窒息后，应立即将其移到舱外通风良好的地点，如果情况严重还应做人工呼吸并尽快送医院治疗。

（三）急性中毒

立即将病人转移到舱外通风良好的地点，人要保暖，同时向岸上急救组织求援。在求援过程中，必须向救援组织说明船舶载运的货物品种（必要时还应将最近几个航次载运过的品种）、中毒发生的经过、中毒舱室的名称及用途等资料。

图3-20所示为封闭舱室救援图。

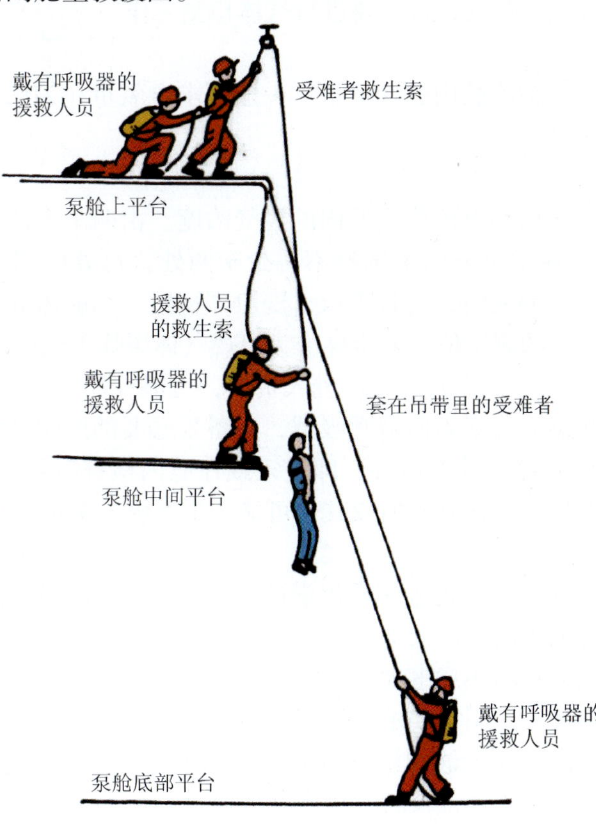

图3-20　封闭舱室救援图

第三节 维修保养工作的安全防范措施

散化船在维护保养工作期间安全事故屡有发生，主要是船员对一些安全防范工作不到位，安全意识薄弱。本节列举了船舶进厂修理作业要求、维修保养工作的安全防范措施及外来人员修理管理工作。各船舶应按本船具体条件尽可能做到，确保安全无事故。

一、船舶进厂修理作业要求

散化船应当按照中华人民共和国船舶检验局制定的《船舶清除可燃气体检验规则》的要求清除舱内可燃气，由船舶检验部门或其认可的机构检验，确认符合消防安全要求并出具检验合格证书。

1. 洗舱除气

全船货舱（包括管系）、燃油舱进行有效的清洗，保持通风，使舱内混合气体中的可燃气成分始终处于十分安全的范围内。货泵舱及隔离空舱，以及含油污水舱，舱底油脚均已除净，并保持通风。

2. 气体检测

在进厂之前，经过洗舱除气，首先要进行气体检测工作。

（1）测量氧气含量

要使用手提式测氧仪检测舱内的含氧量。一般要求含氧量在21%，事实上达不到，只要不低于18%即可。

（2）烃气检测

经过通风除气后，使用测爆仪检测舱内的烃气浓度。由两个人持两台测爆仪同时进行测试。每个舱的测试点在垂直方向上选择不得少于两处，每处应测试上、中、下三个位置。尤其要测试通风不良的死角，货管吸口，洗舱“盲区”和船体复杂构件处。各测试点的读数，选最大者为该舱的测试值。安全标准为可燃气体爆炸下限值的1%以下。

气体检测可在舱口检测。检测人员不进入货舱，也能在舱口测量，如进入货舱测试，舱口要有专人监护。测试人员必须佩戴呼吸器，并备妥必要的照明设备、救生索等安全用具。检测人员在检测后要进行外观检查，即进入或在舱内检查舱壁、舱底、构件、管路、阀件等，这些部位应无货迹和含有舱垢或其他可能产生可燃、有毒气体的污渍物质。

（3）毒气检测

若舱内所装货物为有毒的，还应使用化学试纸或检气管检测舱内的有毒气体浓度，确保其不超过规定的中毒临界值。

（4）使用气体检测器具的注意事项

①在使用时，严格按照说明书要求的程序进行操作。

②检测时，测爆仪应使用能够测量爆炸下限值以下可燃性气体浓度的仪器，如催化灯丝型可燃性气体检测仪。使用测毒仪时，应严格按规定要求进行检测。

③检测时，停止舱内通风，使舱内气体处于最缓和的状态，并在风机停止15 min左右

的时间才可测量。

④舱内严禁拆装仪器和更换电池，以防发生意外。

⑤气体检测时，应假定舱内为危险状态，严禁抽烟等，杜绝一切火源。

二、维修保养工作的安全防范措施

1. 机械动力工具

必须注意的是，虽然机械动力工具在正常情况下，不被航运业认为属于热工作业，但这些活动很有可能会产生火花，因此应在作业系统许可控制下，或者在船舶安全控制系统下加以实施。

应遵循下列预防措施：

（1）作业地点应以没有可燃气体、毒性气体为前提，并应没有可燃或有害物质；

（2）作业地点应除气，用可燃气体指示仪测得的读数应不超过1%*LFL*；

（3）船舶沿终端站停靠时，不应使用机械工具，除非获得终端站代表的明文许可；

（4）船舶不得进行装卸货、加燃料、压载、洗舱、除气、驱气或充惰作业；

（5）必须布置足够的消防设备，并备妥立即可用。

2. 手动工具

对于钢制品和维修保养工作，使用敲锈锤和铲刀、刮刀这样的手动工具是许可的，也无须热工作业许可证，但这种工具的使用必须限制在不与货物系统连接的甲板范围和设备处。

作业地点必须处于除气状态并清除了可燃和有毒物质。船舶必须不在进行任何装卸货、燃油、压载、洗舱、除气、驱气或充惰过程中作业。

非铁质的“无火花”的工具，只不过引起火花大致略少些而已，这种工具比较软，使用效能不如同等的铁质工具，在其工作面或边缘很可能嵌入混凝土、沙、石之类物质的微粒，当与铁器或其他硬金属撞击时也能引起火花。因此并不提倡使用非铁质工具。

3. 维修和保养前的注意事项

在维修和保养货舱、管线、泵、阀、加热管及与货物和压载系统相关的设备前，应遵守以下事项：

（1）维修保养的区域和设备没有货物并清洗干净；

（2）足够的通风；

（3）切断设备的电源；

（4）所有的管线和阀已密封、绑扎并与关联的部分隔离；

（5）维修人员有足够的保护设备；

（6）使用合适的工具/设备；

（7）热工作业应依照程序要求；

（8）进入封闭区域应依照封闭场所要求。

第四节 冷工作业和热工作业的预防措施

舱内作业分为冷加工作业和热加工作业。不论冷加工作业还是热加工作业，都要求洗过舱、除过气，测氧、测爆、测毒合格，充分通风，采取了安全防护措施才能进行。

一、冷加工作业

定义：冷加工作业所产生的火花或温度不可能点燃可燃性气体，如图3-21所示。

图3-21 冷加工作业

作业内容：敲锈、捶打、清舱、钻孔、拆装等。

条件：气体检测合格，即测氧、测爆、测毒合格，其中可燃性气体浓度低于爆炸下限的5%。

作业防护要求：敲锈要戴护目镜和手套，防止飞溅起的油漆块或锈渣进入眼部。

清舱：为了适货或进厂修理有时必须洗舱。洗过舱除过气须进行清舱作业。清舱时，作业人员应戴安全帽，穿工作服、防滑鞋。作业过程中，如感觉不适或出现头昏、呕吐现象，应考虑是否中暑或中毒。作业人员此时应出舱休息，必要时进行气体检测，合格后方可继续清舱作业。舱口有专人监护舱内作业人员，入舱人员要带好逃生呼吸器。

二、热加工作业

定义：热加工作业所产生的火花或温度能够点燃可燃性气体作业，如图3-22所示。

图3-22 热加工作业

作业内容：电焊、气割、铜焊、锡焊、喷沙等。

条件：

（1）气体检测合格，即动火的舱室要洗舱除气，测氧、测爆、测毒合格，其中可燃性气体在爆炸下限的1%以下。邻舱也要达到如下要求，即洗过舱、除过气，测氧、测爆、测毒合格，或驱气，可燃性气体降到爆炸下限的1%以下，并且充注惰气合格，或灌满压载水。

（2）非航行途中。交通运输部规定，航行途中严禁在货舱或货管路附近进行有危害性的修理工作。

（3）由船舶检验部门或授权单位进行气体检测，检测合格后发一张气体检测合格证，然后填写一张允许加工作业的动火证或热加工作业许可证。两证齐全后（两证发放的时间超过4 h要重新进行气体检测），方可进行热加工作业。

（4）作业前和作业中，应由专人对施工区域及有影响处所，随时复测可燃气体浓度，作业前对加工作业设备进行技术质量检查，确认处于良好状态。

（5）不应在停靠码头或其他的船舶区域进行热加工作业，如需在港口水域进行热加工作业，必须事先报经海事部门批准，向港口公安消防机关备案。凡能拆下的部件应移至安全处所（如岸上）进行。使用的电焊机尽量使用直流电焊机，并使焊接设备或其他设备可靠接地。

（6）作业前还要落实安全消防措施。

（7）和冷加工作业清舱一样，舱口有人监护并建立联络信号，考虑舱内光线不好，要有照明设备。防止紧急情况出现，要有逃生设备。

第五节 化学品船用电安全

化学品船电气系统和设备按照建造规范要求来配置的，掌握化学品船对电气设备和仪器的基本要求，对确保船舶安全具有重要意义。

由于某些液货本身或与其他液货（物质）反应后易燃，或对电气设备有腐蚀作用，所以化学品船电气设备在设计和管理上必须考虑到电气设备跳火或短路可能引起液货蒸气燃烧或爆炸。

一、对电气设备的规定和要求

电气设备应尽量避免使易燃货物发生火灾和爆炸的危险。当某种货物有可能对电气设备中采用的（零部件）材料造成破坏时，则应对所选用的导体、绝缘体、金属部件等的材料特殊性予以适当考虑，且这些部件应加以保护，以防与易燃的气体或蒸气相接触。电气设备和电缆不得安装在液货舱和货物管系的危险区域。

对闪点超过60 ℃的特殊货物或明确规定范围的货物，可以允许采用浸没的货泵电动机及其电缆。

对于闪点不超过60 ℃的货物，除安全型的系统和回路之外，在下述危险区域（部

位）允许采用的电气设备如下：

（1）液货舱及液货管系不允许设置额外的电气设备；

（2）邻接整体液货舱或其上方或下方的留空处所的过路电缆，应设置在气密接头厚钢管内；

（3）电测深仪、计程仪应设置在气密围蔽处所内，装在独立液货舱处无附加保护的过路电缆、充气型或防爆型照明装置，所有开关和保护装置应布置在非危险区域（部位）；

（4）应由气密舱壁或甲板把驱动货泵及任何有关辅助泵的电机和货泵舱及泵舱处所分隔开来。

独立液货舱应与船体外板进行接地连接。须用两根以上的线，接地线的截面积须在22 mm^2以上。所有装有垫圈的货管接头和软管接头，都应进行接地连接。

二、对仪器仪表的要求

化学品船用的仪器仪表必须是防爆型的，主要有以下几种：

（1）本质安全防爆型仪器：指在正常运转中出现故障时，从电路上产生的电火花和热能数很小，不会导致点燃可燃性气体的仪表。

（2）耐压防爆型仪器：指在仪器内部即使发生可燃气体爆炸，不仅能承受其压力，且不能引燃外部气体的全密封式仪器。

（3）内压防爆型仪器：指在机壳内部注入了清净空气，可以防止可燃性气体浸入内部结构的仪器。

（4）提高安全度的防爆型仪器：指在不允许产生火花和过热的部分，为防止这类现象，在结构上或在温度上升上特别采取了提高安全度结构的仪器。

三、移动灯具

（一）便携式灯具概述

包括灯具在内的所有便携式电气设备必须经主管当局认可并必须在付诸使用之前仔细检查可能存在的缺陷。尤其要注意保证绝缘完好和电缆连接牢固，并在设备整个使用期间保持这种状态。还须特别注意，应防止软质电缆（游动使用的导线）遭受机械性的损伤。

连接软质电缆（游动使用的导线）的灯具和电气设备，在危险区域使用的便携式灯具和电气设备必须是经过认可的类型。应特别注意避免软质电缆或游动使用的导线遭受任何机械性的损伤。

必须禁止在货舱内和相邻的处所或货舱甲板上使用连接游动导线的便携式电气设备，除非该设备在使用的整个期间符合以下要求：

（1）准备使用这种设备与导线的舱室内部或舱室上方符合热工作业的安全条件。

（2）各相邻舱室也都符合热工作业安全条件，或者已经驱气使烃含量体积比少于2%并已惰化，或者完全充满了压载水，或者这些条件的任何结合。

（3）通往不符合热工作业安全条件或未按前述要求驱气的其他各舱室，所有的各种货舱开口均已关闭和保持关闭。

这种设备包括全部游动导线，是本质安全型的。

这种设备被装在认可的防爆外罩内部。任何软质电缆应为认可类型、格外坚固耐用、具有接地导体，并以认可的方式与防爆外罩永久性地连接。

(4) 另有某些型号的设备，只被认可在货舱甲板上使用。

上述要求不适合与信号灯、航行灯或认可类型的电话机连用的软质电缆的正当使用。

（二）手电筒、灯具和电池电源的便携式设备

化学品船上必须只能使用业经主管当局认可的适用于易燃环境的手电筒。

超高频/甚高频（UHF/VHF）便携式无线电对讲机必须是本质安全型的。

手表、微型助听器和心脏起搏器之类的小型电池电源不被认为是有效火源。

除非被认可适合在易燃环境中使用，否则，便携式收音机、磁带收录机、电子计算器、使用电池的照相机、拍照的闪光灯部件、手提电话和无线电寻呼机，均不得在货舱甲板上或可能存在可燃气体的地方使用。

三用量油尺（如UTI）为电池驱动的电子装置，应经验证适用于易燃大气环境。

（三）照相机

船舶和终端站在不同的情况下，会遇到各种不同类型的照相机，如影片摄制组或私人照像或属于游客或工作人员个人的录像设备。可用的照相设备范围广泛，在决定使用某种特定照相机是否安全时，应参考一般指导说明。该指导说明仅涉及起火危险，并未考虑在某些港口强制限制照相机的使用问题。使用电池的照相机设备可通过闪光或电动部件，例如，光圈控制器和胶卷绕卷机械装置的操作产生引火火花。因此，这种设备不应在危险区域使用，除非其业经验证适用于危险区域。这样的照相设备可供使用：没有闪光灯，或没有使用电池或电源驱动的部件的照相设备，例如无闪光灯的塑料一次性照相设备类型，这类照相机可认为能安全适用于危险区域。

一次性照相机可使用内置闪光灯，但必须注意保证不在危险区域使用这类照相机。另外，也可使用由发条机械装置驱动的照相机，或者带有用于设置光圈和绕卷胶卷的直接机械装置的照相机，这类照相机也被认为适用于危险区域。

（四）其他便携式电器设备

未经认可类型的任何其他电气设备或电子设备，无论是电源驱动还是电池驱动，在危险区域范围内，均不得被启动、打开或使用。这包括但不仅限于无线电设备、计算器、照相设备、手提电脑、掌上电脑以及由电力驱动而未经认可适用于危险区域的任何其他便携式设备。

鉴于这类设备的现实可用性及其广为使用，应采取适当措施防止其在危险区域的使用。必须告诫工作人员严禁使用未经认可的设备，且在终端站应设立告知游客使用便携式设备具有潜在危险的制度。终端站还应保留在港口区域入口或终端站内其他相应范围内，要求存放任何未经认可的设备部件的权力。

第六节 检测仪表

一、气体检测仪表

（一）测氧仪

测氧仪是用来测量封闭空间所含氧气百分比浓度的仪器，如图3-23所示。新鲜空气中氧气的含量按体积算占21%左右。如果氧气浓度低于18%，人就会逐渐感觉到不适。为了安全起见，只要进入封闭的场所，就必须在进入之前进行测氧。

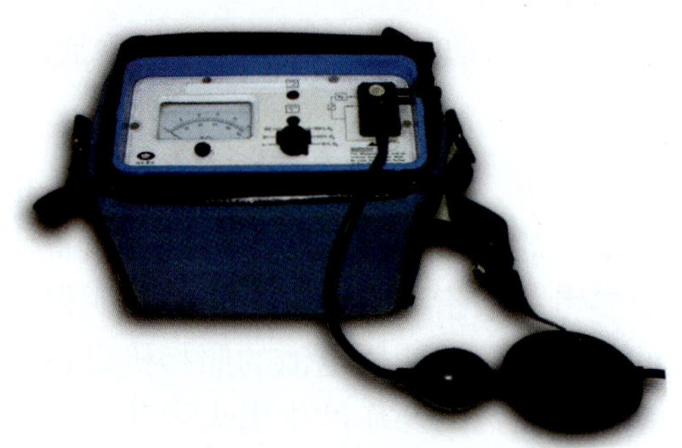

图3-23 测氧仪

测氧仪按使用可分为固定式和便携式；按原理可分为磁感式、电化学式、光学型、氧化锆型等。尽管测氧仪牌号很多，其原理和操作方法也不尽相同，但具体的操作也有很多共同之处。现以电化学式为例介绍如下。

1. 测氧仪使用方法

（1）检查外观是否完好，传感器是否在有效期内。

（2）打开电源开关，检查电压是否正常。

（3）在新鲜空气中用调节旋钮检查报警值（18%），并将读数调整到21%。

（4）吹口气试验测氧仪的灵敏度（人呼出的气体含氧量为16% ~ 18%）。

（5）选测量点。一般每个舱至少要选两个以上的点，每个点要测上、中、下三处，还要注意死角。

（6）将传感器伸入被测处，读数稳定以后，响应时间小于30 s（单一式一般为10 ~ 15 s），记下读数，拔出传感器。

2. 使用注意事项

（1）每次测完均应在新鲜空气中使表盘读数恢复到21%后，方可测下一点。

（2）传感器不能吸入液体。

（3）如舱内刚通过风，必须等风机停机后静置10 min以上方可测量。

（4）一般不做零点调节。必要时只能采用氮气来做零点调整。

（二）测爆仪

可燃气体检测仪是用来检测舱内混合气体中烃气百分浓度的一种仪表，根据工作原理可分为红外光学式、电化学式、催化燃烧式等。通常在油船上使用较多的是催化燃烧式的测爆仪。

1. 催化燃烧式测爆仪

催化燃烧式测爆仪是专门用来测定空气中烃气浓度低于可燃下限的一种仪表。这种可燃气体检测仪是利用惠斯顿电桥的原理进行工作的，如图3-24所示。

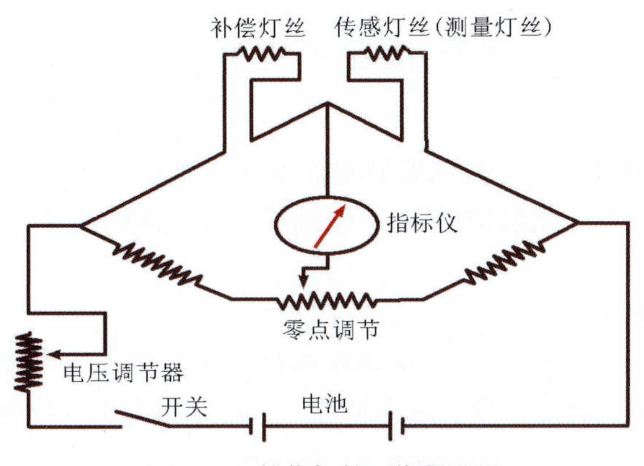

图3-24 催化灯丝工作原理图

这种仪器的测量范围是可燃下限以下的可燃气浓度。表盘中的刻度是爆炸下限的0～100%。例如，实测时表盘指针读数是30%，舱内的可燃气真实浓度要看被测气体是哪种货物，这种货物蒸气的下限是多少。如果是苯，下限为1.2%，那么此时该可燃气的真实浓度为30% × 1.2% = 0.003 6（3.6‰）。

该仪器一般同时具有声光报警功能，而且报警值的大小可自行设定，一般设在下限的25%。

（1）使用方法：

①检查仪表外观及采气管路是否完整、漏气。

②打开开关，检查电池电压。电压不够会发出报警，应充电或更换电池。

③除气。在新鲜空气中开机进行吸气和排气，使传感灯丝处在原状态。

④使用调零旋钮试验一下报警器，并将指针调到零点。

⑤选点。确定被测场所测量位置，一般舱室至少要选两个以上的点，每个点要测上、中、下三个位置。

⑥检测。将采气管伸入被测处，当指针在表盘上的移动稳定后，便可记下读数，响应时间小于30 s（单一式一般为10～15 s）。

（2）注意事项：

①当被测场所的氧含量低于18%时，不能使用该表测量。

②每次测量前都应先除气，使指针回零后方可再测下一点。

③当被测场所刚刚通风时，要在停止风机后最少静置10 min后方可测量。

④采气管不能吸入液体。

⑤这种仪器在使用一段时间后应用标准的样气（如LEL50%、LEL12%，LEL8%的可燃气）进行校验。

⑥当被测气体浓度过高超出下限范围时，指针在摆向满刻度后会立即返回零位。这时应注意，此时的气体浓度并非是零，而是在下限之上。

2. 非催化炽热灯丝型及折射率式测爆仪

非催化炽热灯丝型测爆仪是用来测定烃气浓度在1%以上的烃气含量的一种仪器。这种仪表的操作与催化灯丝型测爆仪差不多，不同的是当烃气浓度很高时，也不会影响这种仪表的使用。

折射率式测爆仪是利用光束通过不同介质所产生的折射不同、气体浓度不同所产生的光折射不同的原理制成的。

非催化炽热灯丝型和折射率式测爆仪在内河油船上目前使用得不是很多。

（三）测毒仪

测毒仪的型式有很多，有便携式简易测毒仪（测毒管），便携式单一气体测毒仪（如R10氯气检测仪、GW-2H硫化氢检测仪），便携式复合气体检测仪（如GX-111、BF90）等四合一。

1. 便携式简易测毒仪

便携式简易测毒仪由RAE手泵（活塞泵或挤压泵）延长管及相应的测毒管组成，如图3-25所示。这种测毒仪操作简单、成本低廉，目前在船舶上使用非常广泛。

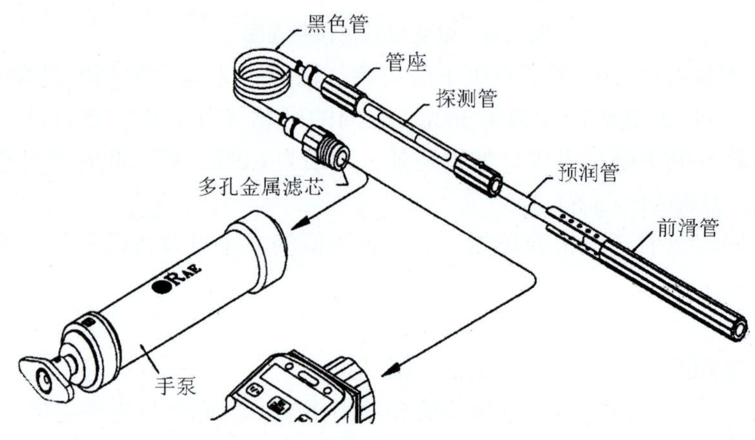

图3-25　RAE手泵及延长管

使用方法：

①RAE手泵在使用前，应检查手泵的气密性，将未撬开的测毒管插入手泵吸入口，手泵无法拉动，说明手泵气密性良好，如图3-26所示。

②如果需要连接延长管，需检查延长管与测毒试管之间的气密性。

③将测毒试管两头撬开，按照测毒试管上所表示的方向将测毒试管与延长管连接。

④将带有延长管的测毒试管放入需检测的场所中。

⑤向外缓缓拉动取样泵手柄，直到手柄到1/2个行程或1个行程（50 mL或100 mL）。

⑥根据测毒试管上显示，读取有毒气体的含量。

⑦手动取样泵的检查主要是检查取样泵进口的气密性以及取样泵内部活塞的气密性。

⑧测毒试管只要在有效期内，便可根据测毒试管的指示进行测量。

⑨注意每只测毒管只能检测其管上标注的有毒气体，其他有毒气体或多种毒共存不可用，如图3-27所示。

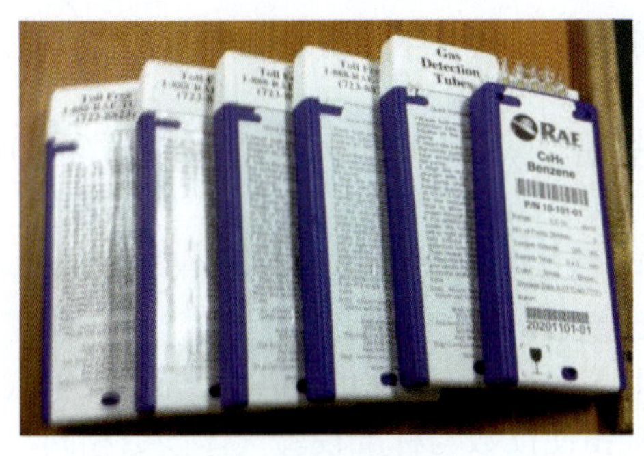

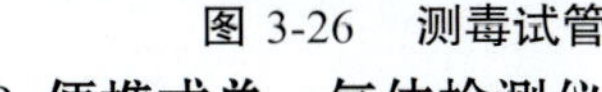

图 3-26　测毒试管

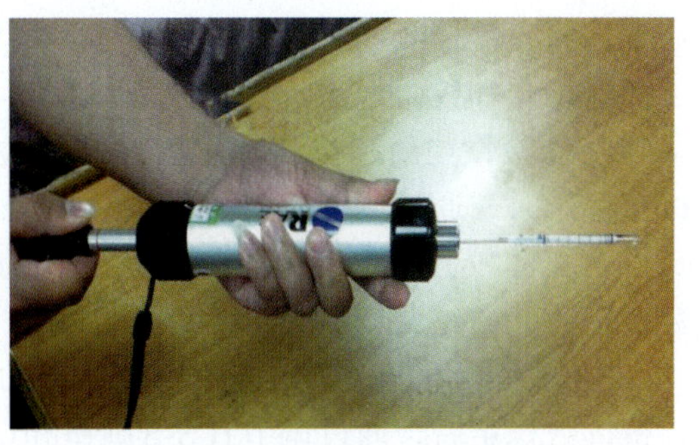

图 3-27　手泵的使用

2. 便携式单一气体检测仪

便携式单一式气体检测仪品牌很多，如硫化氢检测仪、氯气检测仪、氨气检测仪、磷化氢检测仪等，这些单一式气体检测仪的用法与单一式测爆仪相仿，船舶使用不多，这里不再赘述。

3. 便携式复合气体检测仪（如四合一可测毒气）

这种仪器可灵活配置多种气体传感器因而可以同时检测几种气体，操作简单方便，船舶使用较多，现以GX-111型复合气体检测仪为例，如图3-28所示，介绍用法如下：

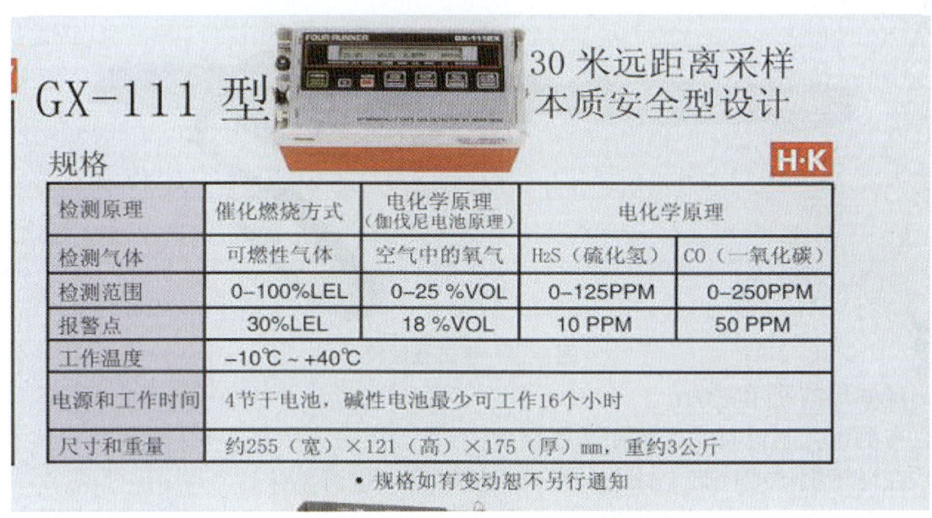

GX-111 型

30 米远距离采样

本质安全型设计

H·K

规格

检测原理	催化燃烧方式	电化学原理（伽伐尼电池原理）	电化学原理	
检测气体	可燃性气体	空气中的氧气	H_2S（硫化氢）	CO（一氧化碳）
检测范围	0–100%LEL	0–25 %VOL	0–125PPM	0–250PPM
报警点	30%LEL	18 %VOL	10 PPM	50 PPM
工作温度	–10℃ ~ +40℃			
电源和工作时间	4节干电池，碱性电池最少可工作16个小时			
尺寸和重量	约255（宽）×121（高）×175（厚）mm，重约3公斤			

• 规格如有变动恕不另行通知

图 3-28　GX-111 型复合气体检测仪

（1）使用前检查

①在新鲜空气中按“功能”键开机，如外接报警器没有连接，显示屏显示“远程警告报警未连接；

②设备自动校零后，正常显示为：21.0%，0%，0ppm，0ppm，依次为O_2，HC（有的厂用Ex），H_2S，CO；

③按下“电压/温度”按钮，检查电压和温度；

④按下报警测试开关，“报警测试”，确认正常的报警设定。

（2）使用和测量方法

开机检查完毕后，连接好取样管与滤器，检查气体检测仪流量是否正常。

将取样管放于准备好的检测场所中。

仪器将自动检测场所中的有毒气体，氧气含量以及可燃气体含量。

（3）标定和校验方法

氧气校验，在新鲜空气中仪器自动校验氧气到20.9%，在99.99%N_2标准校验气体中，待读数稳定时，通过调节O_2-Z旋钮使读数为零。

可燃气体校验，在新鲜空气中仪器自动校验可燃气体为0%，在标准校验气体中，待读数稳定后，通过调节CH_4-S旋钮使读数与标准校验气体读数相同。

H_2S和CO校准，在新鲜空气中仪器自动校验H_2S和CO读数为0ppm，在标准校验气体中，待读数稳定后，通过调节H_2S-S旋钮和CO-S旋钮使读数与标准校验气体读数相同。

二、手工量油尺

手工量油尺在内河散化船上被广泛使用，如图3-29所示。通常在使用手工量油尺测量货舱的液位时，可以使用一种测试膏的试剂，将牙膏状的测试膏均匀地涂抹在钢尺上，放入液面之下，随之接触货的部分测油膏的颜色会发生变化，这样就可测得空当值。若将一种试水膏涂抹在量尺上，当量尺伸到舱底时，接触到水的部分的试水膏就会改变颜色，这样又可测得货舱底部残水的高度。

图3-29　手工量油尺

手工量油尺的使用方法：

（1）在测量孔附近将手工尺用连线接地；

（2）在尺子铜棒或尺带上抹上试水膏或测试膏（也可不抹）；

（3）站侧上风，拧开测量孔盖；

（4）将尺子慢慢下放测量孔内，直到铜棒碰到舱底（凭手的感觉）；

（5）拉出尺子，观察读数，擦拭货迹。

注意事项：

（1）船好防静电服，站侧上风，防止吸入舱气；

（2）测量前，要让货物静止30 min以上；

（3）量油尺材质与化学品不相容不可用，不可开式测量的化学品也不可用。

使用手工量油尺一定要做好防静电工作，特别要注意使手工量油尺保持良好的接地。

三、便携式液位测量仪(UTI)

UTI是一种测量货舱液货空当、温度及油水界面的测量仪。目前液货船上应用比较

普遍。

（一）基本原理

UTI一般都设计成密封式，通过端部探头来检测液位和液温。当传感器探头处于环境空气时，蜂鸣器每2 s发出一声响声；当传感器探头与任何石油产品接触时，蜂鸣器发出连续的响声；当传感器探头接触到水时，蜂鸣器发出间歇的响声。UTI由内部的9 V电池供电，电量消耗较低，能够确保长时间使用；如果指示电量不足应及时更换电池。由于模块化的设计，维护较为容易。UTI传感器探索头由一个不锈钢管和不能取出的感测探头组成，传感器探头包括一个超声波液位传感器，一个温度传感器和一个导电的电极。空当和油水界面测量的电导率是不可调整的，而温度测量可以在装置中校正，如图3-30所示。

（二）UTI的使用

密封UTI必须和其配套的密封截止阀配合使用，如图3-30所示。具体步骤如下：

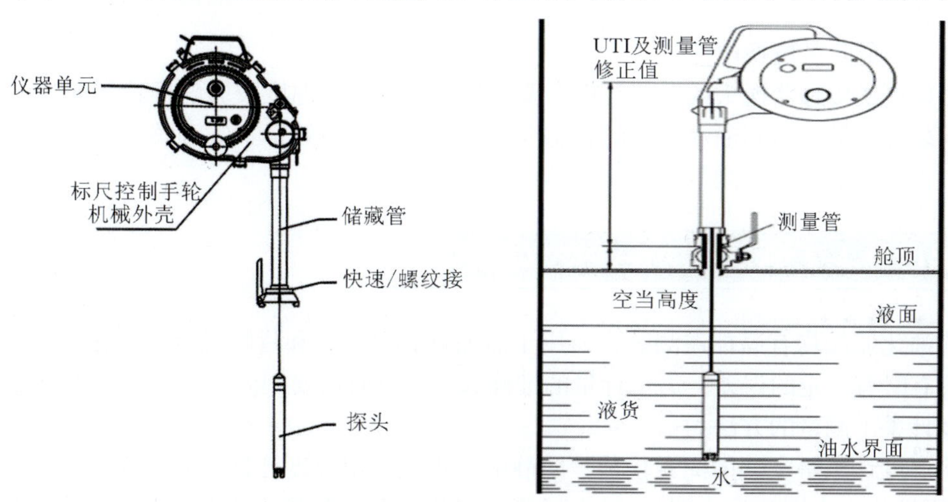

图3-30　UTI

（1）首先确认密封截止阀处于关闭，拧下上面的旋帽。

（2）清除密封截止阀和UTI连接面的灰尘和油脂，保证良好接地和零点参考位精度。

（3）检查保护管是否自如（有的没有保护管）。

（4）将UTI的快速接头插入截止阀。转动打开截止阀。

（5）如果测量空当或油水界面，将模式开关转到相应位置，蜂鸣器每2 s会发出一响声，表明探头功能良好。

（6）旋转手柄将传感器探头放入舱内。一旦传感器探头与货物接触，蜂鸣器就变为连续的响声。为精确测量，正确的做法是：向上拉一点传感器探头直到蜂鸣器的连续响声停止，再慢慢地放下传感器探头直到连续的响声再次响起，然后读取读数。

（7）进一步放下传感器探头直至接触油水界面。一旦传感器与水接触，连续的蜂鸣器响声变为间歇的响声。

（8）如果要测量温度，将开关转到温度模式。温度传感器的位置和测量带的零点相一致，以使测量带的读数刻度直接显示所测液位的温度。

（9）当达到所要测量温度的液位时，在上下大约300 mm液位范围内摇动传感器探头，直到显示的温度读数稳定。

（10）读数稳定后记录其读数值，然后进行下个液位温度的测量。

（11）测量完成后，将开关转到零位，卷起测量带直到传感器探头收入贮存管，此时测量带的读数要少于420 mm（有的为320 mm）。

（12）关闭截止阀，脱开UTI的快速接头，拧紧截止阀的旋帽。

（三）UTI尺的使用注意事项

（1）收尺时必须有两人配合，一人收尺，一人擦拭液迹，确保测量带的清洁。

（2）确保传感器探头完全进入存放管。

（3）存放于干燥的环境中。

（4）通过测量传感器探头管与快速接头之间的电阻，定期检查接地的连续性（至少每6个月），其数值不超过10 Ω。

（5）定期全面清洁传感器探头和机械部分，包括传感器探头存放管、测量带、卷筒和尺架等。

（6）在非危险区更换电池。

（7）如更换传感器探头或有关元件，要进行温度校正。温度校验的推荐周期为6个月。

（8）装置测量空当和油水界面的敏感度在出厂前已设定好，不能调整。

（9）含水化学品只宜测量空当。

四、温度计人工测量方法及注意事项

现代油化船舶均有遥控遥测装置，用于监测货舱内压力和货物温度的变化。这些遥控遥测装置有时有一定的误差，为了计量的准确起见，有时需要用温度计进行人工测量。

温度计手工测量的方法：

先将温度计测量支架的绳索接地，防静电。再把水银温度计插入测量支架内，固定好（支架的下端是一个圆筒形容器）。站上风侧，将装好水银温度计的支架下放至舱内测量位置。等待5 ~ 10 min后提出货舱观察温度读数。每一测量点要分上、中、下三处检测。

注意事项：

（1）穿好防护服装，站上风侧，防止吸入货物蒸气。

（2）测量前，货物必须在舱内静止30 min以上。

五、常用的固定式液位测量装置简介

（一）机械浮子式液位测量装置

如图3-31所示，机械浮子式液位测量装置由浮子、浮子导管、不锈钢尺、张紧轮、张紧卷筒及钢尺盒、机旁记录仪和远距传输器组成。其工作原理是：在测量液位时，摇动钢尺盒使浮子下落至舱内液面上，由于钢尺盒带有自动收紧的装置，收紧的张紧力加浮子的浮力与浮子和钢尺二者的重量相平衡，再通过传动轴将此时钢尺放出的长度传输到机旁记录和远距传输器。当液位上升或下降时，浮子也随着上升或下降，钢尺卷筒也随之自动收紧到新的平衡。传动轴则一直将钢尺伸缩情况连续传输给记录仪和远距传输器。这种装置不仅可以测出液位，也可测出舱顶的空当。

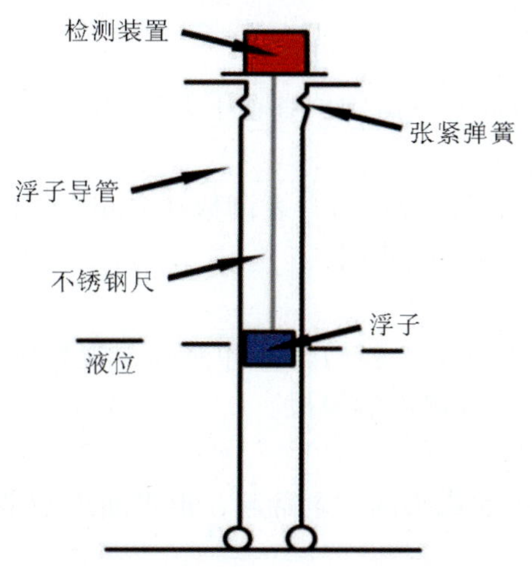

图3-31 机械浮子式液位测量装置

(二)磁电式液位和温度测量装置

这是一种液位和温度两用测量装置，目前使用较为广泛。其液位测量的核心元件是浮子液位传感器和先导开关。浮子传感器内部装有永久磁体，它随货物液位的升降而升降(浮动)；先导开关内有两片断开的同磁性磁片，这两片磁片能在浮子永久磁体的作用下闭合接通，并送出一个液位信号。先导开关在导管内可上下移动，当它进入浮子传感器的区域时，磁片立即就会闭合，浮子液位就能反映出来。

此外，这种装置采用TM型晶体管温度传感器，还可测量不同液位的温度。

(三)雷达式舱顶空当测量系统

雷达式舱顶空当测量系统也是一种多功能的测量仪器。这种设备的探测部分能发射电磁波或超声波，然后通过接收船舱舱底和货物液面反射回来的信号，确定两者之间的反射时间差，从而计算出液位和舱顶空当的高度。由于货物黏度的不同，雷达波对其穿透的能力也不同，货物温度低而黏度大时，雷达波穿透能力下降，穿过所需时间也就延长，由此又可测算出货物的温度。

第七节 防护设备

一、空气呼吸器

空气呼吸器用于向人体提供新鲜空气，保护使用者不吸入火场烟气或舱室内空气中的有毒、有害物质，关系到使用人员的生命安全。在使用之前，必须对使用人员进行充分的培训。现以自给正压式空气呼吸器为例介绍其正确佩戴和使用方法。

（一）呼吸器使用前的检查

1. 空气瓶压力检查

连接快速接头，逆时针方向开气瓶阀，查看压力表读数，气瓶压力应不小于28 MPa。

2. 系统泄漏情况检查

顺时针方向完全关闭气瓶阀，观察压力表读数在1 min内压力下降不应超过0.5 MPa。如果超过这一数值，该装备暂时不能使用。

3. 余压报警器检查

在检查系统泄漏情况的基础上，轻微打开冲泄阀，观察压力表指针，当压力下降到5±0.5 MPa范围内时，警报器应发出声响警报。

4. 全面罩密封检查

松开全面罩两根颈带，将面罩头网向上翻起，再将面罩贴紧脸部，深吸一口气，供气阀应能自动打开。

（二）佩戴自给正压式空气呼吸器

1. 背戴装置

将气瓶阀向下背上气瓶，通过拉户带上的自由端调节气瓶的上下位置和松紧，直到感觉舒适为止。

2. 扣紧腰带

将腰带插头插入腰带插座内，然后将腰带左、右两侧的伸出端同时向后拉紧，收紧腰带。

3. 佩戴面罩

放松面罩下的两根颈带，拉开面罩头网，先将面罩置于使用者脸上，然后将头网从头部的上前方向后下方拉下，由上向下将面罩戴在头上，调整面罩位置，使下巴进入面罩下面的凹形内，先收紧下端的两根颈带，再收紧上端的两根头带，感觉不适可调节头带的松紧。

4. 检查面罩密封

用手掌心捂住面罩接口处，通过呼气检查面罩密封是否良好；否则再收紧头带或重新佩戴面罩。

5. 安装供气阀

将供气阀上的红色旋钮置于12点钟的位置，确认其接口与面罩啮合，然后沿顺时针方向旋转90°，当听到咔嚓声即安装完毕。

6. 检查装置性能

使用装置前必须完全打开气瓶阀，同时观察压力表读数，气瓶压力应不小于28 MPa，通过几次呼吸检查供气阀性能，吸气和呼气都应舒畅，无不适感觉。

（三）保养和存放

（1）使用保养呼吸器时，要尽量避免碰撞和表面划伤，气瓶油漆脱落要及时修补，防止生锈。

（2）充满气的气瓶及其部件禁止曝晒，距离取暖设备不小于5 m。

（3）消防空气呼吸器存放场所，室温应在5～30 ℃，相对湿度为40%～80%，空气中不应有腐蚀性气体。长期不使用的，全面罩应处于自然状态存放，其橡胶件应涂滑石粉，

以延长使用寿命。

（4）每次使用后要充足气压（30 MPa）按各部件的要求，及时进行擦拭、清洗和检查，发现故障应排除，保证完整好用。

（5）呼吸器应由专人保管，应将呼吸器成套完整地保存在易于取出的地方。将储气瓶充满待用并经常检查气压。存放处应经常清扫，保持卫生、干燥。

（6）呼吸器应由专人负责检修保养，一旦发现缺陷应立即修复。对呼吸器进行的所有检修保养，要做好档案记载并妥善保存。检修保养后要进行一次清理消毒。每个月内也应进行一次消毒。

二、应急逃生呼吸器

应急逃生呼吸器（EEBD）如图3-32所示，用于失火时帮助被困人员逃离有毒气体舱室，可保护船员从火灾发生处的危险环境中逃生，但不能用于灭火、进入缺氧或充满烟雾舱室等。它由储气瓶、瓶头阀、头罩或全脸面罩和挎袋组成。

使用方法：

（1）从紧急脱险呼吸装置储存箱中取出装置；

（3）将挎带袋挎于人的颈部，打开挎袋取出面罩；

（3）将面罩从上向下戴在人的头部，注意透明窗应向前，披肩覆盖好肩部；

（4）迅速打开瓶头阀开关并迅速逃离事故现场。

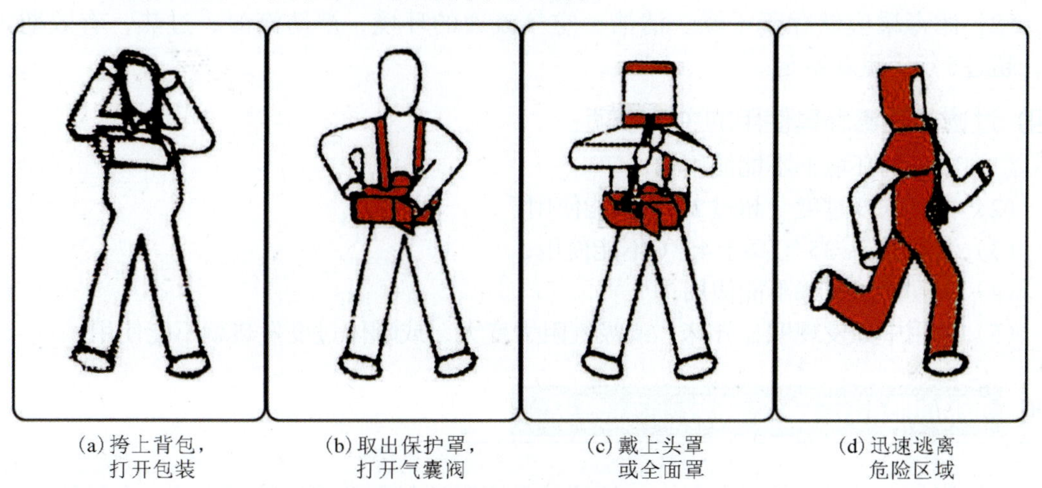

(a) 挎上背包，打开包装　(b) 取出保护罩，打开气囊阀　(c) 戴上头罩或全面罩　(d) 迅速逃离危险区域

图3-32　应急逃生呼吸器

三、防毒面具的正确使用

（一）防毒面具的定期检查

防毒面具是一种过滤式呼吸防护用品，是利用面罩与人脸面部周边形成密合，使人员的眼睛、鼻子、嘴巴和面部与周围染毒环境隔离，同时依靠滤毒罐中吸附剂的吸附、吸收、催化作用和过滤层的过滤作用将外界染毒空气进行净化，提供人员呼吸用洁净空气。防毒面具一般由面罩、滤毒罐、导气管、防毒面具袋等组成。

各种防毒面具的材质和结构不同，但都可以参照同样的使用方法，以下以硅胶大视野防毒面具为例，说明要检查的内容：

（1）检查面具是否有裂痕、破口，确保面具与脸部贴合密封性；

（2）检查呼气阀片有无变形、破裂及裂缝；

（3）检查头带是否有弹性；

（4）检查滤毒盒座密封圈是否完好；

（5）检查滤毒盒是否在使用期内。

（二）防毒面具的使用：

（1）首先要确认要防的毒气类型；

（2）选择合适的滤毒罐；

（3）看清滤毒罐上标注的有效期及防毒时间；

（4）检测面具头戴及阀片；

（5）戴上面具试漏；

（6）打开滤毒罐上、下开口，接好滤毒罐；

（7）有面具袋的将滤毒罐放入袋内，并固定好面具袋。

（三）防毒面具的存放与保养要求

（1）使用后，面罩要用酒精或0.5%高锰酸钾溶液擦洗，然后放阴凉处晾干，应将滤毒罐上部的螺帽盖拧上，并塞上橡皮塞后储存，以免内部受潮。

（2）滤毒罐应储存于干燥、清洁、空气流通的环境，严防潮湿、过热，有效期为5年，超过5年应重新鉴定。

（四）过滤式防毒面具使用的主要事项：

（1）缺氧的环境下不能使用；

（2）毒气浓度过度（超过2%）不能使用；

（3）温度低于-35 ℃高于45 ℃不能使用；

（4）湿度超过90%不能使用；

（5）使用中如发现明显异味，或吸气阻力变大，或罐体过度发热就不能使用。

四、防护服的正确穿戴方法与要求

防护服是由一种在其表面加上一层耐油且不吸油材料的棉织物制成的。它能使穿着人员在工作中遇到飞溅油滴而不会渗透污染人员的皮肤。但使用过久，这一特性会减退，久之将失去这一作用。

（一）防护服的穿与脱

1. 防护服的穿戴（以防化服为例）

（1）须对防护服进行检视和气压检测，确定没有缺陷。

（2）两人合作，即在穿着防护服时有另一人帮忙。

（3）去掉可能损坏防护服的个人物品，如笔、证章、首饰等。

（4）脱掉鞋，把裤腿卷入长袜中，以便能方便地穿上防护服的裤腿和长筒胶靴。

（5）如使用呼吸装置，检查并装上该设备，完成所有连接，根据制造厂要求进行调

节，除非该呼吸装置要求，暂勿戴上面罩。

（6）坐着将两条腿放入防护服。

（7）将两脚伸入外套靴内，拉下套靴上面的防溅罩。

（8）打开空气供应装置，戴上面罩，确定供气系统工作正常。

（9）站起身，扎上内腰带（如有）。

（10）将手臂和头套入防护服里，拉上拉链，然后合上拉链覆盖。请助手检查确定拉链及拉链覆盖是否完全拉紧，面罩视野是否清晰，所有空气管路是否紧密接合，防护服是否处于最佳工作状态。

2. 防护服的脱去

（1）在呼吸装置尚有足够的空气时离开工作现场，安全地清除污染，及时脱去防护服。

（2）如果防护服接触了有毒化学品，要先适当地去毒，然后脱去防护服。

（3）按穿上防护服的相反顺序脱去防护服，勿接触防护服上可能沾有化学品的地方。

（4）如有可能，对防护服进行全面去毒、清洗、检视及气压检测，以备再用。

（二）防护服的存放与保养

（1）防护服在存放期间严禁受热及阳光照射。

（2）防护服在存放期间不许接触活性化学物质，各种油品。

（3）防护服在符合保管条件下，保管期为3年。

（4）防护服在使用后，如果沾染化学品，需用水冲洗。冲洗干净后必须将布面朝外晾干。

（5）如无接触到化学品，则可收起，收起时，将防护服头罩开口向上铺于地面、折回头罩、颈口带及两袖，将防护服纵折、使左右重合、两鞋尖朝向一侧，将手套放在中部、鞋底相对卷成一卷，横放入防护服衣袋内。

五、氧气复苏器

（一）氧气复苏器的介绍

氧气复苏器是进行人工通气的简易工具，如图3-33所示。与口对口人工呼吸比较，其供氧浓度高，且操作简便。尤其是病情危急，来不及对气管进行插管时，可利用加压面罩直接给氧，使病人得到充分氧气供应，改善组织缺氧状态。

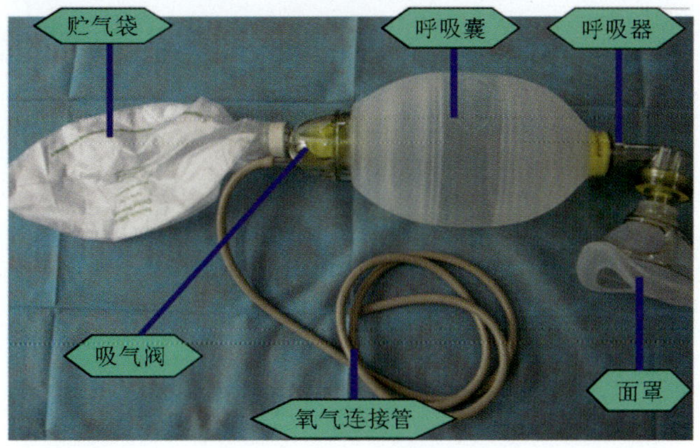

图3-33 氧气复苏器

氧气复苏器具有结构简单、操作迅速方便、易于携带、通气效果好等优点，主要由弹性呼吸囊、呼吸器、呼吸活瓣、贮气袋、面罩或气管插管接口和氧气接口等组成。

氧气进入球形气囊和贮气袋，通过人工指压气囊打开前方活瓣，将氧气压入与病人口鼻贴紧的面罩内或气管导管内，以达到人工通气的目的。

（二）氧气复苏器的使用

（1）评估：

①是否有使用氧气复苏器的指征和适应证，如急性呼吸衰竭、呼吸停止等。

②评估有无使用氧气复苏器的禁忌证，如中等以上活动性咯血、大量胸腔积液等。

（2）连接面罩、呼吸囊及氧气，调节氧气流量2～3 L/min，使贮气袋充盈。

（3）开放气道，清除上呼吸道分泌物和呕吐物，松解病人衣领等，操作者站于病人头侧，使患者头后仰，托起下颌。

（4）将面罩罩住病人口鼻，贴紧不漏气。当气管插管或气管切开后，让病人使用氧气复苏器，应先将痰液吸净，气囊充气后再应用。

（5）双手挤压呼吸囊的方法：两手捏住呼吸囊中间部分，两拇指相对朝内，四指并拢或略分开，两手用力均匀挤压呼吸囊，待呼吸囊重新膨起后开始下一次挤压，应在病人吸气时挤压呼吸囊。

（6）呼吸频率成人为12～16次/分，挤压气囊时，应注意气囊的频次和患者呼吸的协调性。防止在患者呼气时挤压气囊。

（7）观察及评估病人。使用过程中，应密切观察病人对呼吸器的适应性，胸廓起伏、皮肤颜色、听诊呼吸音、生命体征、氧饱和度等。

（三）氧气复苏器的保养

氧气复苏器使用后，将呼吸器从“O”形接口处取下，拆开面罩，用清水冲洗干净，再用500 mg/L含氯消毒剂浸泡30 min，清水冲净、晾干、装配好备用。

第四章

内河散化船消防

第一节 散化船火灾特性和灭火方法

化学品易燃性之间存在差异，燃烧过程中可能会产生大量有毒、有害气体，在灭火时应考虑火灾类型、燃烧特性、适合的灭火剂，还应充分考虑化学品的性质，优先保护人员安全。

散化船装载的货物种类多，物理性质和化学性质各不相同，特别是装载可燃货品和可燃有毒货品时，如管理不善或措施不当，将会引发危险。虽然我们平时的工作重点是预防，但万一发生意外，灭火就成了头等大事。

一、火灾的分类

根据国标火灾分类标准，按照可燃物的类型和燃烧特性，将火灾分为A、B、C、D、E、F六大类。下面简单对各类火灾进行介绍。

(一)A类火灾

A类火灾，是指普通可燃固体物质（如木材、纸张、纤维等，如图4-1所示）失火引起的火灾。它的一个特点是燃烧缓慢，当被加热到着火点时，就被点着燃烧；另一个特点是，能燃烧到可燃固体的内部。所以扑灭A类火灾时，应用水扑救最适宜；CO_2只能扑灭普通可燃固体表面的火，不能扑灭内部的火，所以容易复燃；ABC型干粉也适宜；BC型干粉不适宜，除非辅助于水。

(二)B类火灾

B类火灾，是指可燃液体和受热熔融固体物质（如甲醇、乙二醇、苯、动植物油脂等，如图4-2所示）的火灾。它的燃烧特点是表面燃烧，燃烧的是它挥发出的可燃气和空气的混合物，不能燃烧到可燃液体的内部。它燃烧的快慢和闪点、挥发性、爆炸极限有关，在常温下，闪点越低越容易燃烧，挥发性大的货品比挥发性小的货品危险性大，爆炸极限宽的比爆炸极限窄的危险性大。B类火灾灭火剂的选用可根据液货特性选用，如石油类化学品、苯、甲苯可选用普通蛋白泡沫扑救；醇、酯、醚、醛、酮等物质火灾可选用抗溶性泡沫等。

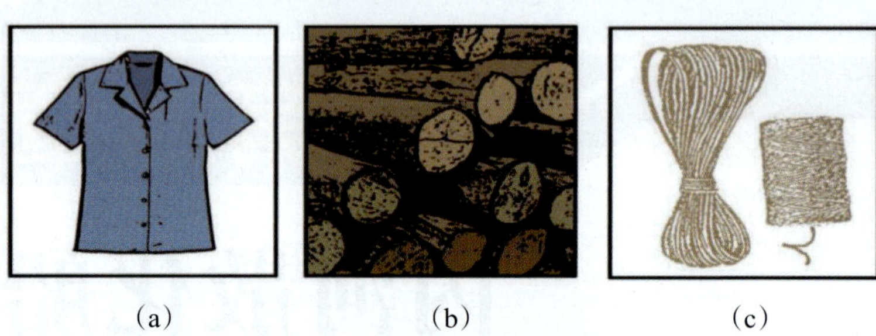

(a) (b) (c)

图4-1 引起A类火灾的物质

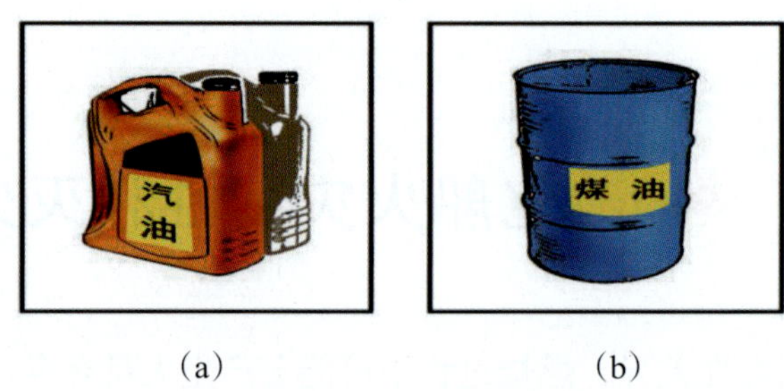

(a) (b)

图4-2 引起B类火灾的物质

(三)C类火灾

C类火灾，即可燃气体的火灾，如氢气、乙炔气、液化石油气等可燃气体（如图4-3所示）的火灾。它分为预混燃烧和扩散燃烧。预混燃烧是指可燃气体和空气混合好后，浓度在爆炸极限范围内，遇到火源将会发生燃烧，燃烧速度可能极快，表现为爆炸；扩散燃烧是可燃性气体一边和空气混合，一边燃烧，燃烧快慢受到混合气浓度的影响。适宜的灭火剂是干粉。

(四)D类火灾

D类火灾，是指金属的火灾，如钾、钠、钙、镁等物质（如图4-4所示）的火灾。散化船一般不会产生这类火灾。

(五)E类火灾

E类火灾，是指电气设备（如图4-5所示）的火灾。其特点是有触电的危险。电气设备发生火灾时，应尽可能切断电源，再选用适宜的灭火剂灭火；若不能切断电源，则应选用绝缘性好的灭火剂，如CO_2、干粉等。

图4-3 引起C类火灾的煤气

图4-4 引起D类火灾的物质

(六)F类火灾

F类火灾，即烹饪火灾，如图4-6所示。由于动、植物油脂燃烧时会产生极高的温度，如使用水灭火反而会助长火势，起不到灭火效果，一般采用干粉灭火器，火势不大时，也可采用二氧化碳灭火器进行灭火。如油船厨房油锅失火，应关闭灶具的电源开关，直接盖上锅盖或用湿抹布覆盖，令火窒息；如厨房排烟管中发生火灾，应关闭风闸，同时用灭火器扑灭火灾。

图4-5 引起E类火灾的电气设备

图4-6 F类火灾

二、散化船火灾的特点

由于散化船所载运的散装液体货物具有危害性，一旦发生火灾，对于船舶的灭火应急反应及后果来说，散化船火灾的特点包含以下三个方面：

(一) 难以扑救

船舶一旦发生火灾，由于船体内部结构的原因，火灾的施救工作活动范围受到影响和限制，导致火灾难以扑救，扑救条件比陆地恶劣得多。尤其散化船发生火灾，一旦蔓延到货物区域，船舶难以实施有效的扑救。因此船舶火灾从根本上讲主要依靠船上现有的人力和设备进行自救，船上的灭火器材又是有限的，一旦用完，得不到及时补充，进一步增加了扑救的难度。

散化船货物区域发生火灾，燃烧速度快，可能会发生爆炸，导致火势迅速向其他舱室或场所蔓延，造成大面积燃烧；可燃液体燃烧的同时又会加剧可燃气体的挥发与扩散，增加了火势瞬间扩大和爆炸及二次爆炸的危险，有些化学品燃烧中会挥发出大量有毒有害气体，这些也会给船舶扑救火灾带来很大困难，从而使火灾难以扑灭。

（二）损失大、影响大

船舶发生任何火灾都会给船舶、货物和财产造成严重损害及灭失，人员伤亡、经济损失和社会影响都非常巨大。

（三）危害性大

船舶发生火灾，货物的燃烧或泄漏会产生大量的有毒、有害气体，易造成人身伤亡的后果，严重威胁到船舶人命安全，同时火灾事故还会造成航道堵塞以及严重的水域和大气污染，给国家和船公司带来恶劣的负面影响。

三、散化船消防安全管理及火灾预防措施

（一）以人为本，科学管理

船舶消防安全管理应以人为本，充分利用船舶有限的各种消防资源，全面贯彻“预防为主，防消结合”的方针，使船舶火灾能够得到标本兼治。“防”可以减少火灾的发生，避免火灾的危害，而“消”则可以减少已经发生火灾所造成的损失和伤亡。船舶应根据有关消防的法律法规和公司的安全规章制度，治理人为因素导致的各种火灾隐患，不留死角，防患于未然，并建立一整套科学管理体系和规章制度，保证船舶制定的消防措施能够完全落实。

（二）落实船舶消防安全责任制

船舶消防安全工作必须贯彻执行“预防为主，防消结合”的方针，实行防火安全责任制。船长为船舶防火责任人，对船舶防火安全负全面的责任；大副、轮机长对其部门防火安全负责；船员对其工作场所和居所防火安全负责。船舶领导有责任对船员进行遵章守纪、消防安全的宣传教育，定期进行消防演习、消防培训，提高船员消防知识、灭火技能和安全防范意识。

（三）应按以下要求加强对消防设备和器材的管理

（1）船舶应按船级社的规范要求配备消防设备和器材。

（2）船舶消防设备和器材由专人负责管理，各主管人员按相关规定进行维护保养，保持消防设备和器材处于立即可用的良好状态。船长和轮机长负责指导并检查。

（3）船舶应每月定期进行防火检查，对检查出的问题应尽快进行整改。

（4）每周对通用报警设备进行试验；定期对货舱、机舱、生活区的感烟、感温等探测报警设备进行检查、试验。

（5）每月对灭火器、消防设备进行检查，并做好记录，船舶应配备适量的备用手提式灭火器。

（6）安全通道、应急通道、逃生孔必须保持畅通，照明、应急照明保持良好。

（7）自闭式防火门必须保持正常使用状态，禁止人为将其长期固定并敞开。

（8）船舶通风筒设备良好，防火挡板开关正常，开关操纵标志明显。

（9）消防泵、应急消防泵使用2根水带时，压力符合要求；消防栓四周不得堆放杂物；国际通岸接头及其附件齐全。

（10）大型固定灭火系统按要求进行维护保养，并持有有效检验证书；站室配有施放操作说明及各舱室所需灭火剂量；各阀门良好、开关标志清晰，船员能熟练操作。

（四）船员日常防火要求

（1）树立防火责任意识，积极主动学习有关消防知识，自觉遵守有关消防规章和制度，严格遵守安全操作规程和安全规定。

（2）禁止任何人、任何时候在禁烟场所吸烟。烟头、火柴杆必须随手熄灭并放入注水的烟灰缸内，不得随地乱扔，更不能向外乱扔烟头。

（3）不得私自携带和存放易燃、易爆物品。手机等电子产品充电时不得将其放置于易燃物品上，人员离开房间时，应断开电子产品充电设备。

（4）船舶禁止燃放烟花爆竹；禁止玩弄救生信号。

（5）不准随意接、拆电线和插座，不准擅自拉线装灯或乱拉天线。

（6）对于废弃的含油棉纱头、抹布等，应存放在专用的带盖金属容器内，不得随手乱扔，对含有油污的棉毛织品要及时处理，不要长时间存放在闷热的地方，以防其自燃。

（7）不得违规使用大功率电器，如电热水壶、电取暖器等。

（8）用厨房炉灶烹调食物时必须有人看管，不得随意离开厨房。

（9）离开房间时应随手关灯，靠近舷窗的灯具应特别注意，不得使用纱或布等易燃材料制作的灯罩。航行中不得锁门睡觉，以免发生火灾时既不利于自己逃生，也不利于他人营救。

（10）机舱、泵舱易积存污油，厨房排烟管易积烟垢和油垢，应经常清理。

（11）严格执行防火巡视值班制度，对易于发生火灾的场所，每班都应按规定进行全面的巡回检查，相关内容应记入航行日志。

（12）每位船员都应确保其居住区、值班区域、工作区域或所在区域的防火安全。

（13）塑料桶及橡胶桶不能作为垃圾桶，可燃性垃圾不要长时间存放，应及时处理。

（14）每位船员应积极参加船舶定期进行的消防训练和消防学习，熟悉相关消防的应知应会知识。

（15）提高警惕，加强防范，发现火险隐患及时报告；发现违章行为，人人有责制止。

（五）明火作业要求：

明火作业应满足的基本条件：

（1）可燃气体的浓度不大于爆炸下限的1%，相对风速不大于13.8 m/s。

（2）明火作业前，必须考查评估作业环境的安全性，确认符合安全作业的各项要求。施工现场必须清除易燃、易爆物品，备妥足够有效的消防器材，并有防止火花扩散的安全措施。明火作业前，应拆除作业现场内有影响的电缆或切断其电源，并对其安全遮盖。在隔热舱壁或间架板上进行明火作业前，必须拆除距焊割边缘0.5 m内外的一切可燃物，应采取防止焊割热传导的措施及有效遮盖。可以拆除的管子等机件，应移至电焊间或安全地点焊补；对无法拆除的油管、污油管等，应进行有效清洗，使管内可燃气体浓度不大于爆炸下限的1%，或采取充惰性气体、水或拆开管子接头，对作业点两端进行有效隔堵。

（3）长期封闭的舱室或空间狭小通道作业前，必须通风，含氧量达到18%以上。

（4）明火作业前，必须对作业现场进行清理，检查作业面的背面及四周，确认无易燃、易爆物品。

（5）明火作业的设备质量必须符合要求，使用前，必须确认设备技术状况良好。

（6）明火作业操作者必须持有主管机关认可的合格证书。

（7）明火作业时，必须有人负责监护。作业完毕，必须彻底清理现场，在确认无残留火种时，监护人员方可撤离。

四、散化船的灭火原则

扑救火灾时，应遵循灭火三优先原则，即人员安全优先、船舶安全优先、环保优先。人员安全优先是最主要的、最优先的原则，这体现了安全第一、生命至上的思想，符合我国法律法规和国际公约的精神。船上发生火灾时，船长应组织船员，利用一切物质和设备进行扑救，如果无效，经船东同意后，可弃船，紧急情况下，船长可先弃船事后向船东报告。船舶灭火的基本原则应注意以下几点：

1. 迅速扑灭初火，同时限制蔓延

（1）及时扑灭初火和小火，是灭火的最基本的原则和最好时机。

（2）为扑灭初火、限制蔓延可搬开燃烧物。

（3）为防止其蔓延扩大，在灭火的同时，要搬走火区附近的易燃、易爆物品。

2. 对严重火灾，应先控制后灭火

（1）迅速扑灭有困难时，首先要防止火灾向危险方向蔓延；

（2）危险区域加强防范；

（3）关闭邻近舱室的水密门、通风管、舷窗等，

（4）切断火源通路，同时关掉电源；

（5）搬走火区附近的易燃物和危险品；

（6）用水冷却舱壁、甲板；

（7）操纵船舶使火区处于下风侧。

3. 施救无效，封舱灭火

（1）船舶可密闭的舱室遇到严重火灾，经全力施救无效，封舱灭火。

（2）封舱灭火后，应待舱内冷却后，逐渐打开通风口、舱口盖和门。先自然通风，再机械通风。以防复燃或爆炸的发生。

五、散化船的灭火方法及注意事项

（一）散化船的灭火方法

1. 隔离法

假如不存在可燃物质，火是肯定着不起来的，所以隔离对防止火的蔓延是非常有效的，如图4-7所示。在发生火灾时，可以将可燃物质从着火的地方移走，把可燃物质与火隔开，或迅速将燃烧物移到安全地方。可燃气体或液体着火时，应迅速关闭气源或液源的管系阀门，断绝火场的可燃物。

2. 窒息法

使可燃物与空气隔离，火也烧不起来，这种灭火方法称为窒息法。发生火灾时，可以利用不燃烧的物质覆盖在燃烧物表面，使空气中的氧与燃烧物隔离，无法起到助燃作用；

此外，向火场中注入二氧化碳、氮气等惰性气体，或者关闭着火舱室的门窗，降低里面的氧气含量，使燃烧无法进行。

3. 冷却法

可燃物一旦达到着火点，就会燃烧或持续燃烧。在一定条件下，将可燃物的温度降低到着火点以下，燃烧即会停止。对于可燃固体，将其冷却在燃点以下；对于可燃液体，将其冷却在闪点以下，燃烧反应就可能会中止。用水扑灭一般固体物质引起的火灾，主要是通过冷却作用来实现的，水具有较大的比热容和很高的汽化热，冷却性能很好。在用水灭火的过程中，水大量地吸收热量，使燃烧物的温度迅速降低，使火焰熄灭，火势得到控制，火灾终止。水喷雾灭火系统的水雾，其水滴直径细小，比表面积大，和空气接触范围大，极易吸收热气流的热量，也能很快地降低温度，效果更为明显。

图4-7 隔离法

4. 抑制法

由于有焰燃烧是通过链式反应进行的，如果能有效地抑制自由基的产生或降低火焰中的自由基浓度，即可使燃烧中止，化学抑制灭火的常见灭火剂有干粉灭火剂和七氟丙烷灭火剂。化学抑制灭火速度快，使用得当可有效地扑灭初期火灾，减少人员伤亡和财产损失。该方法对于有焰燃烧火灾效果好，而对深位火灾由于渗透性差，灭火效果不理想。在条件许可的情况下，采用化学抑制灭火的灭火剂与水、泡沫等灭火剂联用会取得明显效果。

（二）注意事项

（1）不能用普通泡沫灭水溶性易燃液体的火灾。

（2）不能用水灭遇水生热、分解、沸溅化学品的火灾。

（3）根据与水共处的性质，应采用不同的灭火方法：

①比水轻不溶于水化学品：不能用水柱扑救，须用泡沫、二氧化碳、卤代烷、化学干粉或水花等大面积覆盖笼罩灭火。

②比水重不溶水化学品：可用水灭火。

③溶于水或稍溶于水化学品：抗溶性泡沫最为有效。

（4）对于渗漏的易燃可燃气体或液体火灾，主要是堵塞渗漏来源。

（5）禁止用少量水和水蒸气灭高温体的火。

第二节 散化船的消防设备

散化船消防设备包括固定式消防系统、移动式消防系统和消防员装备，具体船舶配制时除按建造规范配备外，还需考虑适装货的特性，因此散化船消防设备配备有一定的差异，船员必须掌握本船的消防设备的使用，以便在应急时正确操作。

一、固定式消防系统

（一）水灭火系统

水灭火系统由水泵、管路、消防栓、消防水带、消防喷枪、国际通岸接头等组成。

消防泵：应为独立泵，舱底泵也可替代。要求消防泵至少能维持两股所需水柱，可以使两股水柱喷射到货舱区域的甲板上的任何部位。消防总管应避开危险区域。500总吨以上的船舶至少设置一只符合标准的通岸按头，该接头位于上甲板两舷适当的地方。

消防栓：在消防水管适当位置安设消防栓，消防栓应适于连接消防水带，消防栓前应有截止阀。甲板装货时，消防栓附近不得阻碍消防水带的连接。

消防水带和水枪：每个消防栓应配备一根消防水带，长度15 m左右，不超过20 m；消防水枪必须是水雾、水柱多用型。

水灭火系统定期维护保养：整个系统每半年应检查一次；每次修船时应检查出水情况、出水时间及喷射距离等，并记录在航行日志上；修船期间，船检也会对其进行试验。消防水带每三个月检查一次，并摊开、重卷，使折痕处得以变换，用后及潮后吊起晾干，不可暴晒或烘烤以延长使用寿命，且不得挪作他用，以保证随时可用。寒冬季节消防管及消防栓应包扎，使用后放尽残水。

（二）二氧化碳灭火系统

二氧化碳是良好的灭火剂，具有较好的冷却和降低氧含量的作用。该系统一般仅用于机舱、泵舱等封闭处所的封舱灭火，甲板等开敞处所发生火灾时，不宜使用该系统。使用该系统时，为避免舱内人员中毒，应设有自动声响报警装置，在施放前发出警报。使用时需关闭有关通风管和开口，控制施救处所的含氧量，否则将无法起到良好的灭火作用。

二氧化碳灭火系统主要由空气瓶、启动气瓶、报警箱、导向阀、二氧化碳总管、支管以及喷嘴和应急手动启动装置组成，如图4-8所示。

图4-8　固定式二氧化碳灭火系统

(三)泡沫灭火系统

泡沫灭火系统是散化船最重要的灭火系统，使用该系统灭火，可以同时起到窒息和吸热作用，当甲板和货物区域等开敞部位发生火灾时，往往不能使用二氧化碳等其他方式灭火，这时泡沫系统可以提供最有效的保护，如图4-9所示。

图4-9 泡沫灭火系统

作为灭火剂使用的泡沫通常包括化学泡沫、蛋白泡沫和抗溶性泡沫。散化船最常用的泡沫灭火剂是抗溶性空气泡沫，不仅可以扑救一般的烃类火灾，还可以有效地扑灭其他大部分化学火灾等。

泡沫灭火系统主要由消防水泵、比例混合器、管线、泡沫发生器、泡沫炮组成（如图4-9所示），小型船舶可用泡沫枪代替泡沫炮。灭火时启动消防泵，将水和泡沫按一定的比例混合形成泡沫液，用泡沫炮或泡沫枪喷洒出泡沫液，喷洒时应注意角度，不要将泡沫下面的燃烧物喷溅出来。

使用泡沫灭火系统时，应注意对着火区域的可燃液体进行完全覆盖，并注意泡沫层的稳定性，以免影响泡沫的灭火效果，或导致死灰复燃。

二、移动式消防器材

为了及时扑灭初期火灾，以免耽误时机，除设置固定消防系统外，散化船还配备有其他移动式消防器材，主要是灭火器。灭火器是固定式灭火系统的补充，根据灭火器的容量可以分成手提式和舟车式等。常用的船用灭火器主要有二氧化碳灭火器、泡沫灭火器和干粉灭火器等几种。

(一)移动式灭火器配备要求

1. 手提式灭火器配备要求

①手提式灭火器应符合《消防安全系统规则》的要求。

②起居处所、服务处所和控制站内应配备使主管机关满意的适用形式和足够数量的手提式灭火器，1 000总吨及以上的船舶至少应备有5具手提式灭火器。

③用于任何处所的手提式灭火器，其中应有1具存放在该处所的入口处附近。

④起居处所内不应布置二氧化碳灭火器，在控制站和其他内设船舶安全所必要的电器或电设备或装置的其他处所，所配备灭火器的灭火剂应既不导电也不会对设备和装置产生危害。

⑤为了便于使用，灭火器应布置于易于看到并能在失火时迅速和容易到达的位置。灭火器的使用性能应不会受到天气、振动或其他外部因素的影响。

⑥对于不能在船上进行充装的灭火器，应额外配备相同灭火剂量、形式能力和数量的手提式灭火器以代替备用灭火剂。

⑦每具干粉或二氧化碳灭火器应至少具有5 kg的容量，而每具泡沫灭火器应至少具有9 L的容量。所有手提式灭火器的质量应不超过23 kg，且它们的灭火性能应至少与9 L液体灭火器等效。

⑧灭火器的等效物应由主管机关确认。

2. 舟车式灭火器配备要求

①每一锅炉舱内的每一生火处所和燃油装置所在的每一处所应至少设置2具手提式泡沫灭火器或等效的灭火器。在每一锅炉舱内应至少设有容量不少于135 L的经认可的泡沫型灭火器或与之等效的灭火器1具。这些灭火器应备有绕在卷筒上足以到达锅炉舱任何部位的软管。对于船上小于175 kW的生活用锅炉，可不要求设有容量不少于135 L的经认可的泡沫型灭火器。

②在每一设有内燃机的处所内，应设有每具容量至少45 L的经认可的泡沫灭火器或等效灭火器，其数目足以使泡沫或等效物能射到燃油和润滑油压力系统、传动装置和其他有失火危险的任何部分。如果锅炉舱内135 L舟车型泡沫灭火器可以有效覆盖内燃机处所，则内燃机处所可以不配备45 L的泡沫灭火器。

③设有汽轮机或闭式蒸汽机的处所应设有每具容量至少45 L的经认可的泡沫灭火器或等效灭火器，其数目足以使泡沫或等效物能射到压力润滑油系统的任何部分、汽轮机闭式压力滑油部件的罩壳，发动机及其传动装置以及其他有失火危险的任何部分。但是，如果固定式灭火系统对上述处所能够提供的保护至少等效于本规定所述的保护，不应要求设有上述灭火器。

(二)手提式灭火器

1. 二氧化碳灭火器

这种灭火器是将二氧化碳气体加压储存在钢瓶中，在使用时，拔出施放阀上的安全销，掀下手柄，灭火剂就从管内喷出灭火，如图4-10所示。

二氧化碳灭火器适用于扑灭油类、可燃液体、可燃气体、电气设备、仪器仪表等处所的初始火灾。其适用温度范围为-40 ~ +55 ℃。

灭火时，放下灭火器拔出保险销，一只手握住喇叭筒根部的手柄，另一只手紧握启闭阀的压把。对没有喷射软管的二氧化碳灭火器，应把喇叭筒往上扳70° ~ 90°。使用时，不能直接用手抓住喇叭筒外壁或金属连线管，防止手被冻伤。灭火时，当可燃液体呈流淌状燃烧时，使用者将二氧化碳灭火剂的喷流由近而远向火焰喷射。如果可燃液体在容器内燃烧时，使用者应将喇叭筒提起。从容器的一侧上部向燃烧的容器中喷射。但不能将二氧化碳射流直接冲击可燃液面，以防止将可燃液体冲出容器而扩大火势，造成灭火困难。使用

二氧化碳灭火器时，在室外使用时，应选择在上风方向喷射。在室内窄小空间使用时，灭火后操作者应迅速离开，以防窒息。

2. 泡沫灭火器

泡沫灭火器是由内筒与外筒两个容器组成的，分别装有不同物质，灭火时，如果是化学泡沫灭火器应将灭火器倒置，两种物质混合后生成泡沫喷射出来；如果是轻水泡沫灭火器，则不需倒置，如图4-11所示。

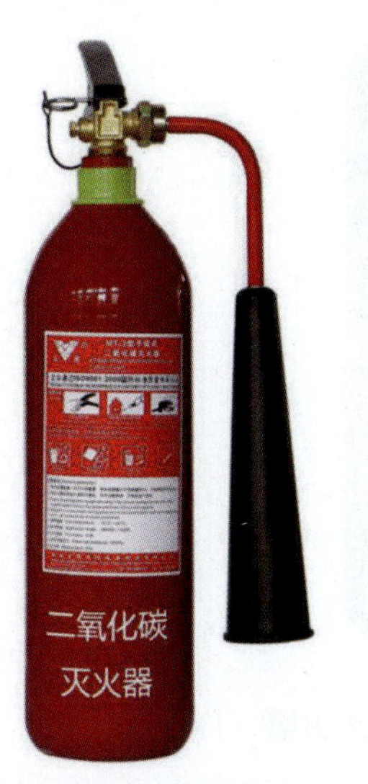

图4-10　二氧化碳灭火器

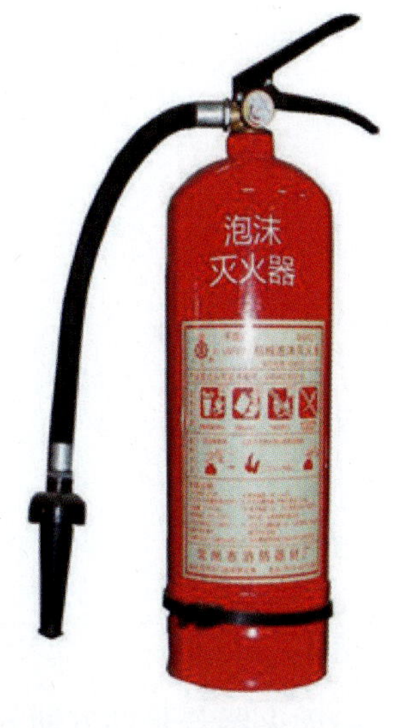

图4-11　泡沫灭火器

手提式泡沫灭火器适用于扑灭木材、纸张等固体、油类等可燃液体的初始火灾，适用温度为5～55 ℃。

泡沫灭火器灭火时，能喷射出大量泡沫，它们能粘附在可燃物上，使可燃物与空气隔绝，达到灭火的目的。硫酸铝和碳酸氢钠溶液是组成泡沫灭火器的主要成分，泡沫灭火器自身有两个容器，这两者自身是互相不接触的，而当需要灭火的时候，按压泡沫灭火器容器，将酸碱性不同的两种成分融合在一起，化学反应产生泡沫，从而起到灭火的效果。

使用时，先拔出保险销，一只手握住开启把，另一只手握在喷射软管前端的喷嘴处。如灭火器无喷射软管，可一只手握住开启压把，另一只手扶住灭火器底部的底圈部分。先将喷嘴对准燃烧处，用力握紧开启压把，使灭火器喷射。

3. 干粉灭火器

干粉灭火器的使用方法与二氧化碳灭火器的方法基本相同，灭火时直接将干粉喷射到燃烧物根部。

干粉灭火器适用于扑灭普通的固体材料、可燃液体、气体和蒸汽、带电设备等初始火灾，适用温度范围为-20～+55 ℃，如图4-12所示。干粉灭火器中的干粉灭火剂是由灭火基料（如小苏打、碳酸铵、磷酸、铵盐等）和适量润滑剂（硬脂酸镁、云母粉、滑石粉等），少量防潮剂（硅胶）混合后共同研磨制成的细小颗粒，用二氧化碳或氮气作喷射动力。干粉灭火剂平时储存在干粉灭火器或干粉灭火设备中。灭火时靠加压气体二氧化碳或氮气的压力将干粉从喷嘴射出，形成一股夹着加压气体的雾状粉流，射向燃烧物。干粉与火焰接触发生一系列物理和化学反应原理如下：干粉中碳酸氢钠受高温作用分解，该反应是吸热反应，反应放出大量的二氧化碳和水，水受热变成水蒸气并吸收大量的热量，起到冷却、稀释可燃气体的作用；干粉进入火焰后，由于干粉的吸收和散射作用，减少火焰对燃料的热辐射，降低液体的蒸发速率。

图4-12　干粉灭火器

使用的干粉灭火器若是储气瓶式，操作者应一只手紧握喷枪、另一只手提起储气瓶上的开启提环。如果储气瓶的开启是手轮式的，则向逆时针方向旋开，并旋到最高位置，随即提起灭火器。当干粉喷出后，迅速对准火焰的根部扫射灭火。使用的于粉灭火器若是储压式，操作者应先将开启把上的保险销拔下，然后握住喷射软管前端喷嘴部，另一只手将开启压把压下，打开灭火器进行灭火。灭火器在使用时，一只手应始终压下压把，不能放开，否则会中断喷射。干粉灭火器扑救可燃、易燃液体火灾时，应对准火焰根部扫射，如果被扑救的液体火灾呈流淌燃烧，应对准火焰根部由近而远，并左右扫射，直至把火焰全部扑灭。如果可燃液体在容器内燃烧，使用者应对准火焰根部左右晃动扫射，使喷射出的干粉流覆盖整个容器开口表面；当火焰被赶出容器时，使用者仍应继续喷射，直至将火焰全部扑灭。在扑救容器内可燃液体火灾时，应注意不能将喷嘴直接对准液面喷射，防止喷流的冲击力使可燃液体溅出而扩大火势，造成灭火困难。如果当可燃液体在金属容器中燃烧时间过长，容器的壁温已高于扑救可燃液体的自燃点，此时极易造成灭火后再复燃的现象，若与泡沫类灭火器联用，则灭火效果更佳。使用磷酸铵盐干粉灭火器扑救固体可燃物火灾时，应对准燃烧最猛烈处喷射，并上下、左右扫射。如条件许可，使用者可提着灭火器沿着燃烧物的四周边走边喷，使干粉灭火剂均匀地喷在燃烧物的表面，直至将火焰全部扑灭。

（三）其他常用消防器材

其他消防器材主要有消防斧、沙箱（如图4-13所示）、消防桶（如图4-14所示）等。

黄沙、干土也是常用作灭火剂，主要用于初期小火能起隔绝空气的作用。

大型太平斧主要用于断缆或者破拆。小型太平斧是消防人员随时携带的装备之一，主要用于破拆或者支撑。作为腰斧的太平斧，其斧柄上套有绝缘胶套，具有防滑、绝缘的

作用。

铁钩、铁锹也都是破拆工具。

消防桶一般是手提水桶，俗称太平桶。采用镀锌铁皮制成，其外壳涂以红漆，并用白漆标出编号，按规定固定存放于驾驶室附近或者露天甲板的木座上。它的作用是浇灭初起火灾。

图4-13　沙箱

图4-14　消防桶

图4-15所示为太平斧，大型太平斧主要用于断缆或者破拆。小型太平斧是消防人员随时携带的装备之一，主要用于破拆或者支撑。作为腰斧的太平斧，其斧柄上套有绝缘胶套，具有防滑、绝缘的作用。

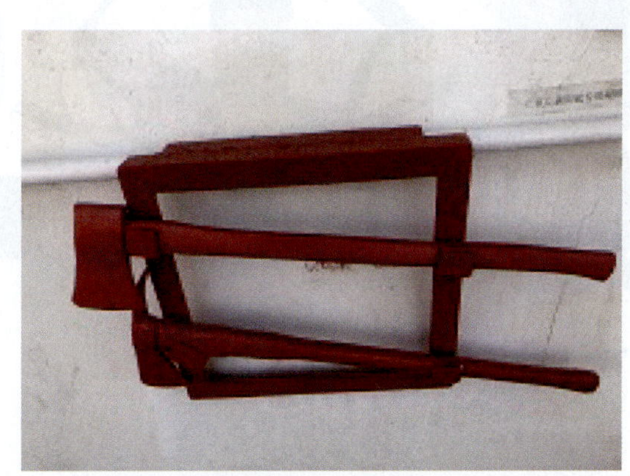

图4-15　太平斧

图4-16所示的铁钩、图4-17所示的铁钩也都是破拆工具。

图4-16　铁锹

图4-17　铁钩

三、消防员装备

当船舶发生火灾时，船员如不采取自我保护措施，将会在救火的过程中陷入危险。消防员装备就是保护船员免受火灾威胁的有效设备。消防员装备主要由消防服、头盔、呼吸器、防火救生绳等组成，如图4-18所示。船员在船舶发生火灾时，应按需要选用消防员装备，充分保护自己。

图4-18　消防员装备

四、国际通岸接头

为了能随时利用岸上的消防水对船舶进行灭火，所以船舶应按要求配备国际通岸接头，即将岸上的消防水通过国际通岸接头接至船上消防管，利用船上消防水龙及消防喷嘴灭火。根据消防安全系统规则要求，国际通岸接头应用钢材或其他等效材料制成，并设计成能承受10 bar的工作压力。法兰的一侧应为平面，另一侧应为永久附连于船上消防栓或消防水带的对接口。国际通岸接头应与适合承受1 MPa工作压力的任何材料的垫片，连同直径为16 mm、长度为50 mm的4个螺母和8个垫圈一起保存在船上。通常出于耐腐蚀考虑，一般为铜质。当船舶本身失去消防水时，比如机舱火灾，或发生爆炸导致部分消防水管损坏，可以隔离损坏部分消防管，然后岸上或者其他船的消防水通过国际通岸接头将水供到船上，使船上消防管建立起压力，就可以在火灾区域附近的消防栓接上皮龙进行灭火。如果从消防车直接将皮龙拉到失火区域，可能会太长，而且折弯太多而达不到相应的

压力，给灭火造成困难。国际通岸接头一般放置于船舶主甲板两侧，方便随时取用。

五、火灾探测和报警系统

船舶为了尽早发现初期火灾，按规定2 000总吨及以上的货船应在供起居处所、服务处所、控制站使用的走廊和梯道内以及船舶航行期间不是连续有人值班的主机的机器处所的，应设置固定式自动探火和失火报警系统，该系统由探测器和报警器两大部分组成，其工作原理是安装于被保护处所的探测器将火灾产生的热量、烟气或光谱信号等转换成电信号，将电信号在报警器上做出声、光显示，发出火灾警报；该系统要求探火和失火报警系统应在船舶营运期间正常运行；报警动作时应发出声、光火警信号，并表明报警区域；自动探火系统不得用于其他任何目的；应能定期进行功能试验；船上应备有用于试验和维修的备件和说明。

火灾探测及报警系统：通过安装固定式探火和失火报警系统、手动报警按钮和采取消防巡逻等措施，尽早探测到火灾，并发出警报。火警指示装置的设置要求应位于驾驶室或负责值班船员处所。利用警钟、汽笛、警铃和报警器等向全船发出报警。2 000总吨及以上的货船应设置能立即通知驾驶室或值班室的手动报警装置。手动失火报警器由手动报警按钮通过电路与驾驶台或火警控制站相连。手动报警按钮应遍及起居处所、服务处所、控制站；船舶每一通道出口处及在每一层甲板走廊内都应装手动报警按钮，且在走廊任何部位与手动报警按钮的距离不超过20 m。

探测器的布置要求：起居处所梯道、走廊和脱险通道应安装感烟探测器，居住舱室可设感烟或感温探测器；不是连续有人值班的主机机器处所内探测器，应在任何部位能迅速探出火灾征兆；探测器一般位于顶部，与舱壁的距离至少为0.5 m。探测器的保护面积和最大安装间距应符合相关的规定。

探测器有感温、感烟、感光等几种类型。

用于探测极度不正常的高温或混升率的设施称为感温探测器。感温探测器分为定温式、差温式（也称温度速升式）、差定温式（联合式）。感温探测器有工作可靠不易发生误报、用于探测火灾的火焰阶段、探测到火灾比较晚，灵敏度不高等特点。温度上升到预定值时响应的火灾探测器称为定温式。其动作温度为57 ℃、70 ℃和87 ℃。环境温度的温升速度超过一定值时响应的火灾探测器（即随单位时间温升速率的变化而动作）称为差温式。该探测器具有灵敏度高，可靠性好，不受气候变化影响，应用十分广泛等特点。把定温式和差温式的组合，结合定温式和差温式两种感温作用原理并将两种探测器结构组合在一起的火灾探测器称为差定温式。

通过感应悬浮微粒和烟气来探知火灾的发生的探测器称为感烟探测器。该探测器分为离子感烟式和光电感烟式两种。其特点：探测火灾的初级阶段和发烟阶段；能较早探知火灾，灵敏度高；易发生误报警；探头必须设在室内。

仅能感应频率较低火光中的紫外线和红外线的探测器称为感光探测器

由烟雾传感器件和半导体温度传感器件共同构成的多元复合探测器称为复合式感烟感温火灾探测器。该探测器不仅具有普通散射型光电感烟火灾探测器的性能，而且兼有定温、差定温感温火灾探测器的性能。

船舶检验规则对探测器的要求：探测器应通过热、烟或其他燃烧产物、火焰或任何这些组合因素而动作，并显示出早期火灾的探测器；其灵敏度不应低于上述探测器；火焰探测器只能用作烟或热探测器的额外探测器。报警系统在主电源供电中断时能自动转至应急电源持续供电，并显示为应急电源。报警器对探测器感应传输过来的火灾电信号以声、光形式发出报警，并显示火灾具体部位；系统电源断电或故障时，报警器应发出不同于失火信号的声、光故障报警；货船报警器一般安装在驾驶台。

第五章 应急反应

第一节 应急反应计划

一、应急组织的目的

应急组织机构的目的就是按照船舶应急部署，遵循应急程序，采取相应的应急措施，制止事故继续发生或减少事故扩大和蔓延，使事故的危害程度和人、船、货的损失降至最低。

根据船公司认定的紧急情况，成立应急反应队，以保证船舶在发生事故或险情时，公司及船舶各方面人员能明确职责，协调工作。

二、应急反应原则

（1）提出船员人身安全问题优先原则；

（2）根据船舶种类和结构特点，提出抢险项目；

（3）根据货物特性，提出抢险项目；

（4）对事故、险情性质和发展进行评价；

（5）对船长应急行动进行评价；

（6）根据要求尽最大力量向船舶提供援助，给船舶下达书面指令；

（7）根据情况适时进行媒体应对和反应。

三、应急组织机构的组成

应急组织机构一般由船公司岸基应急反应队和船舶应急反应队组成，应急反应队应能处理各种复杂的问题。

(一)岸基应急反应队

船公司一般成立以本公司应急反应中心或相关安全监督部门为指挥中心的岸基应急反应队伍。船公司一般应成立应急指挥部，通常由公司总经理任总指挥，成员由公司相关部门人员及外部机构、专家组成；成立相关小组具体负责有关事务，一般由海务组、技术组、船员组、商务组、媒体应对组、善后组、后勤保障组、外部机构/专家组等组成，还要明确应急反应队成员的相关替代人员，对发生的持久性紧急情况应急，应急反应队成员应做好替代和休息，确保能够为现场提供连续不间断、有效的支持。应急反应队成员和替代人员不能同时离开公司。

(二)船舶应急反应队

船舶按照船舶应变部署表和船舶保安计划要求成立船舶应急反应队。

应急反应队成员职责分工：

1. 总指挥职责

船长是应急反应总负责人，发起应急反应行动；负责应急反应的指挥、人员调度安排、资源的有效利用；批准专家组意见、建议和船舶现场救援方案，并组织实施；保护船/岸应急救援人员安全；负责安排向主管机关、上级等相关部门报告应急反应情况；负责监督、检查公司应急反应培训和演练。

2. 现场指挥职责

负责船舶应急应变的现场指挥，通常由船舶大副担任，机舱失火时，一般由轮机长担任现场指挥。

3. 船舶应急抢险小组

船舶其余人员为应急应变小组成员，具体人员职责和分工见各船舶的货船应变部署表、溢油应变部署表、船舶化学品泄漏应变部署表。

四、应急部署表/卡

（1）船舶大副负责编制货船应变部署表、溢油应变部署表或/和化学品泄漏应变部署表，船舶三副填写每个人的应变卡片并张贴到各个床头。

（2）船舶船长负责审阅并签署货船应变部署表、溢油应变部署表或/和化学品泄漏应变部署表。

（3）应变部署表应在船舶开航以前制定。

（4）在应变部署表制定后，如船员有变动则必须更改或换新应变部署表。

第二节 应急反应程序

一、货物溢漏时的应急反应

（一）港内装卸货作业期间发生货物泄漏的应急反应程序

（1）发现有货物泄漏者应确认自己所处的位置是否远离液体泄漏区域和在区域的上风位置。

（2）立即停止货泵和货物作业。

（3）发出警报并把有毒液体泄漏的情况向当班驾驶员报告，当班驾驶员将会发出合适的船舶应急信号并通报船长。在港内装卸货作业期间，还需用汽笛发出一组声号作为船舶应急信号，每组声号的延续时间不少于10 s。用电话直接与当地消防公司和医疗救护队取得联系，请求支持；或与签约的机构或码头人员联系。

（4）按船舶溢漏应变部署表采取应急行动。

（5）停止生活区和机舱通风，关闭通风闸门。

（6）停止燃油转驳、压载等作业。

（7）开启消防泵，使主消防管系保持足够的压力。

（8）戴着空气呼气器和穿着化学品防护衣，设法使漏源处不再泄漏有毒液体。

（9）分析情况并采取最有效的措施，查阅有关的货物安全特性资料以获得有关的安全保护方法和建议及泄漏物清除程序。

（10）所有船员必须携带逃生用的空气呼吸器。

（11）戴着空气呼气器和穿着化学品防护衣，设法清空输货臂或管路内的残货，准备拆管。

（12）设法清除和清洁被污染区域的同时注意所有安全防范措施。

（13）船舶的主机、舵机和侧推器必须被恢复至随时可用状态。

（14）向船东、管理公司、海事主管机关和代理报告，若泄漏气体对临近船舶的安全构成威胁，应发布无线电警告。

(二)泄漏的货物发生火灾时的应急反应程序

货物泄漏是危险的，它可能迅速地汽化，散发出大量的有毒气体，很快形成可燃混合气，从而污染水域和空气。

1. 在航行途中

（1）向周围其他船舶发出报警信号，并在船与船之间、船与岸之间连续依次联络，如有必要，请求援助。

（2）当与其他船舶发生碰撞时，要求其他船舶采用适当方法撤离至安全区域。

（3）向船东和有关部门报告此意外事故。

2. 本船处置

（1）报告已发生应急情况并用本船所拥有的设备指挥采取行动。

(2) 安排救援的所有人员灭火。

(3) 在着火的周围喷水，以免着火临近处温度上升，并向由于火焰辐射可能使温度升高的地方喷水。

(4) 判断火灾发生的部位。

(5) 如果有可能，应使用与货物相适应的灭火方法。

(6) 防止热空气进入起居空间。

(7) 当碰撞时操纵船舶使起居空间尽可能处于上风位置。

(8) 考虑失火情况，离船等待，直至火和热减弱或风向改变。

注意：对货物的灭火，因辐射热很强，无论何时都该穿防火服和戴呼吸器。

(三)船舶因有害蒸汽泄漏时采取的行动与措施

船舶发生有害蒸汽泄漏，应立即采取以下措施：

(1) 发出警报；

(2) 切断气源，堵住漏点；

(3) 如正在装卸货，应立即停止，并关闭货物管路上所有阀门；

(4) 迅速熄灭船上火源，杜绝任何可能产生火花的行为；

(5) 关闭所有水密门，关闭除封闭循环外的所有通风装置；

(6) 集合船员，清点人数；

(7) 按应急部署进入应急工作状态；

(8) 如需要，发放呼吸器等防护用品；

(9) 阻止货物泄漏，或将货物转移到其他货舱；

(10) 准备实施消防；

(11) 用消防水雾或其他方法，驱散蒸气云雾；

(12) 开动水雾喷淋和消防水冲洗甲板上液货，防止钢结构冷脆断裂；

(13) 如溢漏被制止，需经防爆监测，确认无危险，方可解除警报；

(14) 如溢漏严重，应将船尽快驶离云雾区，并使泄漏部位处于下风向。

二、船舶碰撞应急反应

(1) 紧急集合；

(2) 查明本船和他船受损情况；

(3) 查明他船的动态和船舶资料；

(4) 测定碰撞位置附近的货舱、淡水舱、压载水舱、双层底及污水井中的液位和水深变化情况，确定船体破损情况；

(5) 如船舶船体破损进水，根据图纸资料评估对船舶的整体结构的影响，采取排水、堵漏、补焊等救助措施；

(6) 如船体破损应实施船体进水应急须知；

(7) 如发现破口有货物外溢，迅速执行化学品船泄漏应急计划；

(8) 碰撞时如发生火灾或爆炸，实施火灾/爆炸应急控制须知；

(9) 如碰撞后有人伤亡，实施人员伤亡应急须知；

（10）如进水严重，船上无能力控制，驶离航道抢滩后弃船，转入船舶救生/弃船应变操作须知；

（11）按船舶险情报告程序报告船公司。

三、搁浅（触礁）时应急反应

（1）当船舶发生搁浅或触礁，切忌盲目使用推进器和舵设备急于求得自行脱浅，以避免扩大损失。

（2）立即显示搁浅信号（日间：垂直悬挂三个黑球；夜间：显示锚灯和垂直两盏环照红灯）。

（3）迅速查明搁浅、触礁情况，查明船体破损情况、进水情况及污染以判断船舶危险程度；调查包括下列项目：

①搁浅时间及搁浅船位；

②船舶搁坐部位及船首向；

③当时船舶吃水；

④船舶周围水深与底质；

⑤当时气象情况，潮汐、流向与流速；

⑥船体破损进水部位；

⑦主机及推进器、舵设备及机受损情况，或可能受到的危害情况；

⑧排水泵及系统的可用情况；

⑨污染情况；

⑩主机、发电机冷却水进口阀改用高位。

（4）向船公司相关部门及当地海事局或港口主管机关按照要求做出初次报告，并连续守听约定的无线电话频道。

（5）控制污染，如果查明船体触底部位为货舱，实施船体进水应急须知和船上化学品污染应急计划。

（6）浮力损失及核算稳性情况。

（7）选择脱浅方案，在查明船体受损情况、计算出浮力损失及稳性状况以及核实脱浅后不会导致船舶翻沉时，确定脱浅方案；可能的脱浅方案有：

①自行脱浅方案：当搁浅坐礁的浮力不多，船体为受损进水，潮水上涨自然增加浮力，或能够排出压舱水，调整油水后可依靠本船锚、主机动力脱浅等；

②拖船协助脱浅方案：当自力脱浅方案不足以脱浅时，应考虑拖船协助方案，计算出浅时刻及需要的拖船功率、艘数，要求拖船抵达现场的时间，确定拖船作业的位置和出浅方向；

③卸货起浮脱浅方案：计算所需驳卸货物的重量，申请驳载运力；

④卸货与拖船协助脱浅方案：当搁浅严重，或水位正一天天下降，或遇恶劣天气将要袭击可能造成更严重损失时，应同时考虑减载卸货、转移油水、申请拖船以及使用本船主机、双锚等设备；

⑤船长将选定的脱浅方案尽早报船公司，请求安排必要的支援；同时，船长在选择脱浅方案时，还应接受船公司相关部门的指导。

（8）脱浅操作：全体船员在船长的统一指挥下，内外配合，争取时间，全力以赴，执行脱浅方案的各项操作计划，使船舶及早脱浅，如吸沙严重，不得强行脱浅。

（9）脱浅后的检查：船舶起浮后，应周密检查船舶的水密、机电设备、舵机、螺旋桨等情况，脱浅后应及时关闭或降下搁浅信号，并将脱浅经过及检查情况向船公司、海事局或港口主管机关做进一步报告。

（10）短时间不能脱浅的措施：船舶搁浅、坐礁不能在短时间内脱浅，为避免船体受风、流、浪作用使状况进一步恶化或底质恶劣可能导致船体损坏时，应采取措施固定船体，然后制定脱浅方案。固定船体的措施通常有：

①抛出开锚，（送出双锚）并收紧；

②增加船舶压载水，或向空水舱灌水，使船体坐稳。但要考虑不能因增加压载而损伤船体；

③申请外援。

四、人员进入封闭场所遇险/中毒时的应急反应

(一)报告

（1）任何人发现封闭舱室内有人中毒、窒息或（和）受伤，应立即向工作负责人或值班驾驶员报告；

（2）工作现场负责人或值班驾驶员接到报告后，立即向船长报告；

（3）船长在接到船舶发生事故后，应尽快按照要求向船公司报告。

(二)报警

船长应根据事故性质及现场情况，由其本人或指定人员用全船广播系统发出广播，广播内容应包括：

（1）发生事故地点及事故性质；

（2）通知有关人员奔赴指定场所采取相应的急救行动；

（3）必要时通知全船进入应急状态并执行相应的应急程序。

(三)现场紧急处置

（1）在发生事故的封闭舱室内的人员一旦发生事故，除立即报告有关人员外，同时还应根据现场条件，在其他抢救人员抵达前，采取下列行动：

①条件许可时，直接将受害人转移；

②利用空气管或自身的呼吸装置给受害人供气；

③对受害人进行初步的医疗处理、监护，如包扎、止血等；

④若不具备单凭封闭舱室内人员就可将受害人安全转移的条件，且其自身安全亦受到当时环境威胁，则应迅速撤离，以减少损失，待其他抢救人员抵达后，采取足够的安全措施才进入事故现场营救受害人。

（2）在封闭舱室外的现场负责人或监护人员，及附近其他发现人员，一旦发现事故，除立即报告有关人员外，同时还应根据现场条件，在其他抢救人员抵达前，迅速采取以下（或其中）行动：

①条件许可时，直接（或协助）将受害人转移；

②利用氧气瓶、压缩空气管、鼓风机、风扇或类似的通风设备给出事的封闭舱室供氧或供气；

③已转移出来的受害人如已停止呼吸或同时已停止心跳，立即对其施行人工呼吸、心脏复苏或其他的急救处理，直至其他营救人员抵达并采取相应的医疗措施。

(四)其他营救人员的行动

(1) 其他人员（除在岗不得离开者外）听到广播或获知发生事故后，应迅速赶往现场参加抢救。

(2) 营救人员应尽可能携带下列设备、器材：

①救生绳、安全带及属具；

②呼吸器及备用气瓶；

③氧气复苏器及属具；

④罗伯逊担架；

⑤急救药箱；

⑥毛毯或床单等裹护保温材料；

⑦通信器材，如对讲机等；

⑧照明器材；

⑨其他必要的急救器材。

(3) 营救人员抵达事故现场后，应以最快的速度组织人员进入封闭舱室急救，封闭舱室外的进口处及附近应留有足够的人员，备妥适当的器材进行监护协助。

(4) 营救人员在进入封闭舱室之前必须携带救生绳、通信器材，如果事故性质为中毒或窒息，则进入之前还必须先戴好呼吸器。

(5) 发生事故应封锁现场，在危险解除之前，禁止无关人员进入现场。

(五)转移

(1) 受害人应尽可能快地转移出封闭舱室，以尽早脱离危险环境；

(2) 转移时应尽可能使用罗伯逊担架，有条件的情况下在转移的过程中应使用氧气复苏器；

(3) 使用安全带及救生绳吊起受害人时，救生绳与安全带的连接处应置于胸前部，以便吊起受害人时使其头部向后仰保持呼吸畅通，否则会使尚有微弱气息者停止呼吸。

(六)对转移出来的受害人的急救

(1) 立即检查受害者神智是否清醒，瞳孔反应是否正常，呼吸是否停止，脉搏或心跳是否存在，以及有无外伤出血或骨折；

(2) 如受害人有骨折出血，要给予包扎或固定；

(3) 如受害人呼吸或心跳停止，应立即进行人工呼吸或心脏复苏术，有条件时应使用氧气复苏器或起搏器；

(4) 如果受害人口腔有假牙、呕吐物、油、血等应予以清除；

(5) 如果受害人喉部仅有口涎泡沫堵塞，可不必清除以避免为此浪费抢救时间。人工呼吸自会将泡沫吹开或吹入肺内，只要不耽误时间受害人仍可得救；

(6) 受害人苏醒后，仍应静卧，切勿马上起坐或站立，以免心脏受损，如有条件可继续让其吸氧，也可适量饮用热茶、热咖啡等提神饮料，并注意保暖，等候进一步的治疗；

(7) 人工呼吸或心脏复苏应坚持进行，直到恢复自主呼吸或医生到达，不要轻易中断或放弃，除非能够证实受害人确已死亡。

(七)对内指挥及对外联络协调

发现事故后，处于驾驶台的指挥中心应在整个处理过程中保持对内对外通信畅通，负责对营救行动进行调动指挥，对外进行联络，一旦需要，应立即请求外援。

第六章 化学品船的货物操作与管理

第一节 货物系统

一、货泵及扫线设备

散装化学品船上的货泵种很多，货泵按照其工作原理可分为离心泵、螺杆泵、往复泵、齿轮泵等。目前海上散装化学品船大多使用液压传动的深井泵，而内河散装化学品船应用较少。深井泵的驱动装置为甲板上的液压马达或安全型的电动机，通过长轴延伸至舱内；液压潜水泵则是靠水下液压马达直接驱动的。

液压深井泵一般用于一舱一泵的散装化学品船。对于这种泵，一个重要的问题是，应保证液货不会通过轴封渗透进入液压系统内，因为液压油是返回到无危险区的，液压油中混入任何可燃或有毒成分都会带来危险。

现代散装化学品船很多时候取消了货泵舱而采用了一舱一泵的卸货系统。该系统的特点是各液货舱的透气系统都是独立的。这种设计的船舶具有较好的适应性，使各液货舱之间减少了互相影响的可能性。在大多数情况下，甚至在涂有涂层的液货舱内，管路材料也应使用不锈钢，因为不锈钢管路能适应装载更多的货物，并且能减少管路的清洁保养工作。但同时也必须注意，这种材料很容易受江水的点状腐蚀，这种管路用于打江水压载或用江水洗舱时更应注意。在完成上述工作后，如不能充分排出江水并用淡水对不锈钢管进行适当的冲洗，由于以后管路直接接触阳光照射或经受相对较高的温度，管路就会出现点状腐蚀而损坏。

但是，内河散装化学品船中仍有很多采用货泵舱形式的，这些具有货泵舱的散装化学品船，其泵舱内的货泵一般是由装设在机舱的电机驱动的，货泵通过长的吸入货管连接至各货舱，种类一般为容积式泵，如齿轮泵、螺杆泵等。对于这种泵舱式装卸系统，为防止液货进入机舱，要保证电机与货泵间的轴封状态良好。

本节简单介绍以下几种货泵。

（一）离心泵

离心泵，其结构原理如图6-1所示，在启动前，必须先用液体灌满泵壳和吸入管路，才能启动泵，否则，可能因泵中存在空气造成离心力不够而无法输送。当离心泵卸货到一定程度时，如果液位过低，尤其当泵吸入气体时，性能将有明显下降，甚至完全丧失泵吸的能力。因此在操作过程中应防止空泵。

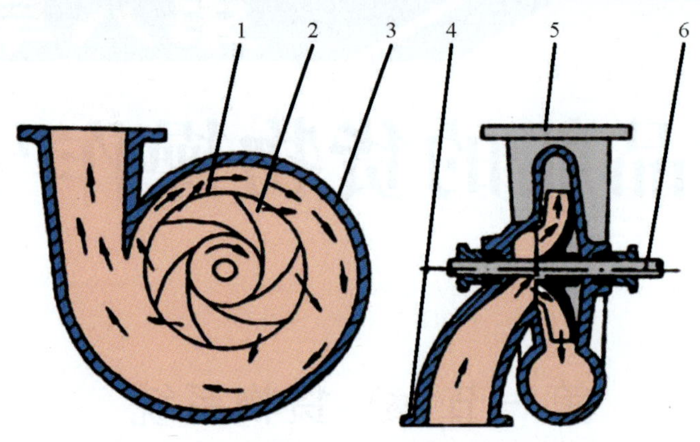

图6-1　离心泵结构原理

1—叶轮；2—叶片；3—泵壳；4—吸入管；5—排出管；6—泵轴

（二）螺杆泵

螺杆泵是泵类机械中的一种容积式的回转泵。它是利用螺杆的回转来吸排液体的。按螺杆的根数来分，螺杆泵常用的有单螺杆泵、双螺杆泵（其结构原理如图6-2所示）和三螺杆泵。船上大都采用双螺杆泵作为货泵及扫舱泵。

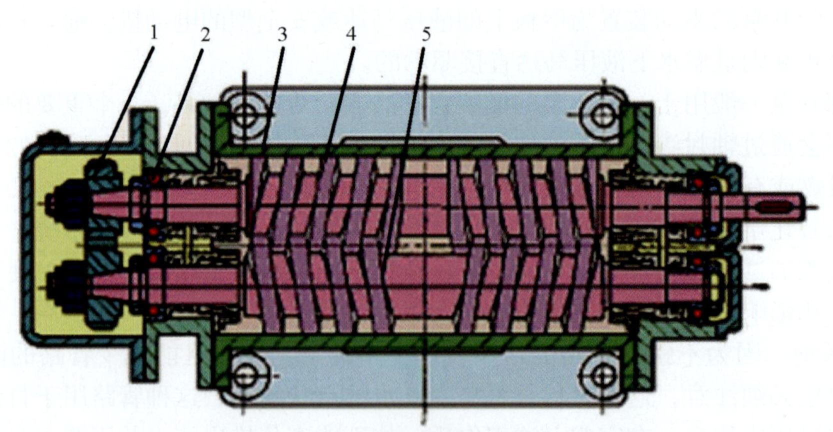

图6-2　双螺杆泵结构原理

1—同步齿轮；2—滚动轴承；3—泵体；4—主动螺杆；5—从动螺杆

1. 螺杆泵的特点

（1）具有自吸能力；

（2）排量范围较广，每小时能从几个立方到300多个立方；

（3）压头高，一般可达10 MPa以上；

（4）结构紧凑，零部件少，相对重量和体积小；

（5）输液平稳，排量和压力波动小；

（6）转速高，一般可达3 000 r/min，且噪声和振动都较小；

（7）缺点是螺杆轴向刚性较差，另外加工装配要求高。

2. 螺杆泵的管理要求

（1）起动前应全开吸入阀和排出阀，以防过载或吸空；

（2）起动时为防止干转，泵内应有液体，使螺杆、轴承得到可靠的润滑；

（3）原动机的转向必须按泵规定的方向旋转；

（4）不宜在超过额定压力下工作，否则会使泵超负荷并加剧磨损；

（5）使用软填料密封时，压盖不宜太紧，更不能偏斜；

（6）工作时防止空气漏入，以保证排量并减少噪声。

（三）内河散化船的扫线设备

扫线是液体货物装卸作业的特殊阶段，主要是在液货舱装卸作业完成后，利用空气或水等介质，将货物管线的货物残余清扫出去的过程。船舶卸货时，由船舶利用其系统将管内货物往岸上扫；装货时，由岸上扫线系统将货物往船上扫。

扫线设备主要是指货物管路的扫线装置，由压缩空气泵、管路、阀门等组成。

二、货物管路

（一）固定货物管路

散化船的货物管路系统可以分为卸货系统和装货系统。散化船的货物管路包括甲板主管路、各液货舱的管路、阀门、膨胀接头和法兰等。图6-3、图6-4所示为液货舱装卸系统。两者基本一致，不同的是，卸货时使用卸货泵和扫舱装置，而装货时则使用直通舱底的管系，舱外的管线是一致的。除装卸货物外，在需要时，货物管路可将货物在船内转驳至其他舱室。与液货舱一样，货物管路同样需要与货物相容，不能发生危险反应，材料应为不锈钢或有防腐涂层。

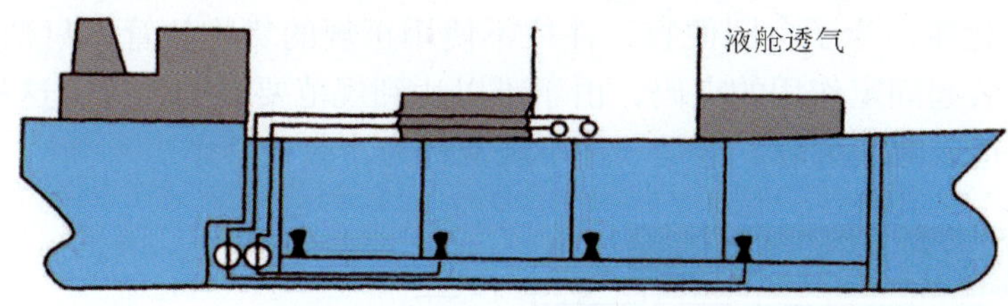

图6-3 液货舱装卸系统（一）

（特点：使用液货泵舱装卸货物，液货舱透气系统为分组式）

有些船舶为避免船上装载的不同货物相互之间产生污染以及可能发生化学反应等，各舱的货物管路是相互独立的，不同舱室之间使用不同的管线进行装卸作业。但也有的船舶的甲板管路是共用的。无论何种管线系统，在完成货物装卸后，必须及时进行扫线，即用压缩空气或惰性气体将管内残余物吹扫干净，此后应关闭相关阀门，使舱内货物与外界隔离，避免货物对环境造成污染或对人员造成伤害。

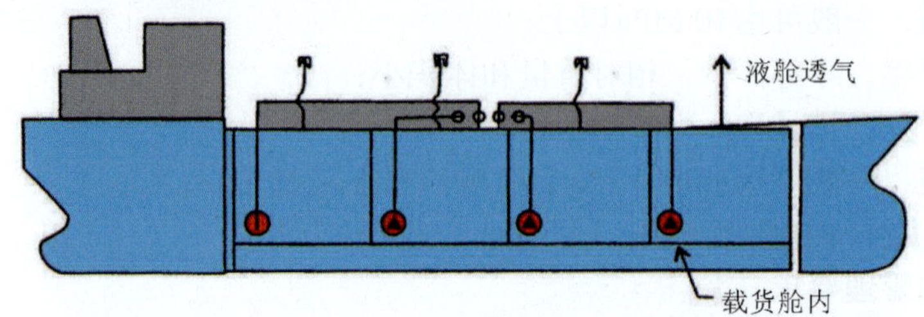

图6-4　液货舱装卸系统（二）

（特点：卸货系统一舱一泵，各液货舱为独立透气系统）

在非装卸状态下，为了防止货物泄漏和空气进入货物系统，散化船的装卸货系统是密封的，但是甲板部位的货物管路经常与水分接触，可能会有锈蚀，尤其是难以察觉的地方，如果发现管路上有破损，应及时更换和修补。

为了及时检测管路内货物的压力、温度和流量等，在管系上还设置了相应的仪表，在装卸货过程中，值班船员需随时掌握装、卸货时的压力、温度等参数，适当控制装卸货速度。

甲板上和液货舱内各种长度的管线由于温度的变化或航行中产生的应力而发生膨胀或收缩现象，膨胀接头可对管线起保护作用。

除了仪表外，在管路上还有各种阀门，阀门的种类包括闸阀和球阀等，其材料应为不锈钢，作用是通过开关动作，分配货物的流向，将不同舱室载运的货物隔离等。阀门主要有蝶阀、球阀、闸阀等多种形式，为了便于使用，各种阀门一般均在现场控制，其控制方式主要有手动、液压、气动等，有些关键的阀门也可遥控。

（二）货物软管

散化船在船岸作业中，通常使用岸上的输货臂或软管。但是，如果进行船间过驳作业或岸上的装卸货设施因故不能正常使用，散化船上配备的软管将发挥作用。

不同的货物对软管有不同的规格和要求，因此，散化船配备的软管应适于拟装卸货物的性质，并适合于货物的温度。承受货泵排出压力的软管，其设计爆破压力应不低于驳运货物期间软管所要承受的最大压力的5倍。

散化船上使用的软管，应有生产厂家的出厂合格证，上面应标明其能承受的温度和压力范围。每年应定期对软管进行检测，检测报告留存在船上备查。

有些内河散化船，为了贪图便宜，往往不使用正规的货物软管，只购置普通的软管，自行在其两端加装起固定作用的夹码，由于难以达到规范要求的强度，这种软管在使用时容易发生脱落，造成泄漏事故。这是一种不规范行为，应该禁止。

三、装卸货设备的检查维护

（一）FRAMO货泵隔离空腔吹通要求

FRAMO货泵隔离空腔吹通要求如图6-5所示。

1. 吹通隔离的目的

（1）探知泄漏；

（2）监视系统状态；

（3）避免泄漏物堵塞隔离腔。

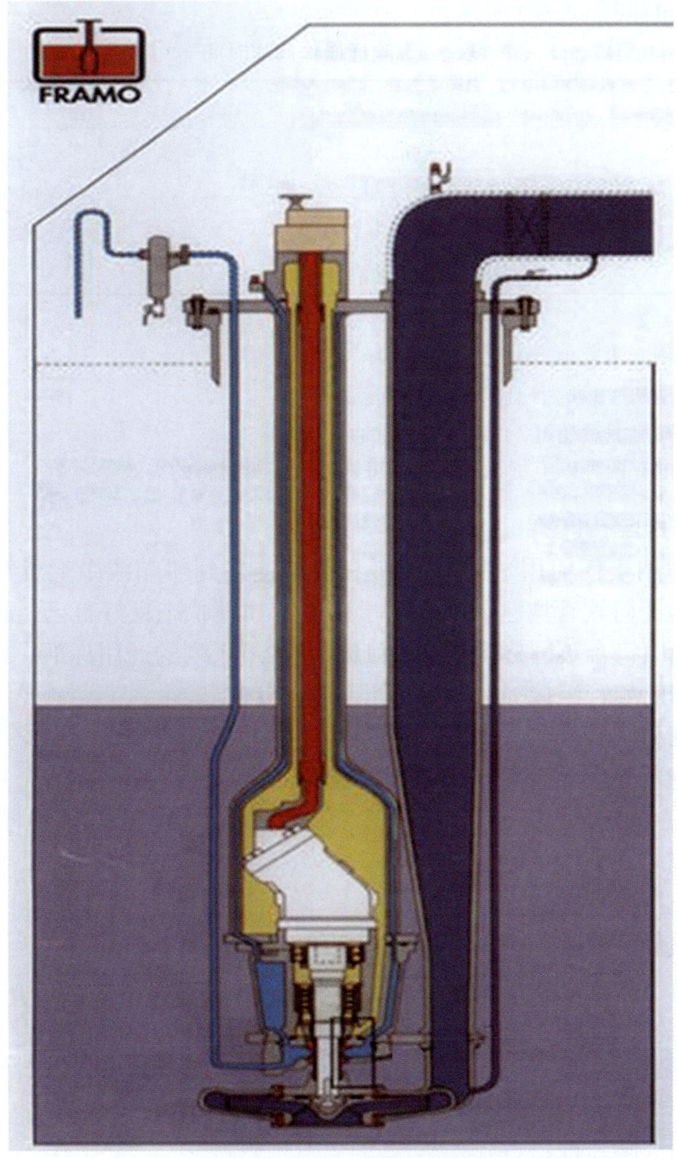

图6-5 FRAMO货泵隔离空腔

2. 吹通的准备工作

（1）安放一个合适的容器接受泄漏物；

（2）检查放泄阀有堵塞；

（3）接通空气管压力不大于7 bar。

3. 吹通操作

（1）慢慢打开空气阀；

（2）检查放泄阀并吹净泄漏物；

（3）操作结束后，关闭空气阀；

（4）检查排出物是货物还是液压油；

（5）检查排出物的数量并记录。

4. 吹通操作间隔时间

吹通操作间隔时间如表6-1所示。

表6-1 吹通操作间隔时间

装货	航行	卸货
装货前	（1）装货后1～2天 （2）如果没漏，2星期 （3）如果有漏，每天 （4）货物需循环，泵前、泵后	（1）卸货前不久 （2）卸货后不久

注意：

（1）泵使用中货物泄漏量小于0.5 L/D是正常；

（2）泵使用中液压油泄漏量小于0.25 L/D是正常的；

（3）泵使用中货物泄漏量超过2 L/D即每天吹通一次。

警告：在隔离腔内有两种以上货物的混合物可能导致密封材料的失效。

（二）货物软管的管理和保养

本指导同时适用于任何用于船/岸接头和其他连接到船舶或岸上货物系统的软管，船舶应证实其提供的任何软管均已认证、适于用途、物理状态良好且已经过压力试验。软管法兰的尺寸和钻孔应符合英国标准学会BS1560的150系列的通用标准，或者按照所建议的岸上管线的法兰和船舶管汇接头的同等标准。

1. 软管的检查和试验

作业中的货物软管应至少每年进行文件规定的检查，以确认其适合继续使用。检查应包括变质/损坏的视觉检查、额定工作压力1.5倍的压力试验、导电连续性试验。

（1）视觉检查

视觉检查应包括：

①检查软管组件的外观不规则情况，如扭结。

②检查软管盖子的损坏或过度暴露或永久变形。

③检查末端附件的损坏、滑移迹象。

出现上述任何缺陷的软管组件都应撤出作业。从作业中撤出软管组件，应记录撤出作业的原因和日期。

（2）压力试验（密封性检查）

对软管组件进行水压试验以检查其密封性。试验的间隔时间应按照作业经验予以确定，但在任何情况下不应超过12个月。对用于装载强腐蚀性的货品或者高温货品的软管，应缩短其试验间隔时间。

建议的试验方法如下：

①将软管组件平放在水平支撑物上，允许在施加试验压力时软管自由移动。

②用螺栓盲板密封软管的两端，一块盲板装有通往水泵的接头，另一块装有手动操作阀以释放空气。一端连接试验泵，向软管组件内注水直到连续的水流通过管子。

③测量并记录软管组件的原始总长，然后把压力缓慢升到额定工作压力的1.5倍，并

保持这样的压力5 min。

④保持5 min的试验压力，其间检查软管组件接合处有无泄漏或者任何变形、扭曲的迹象。在软管处于试验压力下进行导电连续性的试验，并做好记录。

⑤在5 min时间的压力实验结束前，应重新测量软管组件的长度，确认暂时延长量，并将延长部分占原长度的百分比（暂时延长比）记录下来。

⑥将压力降为零，并排空污水。重新试验导电连续性。

（3）孔腔平滑型橡胶软管的内层密封性真空试验

轻便型软管、合成软管和孔腔粗糙型软管不需要接受真空试验。但孔腔平滑型橡胶软管的内层密封性，则应额外进行真空试验，试验如下：

①除去用于压力试验的盲板并在软管末端安装合适的树脂板。

②施加至少为510 mbar规格的真空，持续时间为10 min。

③检查软管内表面有无起泡、凸起和脱离。任何内层的损坏都应将导致软管撤出作业。

④释放真空，视情况重新试验导电连续性或不连续性。

（4）导电连续性或不连续性试验

为保证导电的连续性，软管线中的所有管段均应保持有效的电气跨接。由于导电连续性会受到物理试验的影响，应在水压试验之前、过程中和之后开展电阻的检查，并且要求连续导电的软管在接合之间（端法兰到端法兰）测得的电阻应不高于0.75 Ω/m。

如果是用于替代绝缘法兰的非导电性软管，则软管的总电阻值应不低于25 000 Ω。

2. 软管的撤出作业

根据说明书要求，软管无论是否满足检查和试验标准，都应针对各类型软管规定退役年龄，以确定何时撤出作业。

软管在视觉上存在明显变形或过度延长时，即使在压力下没有泄漏或附件移动的迹象，都应拆卸软管组件且不得重新投入作业。

根据暂时延长比确定孔腔平滑型橡胶软管组件撤出作业的，会因为软管组件结构类型而有所不同：

（1）测量的暂时延长不应超过全新软管组件暂时延长比的1.5倍。例如：若全新软管组件的暂时延长比为4%，那么试验时的暂时延长最多不超过6%。

（2）对于全新组件的暂时延长比为2.5%或更小的软管组件，试验时的暂时延长比不应超过多出全新软管组件2%。例如：全新软管组件的暂时延长比为1%，旧软管组件的暂时延长最多为3%。

3. 货物软管的管理和操作

通常，船舶货物的驳载是通过船舶永久管线系统和码头的装卸货臂，但是有些情况下，在船与岸之间、船与船之间作业时，要求使用移动式货管。

执行光滑货物的驳载作业，根据制造说明书合理使用并保持良好状态。

（1）软管的保管

①软管应完全洗净并排干，然后两端盲死。

②当冲洗软管时，水温不宜过高，不要超过80 ℃。

③当必须用流动蒸汽清洗时，软管两端应打开。

④货管应储存在升离地面、通风良好、背光的地方，并保持顺直。

⑤货管的存放，应避免接触油类和热源。

（2）软管使用前的检查

提供状态良好的软管是终端站的责任，而散化船船长可以拒绝那些显然有缺陷的软管。当软管组件连续使用或经常使用时，应在每次装载/卸载作业之前检查组件。不经常使用的软管组件在每次开启使用之前都应予以检查。

（3）搬移、起吊和悬挂

搬移软管时，不可在地面上强行拖曳或扭滚致使软管造成扭曲。不应使软管接触像蒸汽管这样的热表面，在受到摩擦或阻碍的部位都应加以防护。

应配备起吊的专用索具和吊架，使用的钢丝绳不可直接接触软管的表面。不可单点吊起软管而使两端下垂，而应有多处支撑不致使其弯曲半径小于厂家建议的标准。

船上的管汇应避免使其承受过度的重量。如果软管悬垂段过长，或者管汇阀门在其支架的外侧，就应给管汇增加额外的支撑。船舷边水平方向上应装有曲面钢板或管段以保护软管免受尖锐边缘或障碍物的损伤，如图6-6所示。在软管与管汇接妥时，应加以适当的支撑。在用单吊杆这样单点吊管的场合，必须以专用索具和吊架来支撑整列软管。

因潮汐或装卸货导致船舶上升或下降时，应调整软管管线以免软管、接头和船上管汇受力不当，并使软管的曲率半径保持在厂家建议的限度内。

（a）

（b）

图6-6　货物软管的支撑和防护

（4）货物驳载前的注意事项

①保持软管在合适的地点并准备好吊带。

②不能使用弯曲变形的软管。

③保护软管避免接触尖锐的边缘。

④绝不能允许软管低垂于船与码头、船与船之间。

（5）不能用于货物驳载的软管。

①外部金属环发生破断。

②法兰和管身之间出现泄漏。

③管身和外部金属环明显变形。

④内外金属环严重移位。

（三）移动式货泵的检查

（1）检查所有的管路及其连接都处于满意的状态。

（2）按说明书进行常规保养，按推荐周期对磨损部件进行换新。

（3）每3个月对移动式货泵试验一次并填写检查单。

(四)货物系统的完整试验

做这项实验前应检查进、出气阀是否有适合的功能。对于不同的船舶，货舱的设计也是不同的，但实验的程序是一样的。货舱系统及其他设备的完整性实验如下：

(1)关闭所有与货舱相通的通路。

(2)在进出气阀上安装一个“U”形计或真空的压力管。

(3)用压缩空气给货舱加压，并让货舱压力升至125 mmHg(不要过分对货舱加压)。

(4)用肥皂溶液检查通路是否泄漏。

(5)结束试验前，检查压力是否保持在125 mmHg。

(五)固定货物管线和阀的试验

管线和阀的试验应符合船舶相关设备的要求的程序。每12个月进行一次1.25倍额定压力试验。如果试验周期超过12个月，应通知主管人员，只要有可能，最好在洗舱期间和结束洗舱时进行试验，并填写好实验报告。

(六)货物相关设备的校准和维修

所有与货物相关的设备应总保持良好的状态。便携式设备应在大副监管下保存。

(1)UTI/MMC或其他同样的便携式温度计，应每3个月对照标准温度计检查一次，标准温度计应每年送岸校对一次。

(2)所有货舱的远程空当读数表应每月对照手动尺检查一次。

(3)所有与货物操作有关的压力表应每3个月对照提供给船上的标准压力表检查一次，标准压力表应每年送岸进行精确校对。

(4)货舱空当，压力或温度表与标准量表对照，变化超过10%时，应进行调整。

(5)标准计每年送岸进行精确校对后，校对证书应由船长保管。

四、货物的温度控制

(一)货物温度控制的目的

货舱加热的目的：防止液货的结晶或凝固；是对运载某些熔点较高、易凝固的货品，为了维持其液体状态，以及黏度较高的货品为改善其流动性便于泵送，降低其黏度，减少附着在舱壁上的残余量而进行加温；另外，某种液货结晶或凝固可能会导致货物中部分抑制剂的消失，随后的重新熔化可产生无抑制的液体积滞囊，同时会出现聚合的危险。

冷却的目的：防止一些货物在高温时发生分解，产生质变。此外，应设置冷却系统，以保持液货温度低于其沸点温度，防止货物蒸气压力超过液货舱的设计压力。

(二)建造规范要求

(1)设有货物加热或冷却系统时，其制造、安装和实验均应使船舶检验机构同意。温度控制系统中使用的材料应适合于所载运的货品，焊接方法应符合规定。

(2)用于特定货物加热或冷却用的介质应为认可的类型，还要考虑到加热盘管或导管的表面温度，避免货物因局部过热或过冷而发生危险的反应。

(3)加热或冷却系统应设有控制阀，以便对每个液货舱的热交换系统进行隔离，并可以用调节热煤流量的方法实现温度控制。

（三）货物加热和冷却方式

1. 液货的加热方式

液货的加热方式通常有三种：一种与一般油船相同，在货舱内布置加热盘管；还有一种是热交换器法，即通过货泵将舱内货物打入设置于舱外的热交换器进行加热，以保持货物的温度，再通过管系回到原来的舱；另一种是外加热系统，在货舱底部或舱壁侧面焊装槽钢，通过蒸汽或热水的流通加温，这种方法省去了在甲板表面布设复杂的液货加热管，但显得有些累赘，对涂层舱不适用。

2. 加热介质

加热介质一般是饱和水蒸气或热水，介质的温度按《钢质内河船舶构造与设备规则》的要求，不得超过220 ℃；对于某些化学品，要求加热介质的温度更低一些，如硝酸铵的加热介质温度不能超过160 ℃。

如果被加热的液货遇水会发生危险反应，则加热介质不能使用水蒸气或热水，在这种场合下，应采用与货物不发生反应的介质，如矿物油等。

3. 加热货物配载时的注意事项

（1）需要加热的液货不可装在低沸点货物的隔邻舱；不需要加热至货物的沸点，与相邻舱室加热货最高温度应保持一适当温度差，至少是10 ℃以上。

（2）加热货物不可装在会发生自反应的货物隔邻，否则将减短自反应货物中的抑制剂寿命。

（3）加热货物不可装在含毒货舱隔邻，以减少因温度增高而排出毒气的危险。

（4）需很高温度的货品，如熔化硫黄，需要独立的货舱。

4. 货物的冷却方式

货物的冷却方法通常有两种：一种是在甲板上喷水雾或洒水来抑制货物温度的上升；另一种是用机械制冷系统来保持液货的低温。这种制冷系统与冷藏船的冷却装置基本相同，因此对冷却装置本身的结构、配置和试验检查可参照有关船级社的《冷藏设备规则》的内容，但应注意制冷介质与货物的适应性。由于化学品船的保冷（冷却）温度比冷藏船的制冷温度要求低得多，所以系统本身较简单。

5. 加热或冷却系统的管理

从管理的角度说，应采取措施确保在任何情况下，均能保持该传热系统的内部压力高于液货舱内货物作用于该系统外部的最大压力（系统已排空的情况除外），以防止加热管破裂时引起危险化学品侵入加热管内，从而减小向货物区域外泄漏的可能性。当货舱内的货物不需进行加热时，在加热管内通入从甲板上专用压缩空气管来的压缩空气，以维持加热管内的压力大于货物作用于加热管的静压力。当然如果空气进入液货舱会破坏货舱的惰化的话，也可选用惰性气体或其他与货物不会发生危险反应的物质，来保持管内的压力。

为了防止因加热盘管渗漏而造成毒性物质流向机舱，还可采用下列几种方法解决：

（1）加热盘管设在舱外；

（2）冷凝水全部排出舷外；

（3）冷凝水经甲板上的观察柜再返回机舱，观察柜上设置取样和分析设备以检测冷凝水中是否有毒性物质；

（4）采用初/次级加热系统，次级管路全部设在舱内。

综上所述，第（1）（2）种方法的热效率较低，第（3）种方法的造价和使用费用最

低，但直至今日还没有一种实用的分析设备可供采用，因此至今用得最多的还是第（4）种方式。

五、货物的环境控制

化学品船所承载的货物种类繁多，有的货物高度可燃，有的货物可与大气成分（如水蒸气、氧气等）反应，有的会散发有毒的危险气体。为了安全承运这类化学品，必须对相应液货舱内的蒸气空间及液货舱周围处所进行特殊的环境控制。

（一）环境控制方法

1. 惰化法

用不助燃也不与货物反应的气体或蒸气充入液货舱及其管系和液货舱周围空间，并维持这种状态。

2. 隔绝法

将液体、气体或蒸气充入液货舱及其管系，使货物与空气隔绝并维持这种状态。隔绝介质应与所载运货物相容，且不应与空气起反应。隔绝介质的化学和物理腐蚀的相关资料应提交船检审查。

3. 干燥法

将无水气体或在大气压力下露点为-40 ℃或更低的蒸气充入液货舱及其管系并维持这种状态。船舶载运互不相容的货物时，每个液货舱的干气供给管路应相互独立。

4. 通风法

通风法，即通入空气，分强制通风和自然通风。

（二）货物区域的机械通风

1. 需要通风的地方

（1）经常进入的处所：泵舱、货泵舱、货物操纵站及其他有货物装卸设备的围蔽处所。

（2）不经常进入的处所：双层底舱、隔离空舱、箱形龙骨、管隧和液货舱。

2. 通风形式

通风形式，分自然式和机械式两种。

3. 通风次数

（1）经常进入的处所（如货泵舱等）：货泵舱和容纳货物装卸设备的其他围蔽处所，以及进行货物操作的类似处所应装设机械通风系统，且能从该处所外部进行控制。人员进入上述舱室并操作设备之前，处所应首先进行足够的通风。另外，在该舱室之外应设有需要进行通风的警告牌。通风系统应具有不小于30次/小时的空气交换能力。对于某些特殊货物，还应增加货泵舱的通风率。经常有人进入的泵舱和其他围蔽处所应设置机械通风系统，应具有不小于20次/小时的空气交换能力。

（2）不经常进入的处所（如液货舱等）：如安装固定式通风系统，则至少具有8次/小时的空气交换能力。如采用移动式通风方式，至少具有16次/小时的空气交换能力。

六、货物蒸汽回收系统

为了阻止货物气体释放到大气里，许多港口和码头要求船方在装货时回收货物气体到岸上。为了能够这样做，船上提供一个延伸到船头、船尾和两舷的歧管。独立的货舱通风管线能够用相称的管路与此公共的气体回收管线相连。歧管处一接头接到岸上气体回收管线上形成一个回路。这样货物通过装货管线被装到船上，而货物气体则通过回收管线被返回到岸上。这个系统普遍叫作VECS（气体释放控制系统），美国海岸警备队已经特殊要求这个系统，包括自动监视气体回收管线压力并当压力高于或低于预先设定值时提供警报。

为谨防船上的货物蒸气管汇可能错误地连接到终端站的液体装载管线上，货物蒸气管的接头必须清楚地加以识别：在接头靠舷侧1 m长的一段用油漆漆上黄色和红色条带并用黑色印上“VAPOUR”字样，如图6-7所示。

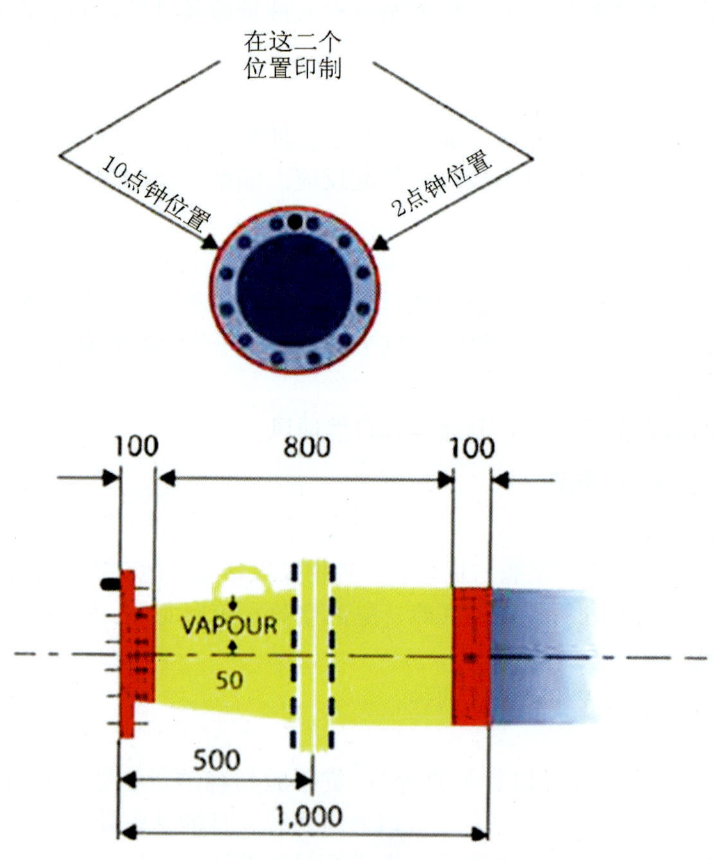

图6-7　货物蒸气回收管线接头

此外，各个外接法兰的表面应在法兰螺栓的圆周上12点的位置处永久装配一个圆柱形的定位销。为了防止错误地把标准的液体输送软管接上这种外接法兰，该定位销应垂直地突出法兰表面25.4 mm（1 in），直径应为12.7 mm（1/2 in）。货物蒸气管线的异径接头和软管朝向船舷内侧端部各法兰/盲板，也要有额外的洞孔以适应外接法兰上突出的定位销。

第二节 货舱透气系统

液货船航行时，由于货舱内货物温度的因素，货物的挥发性随之变化，将会使船舶舱内压力发生变化。船舶由于设计建造的原因，不能承受过高或过低的压力，所以舱内压力达到设定值，就应该使透气系统作用，放出舱内气体。当舱内压力比较低时，透气系统也作用，吸进空气或充进其他气体，提高舱内压力。这样既可使舱内压力在一定的范围内，保护了船舶的结构不受损，也可使透气系统在一定程度上限制货物的挥发，从而减少因货品的挥发导致货损增加。

一、透气系统的形式

开式透气系统：指在正常工作期间，液货蒸气或空气可以通过透气管自由进出液货舱，没有任何阻碍的系统。开式透气系统适用于闪点高于60 ℃且吸入后对人体无明显危害的场合。

控制式透气系统：是指每一个液货舱均装设压力/真空阀的系统。凡货品具有下列危险之一者要求为控制式透气系统：

（1）吸入半致死量小于等于2 000ppm；

（2）超过一段连续时间（15 min）地暴露于货品蒸气中，会引起中等或严重损害的；

（3）吸入货品蒸气后会导致过敏反应的；

（4）需要用惰性气体填充保护的；

（5）闪点小于等于60 ℃的；

（6）货品蒸气具有腐蚀性的。

这里要特别指出：装醋酸、苯、氨水和发烟硫酸等的货舱要求必须采用控制式透气，而装硫酸的货舱允许采用开式透气系统。

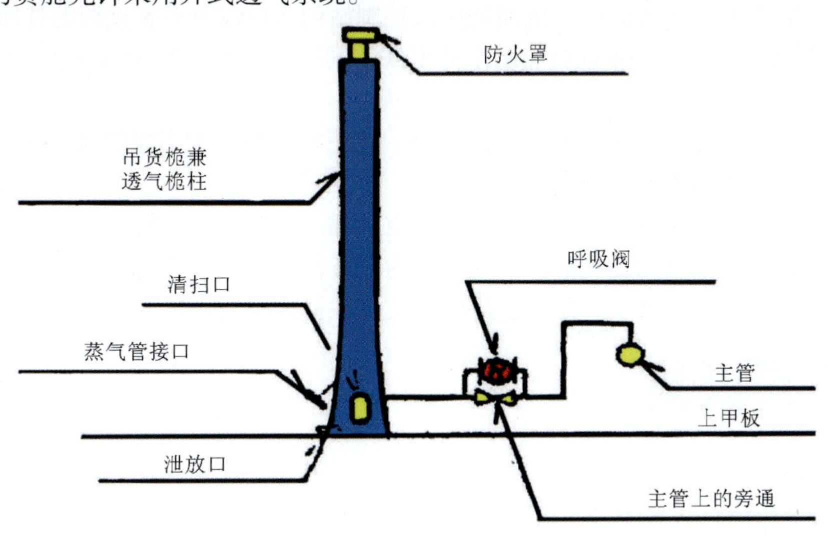

图6-8　透气系统原理

不论开式透气系统或控制式透气系统，透气管路上均不允许装设截止阀，在某些操作条件下可以设有压力和真空释放阀或压力/真空的旁通装置，但要有指示装置，以表示开关状态。

二、透气系统的布置方式

独立式透气系统：指每一个货舱设计一个独立的透气系统。允许一个舱装一种货。

共管式透气系统：指所有货舱透气系统都与透气总管相连。这样的货舱只有装同一种货，才不会发生因为货物的不相容而引起的事故。

分组式透气系统：指两个或两个以上舱组成一组，共用一根透气总管。一组透气系统的舱可装一种货。

透气管设计要求如表6-2所示。

表6-2　透气管设计要求

开式	露天甲板上高度或步桥上高度0.5 m	水平距离（火源围蔽处所或设备）2 m
控制式	（船长＞60 m）≥6 m	≥10 m
	（船长≤40 m）≥3 m	≥5 m
	（船长≤50 m）≥4 m	≥7 m
	（船长≤60 m）≥5 m	≥9 m
高速释放阀	≥3 m	≥10 m

三、规范要求

（1）在所有液货舱中应设置适合于所载货物的透气系统，这些系统独立于该船所有其他舱室的通风管或透气系统。

（2）液货舱透气系统的设计，应能够尽量减少货物蒸气在甲板上积聚。透气系统的开口还应远离起居处所、服务处所、机器处所及控制站的入口以及有着火源的处所。

（3）液货舱透气系统应布置成能防水的形式，同时，应保证货物蒸气能在出口处不受阻碍地直接向上排出。

（4）透气系统应连接到每个液货舱的顶部。在正常的横倾和纵倾的条件下，应能够使透气管路中残存的货物流回到液货舱内。

（5）应能保证液货舱内所产生的压力和真空，都不会超过液货舱的设计参数。

（6）液货舱透气系统的透气能力，应至少为1.25倍的最大装货速率。

（7）与液货舱相接的透气管路，也应使用抗腐蚀材料制造。

四、透气系统附件

1. 阻火装置

透气系统的末端安装有以吸散热量的方式阻挡火焰或火星短时间通过的装置。常用的阻火装置材料有钢丝网，规格为30目和20目。

安装方法：30目装一层，20目装两层，层间距离为12.7 ~ 38.1 mm。

2. 呼吸阀

呼吸阀也称为压力/真空阀，装在透气管上，是一种自动呼吸装置，其作用是调整舱内的压力。呼吸阀的设定工作压力为：正压0.14×10^5 Pa，负压-0.07×10^5 Pa。当舱内压力超过设定值时，呼吸阀能够自动打开，放出一部分气体以降低舱压；当舱内压力降低并达到设定的负压时，呼吸阀也能自动打开，吸进一部分空气，使负压减小。通过对舱内压力的控制，一方面保护了货舱，另一方面抑制了货物蒸气的排放，减少了货物的损失。

常用的呼吸阀有重力式和活塞式两种，其结构如图6-9所示。

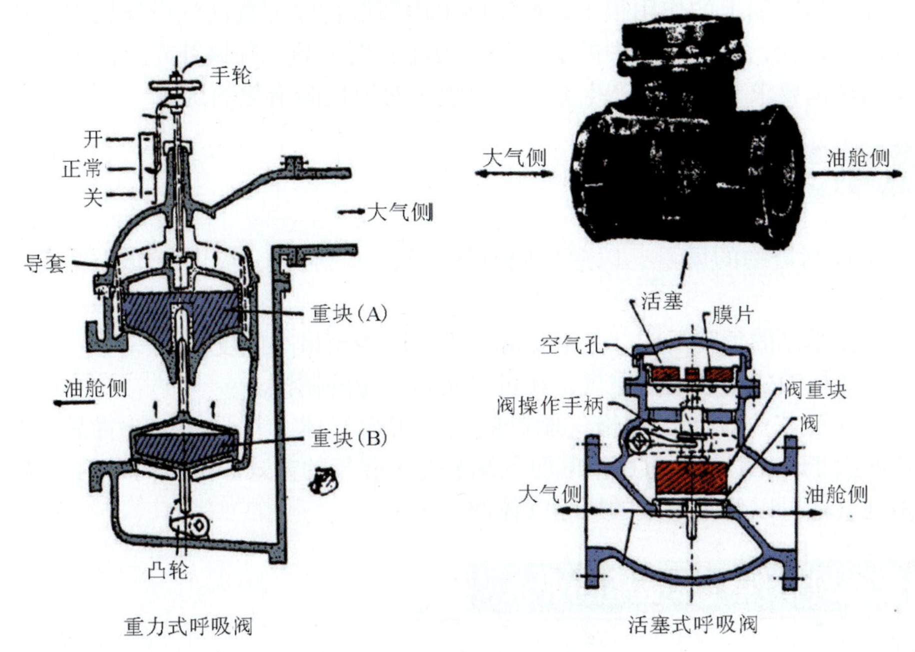

图6-9 呼吸阀的结构原理

3. 高速透气阀

高速透气阀（如图6-10所示）的原理是，制造一个大大高于火焰燃烧速度的出口气流，便可保证火焰不逆气流进入受保护的液货舱，并使之处于安全状态下。

图6-10 高速透气阀

高速透气阀是由一个机械阀组成的阻止火焰通过装置，该机械阀可根据入口处的气压大小，调节允许气流通过的阀口大小，以保证其出口流速不小于30 m/s。

第三节 惰气系统简介

惰性气体是指化学性质不活跃，不能支持物质燃烧的乏氧气体，如氮气、二氧化碳等。惰性气体在散化船上的作用很多，而实际上内河散化船配置惰气设备较少，往往在装卸货时依靠岸方供应，船舶航行中的货舱补气由随船携带的氮气罐补充。但散化船员应掌握惰气系统的规范要求、应用和产生方式，以提高对散化船惰化的认知。

一、惰性气体的作用

（1）用于控制货物的质量，以避免同空气（氧气、水气、灰尘杂质）或其他混合物接触。

（2）防止化学品的危险反应，把液货舱火灾危险减至最小限度。

（3）用于置换液货中的潮湿空气，还可以防止货舱的锈蚀。

（4）为了洗舱安全，可以用惰气驱赶舱内的可燃气体。对强挥发性货品（20 ℃时，其饱和蒸气压大于5 kPa），还可用惰气驱气加上通风除气的方式，进行简易的清洗空舱。

（5）惰性气体可以作为扫线的压缩气体源。

二、散化船对惰性气体品质的要求

用于散化船的惰性气体，应满足低氧分、极低烟尘和SO_2、无毒性、对液货舱不产生腐蚀、不能与载运的货物发生化学反应、纯净干燥，并且不会产生沉积污秽。氮气的化学性质不活泼，与绝大多数的货品不发生危险或有害反应。因此，化学品船上最理想的惰性气体是氮气。

三、规范要求

（1）船上应携带或制造足够的惰性气体，以供液货舱装卸货时使用，另外备有足够的惰性气体，以补偿航行途中的正常损耗。

（2）船上的惰性气体系统，应能使围护系统内保持至少0.007 MPa的表压力。但在管理中，也不应使液货舱内的压力升高到超过液货舱的释放阀调定的压力。

（3）应设有能监测液面以上空间中的气体覆盖层的装置，以确保维持其恰当的气体状态，装货前使舱内达到惰化状态，氧含量要在2%或以下。

（4）应尽量减少静电荷的产生，包括系统本身和充注惰气的过程。

（5）应有惰气分配管系，并有接受岸上惰气或将舱气送回岸上的接头。

（6）惰性气体系统应能独立服务于液货舱之外的惰气管系。

（7）船舶同时载运不相容货物时，每个液货舱的惰性气体管系应相互独立。

（8）惰气管路与货物管系之间驱气和/或除气的连接管，应为可拆卸的短管，在不使用时，可以将其拆除，并用盲板将接头封闭。

（9）应设有防止货物蒸气倒流入惰性气体系统的装置。

第四节 货舱监控装置

化学品货舱的监控装置，主要包括货物温度、舱气压力、液位监控及溢流报警装置。

一、舱温遥测遥控设备

在化学品液货的储运过程中，对货物温度的观察和测量具有重要意义，主要表现在以下几个方面：

1. 从安全角度而言

（1）舱内温度变化将导致舱压的变化，从而使船体结构安全受到影响；

（2）由于货物温度升高，蒸发量增大，给船员的身体健康造成伤害；

（3）货物蒸发量增大，易于使一些场所积聚易燃蒸气，对船舶的防火安全造成危害。

2. 从保护货物角度而言

（1）货物由于温度升高，蒸发加快，造成货损；

（2）由于温度变化，造成货物品质的变化。

我们所说的遥测遥控，也就是通过自动测量仪测量温度，并将该温度信号反馈到操作控制单元，再根据预先设定的温度值调整和控制加热装置，以实现温度的遥测遥控。这种测量和控制方法可以对货物温度进行粗略的测量，误差为2～3 ℃也无妨，目的主要是使货物温度保持在要求的范围内。根据实际需要可以增加测量点，以满足对被监测液舱的货温进行遥测遥控的要求。

如果是为了计量而进行的测温，那么上述自动测量的结果将不能满足要求。因为计量工作需要温度准确到0.1 ℃。此时通常采用水银温度计进行手工测量，使用这种仪器的优点就在于当从液货舱中被吊提出液面甚至舱外，水银柱所示的刻度不会改变。

用水银温度计进行手工测量货物温度时应注意以下事项：

①要穿防静电服，穿防静电鞋；

②戴上防毒面具；

③戴上胶皮手套；

④温度计绳索要注意防静电，一定要接地；

⑤站位要在侧上风口；

⑥要离测量孔一定的距离；

⑦清洁好测量用具；

⑧测量时，要分上、中、下三挡。

除用水银温度计外，热电偶原理的温度计的使用也很方便、准确，测量误差在0.5 ℃以下。

二、货物的压力监控装置

为了符合SOLAS的通风要求或者为了避免货舱增压，很多船舶在货舱内都安装了压力传感器，传感器感受到压力信号，被传输到货控室，在货控室显示屏上显示出来，并可以设定必要的报警。报警值的设定取决于船舶是通过气体回收管路装货还是直接通过透气桅或者正常通风装置装货。

压力传感元件

图6-11所示为压力传感元件，以下预防措施适用于所有的压力感应设备：

（1）监控装置所使用的材料应与货物兼容。

（2）测量前将直接连接路线的所有阀门打开，并关闭所有交叉连接。

（3）如果在维修期间传感器线路需要被临时拆掉，应切断电源隔离监控装置。

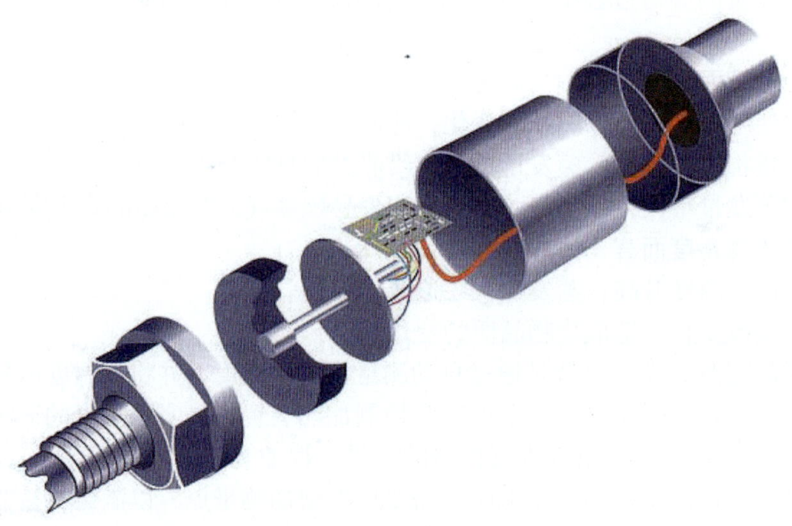

图6-11　压力传感元件

三、货物液位监控和溢流控制

（一）液位测量设备

液位测量从广义上讲应分为两个课题——液位的具体尺度测量和高位报警。

液位尺度测量IBC规则对液位测量设备有以下三种分类：

（1）开敞式测量设备：该设备利用液货舱上的开口，使仪表露置于货物或蒸气中。

（2）限制式测量设备：该设备穿入液货舱，当使用时允许有少量货物蒸气或液体暴露于大气，不使用时，这种设备是封闭的。其设计应确保在打开这种设备时，不至于有危险的液货物质（液体或喷雾）从舱内逸出。

（3）封闭式测量设备：该设备穿入液货舱，是封闭系统的一部分，能防止舱内物质泄出，如浮子式、电子探头、磁性探头和安全观察镜等，或者用不穿过液货舱独立的间接设

备，如货物的磅秤、管式流量计等。由于许多化学品都要求设置封闭式液位测量系统，因此现代散化船普遍采用遥测遥控的舱顶空间测量系统来满足这一要求，以达到闭舱作业的目的，如图6-12所示。

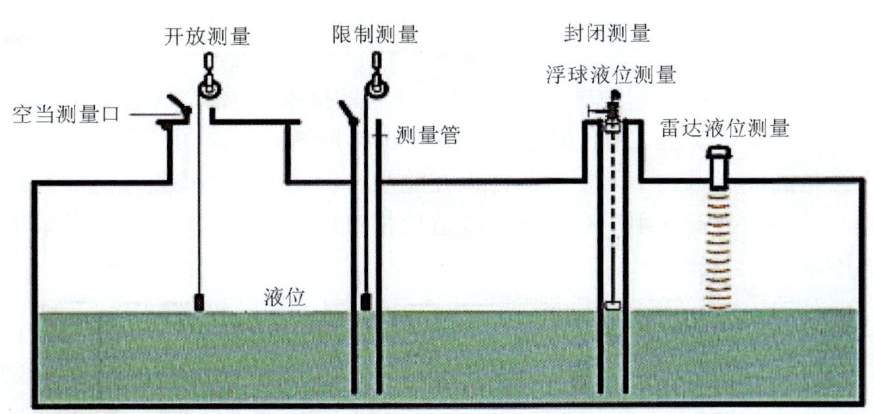

图6-12 液舱舱顶空间测量系统

常见的舱顶空间测量系统有以下三种：

（1）浮子式舱顶空间测量系统

浮子式舱顶空间测量系统起源于油船，至今已有多年使用经验，因此也较为普及。它是由浮子和机械传动的数字进位器两个部分组成的，一般都采用耐腐蚀金属材料制造，机械传动机构驱动的进位器为十进位制计数显示器，最小单位为1 cm。

如果将这种仪器进行数字化改进，就可以实现遥测遥控，这在荷兰、德国、挪威等国家建造的船上用得比较多。今天很多油船上也配有这种双功能十进制机械计数器的液位测量仪器。

如图6-13所示，浮子式液位测量装置，同时能测量温度，还兼有高低位和温度的报警功能。其液位测量的核心元件是浮子液位传感器和先导开关，浮子传感器内部装有永磁磁体，它随货物液位的改变而浮动，先导开关内有两片断开的同磁性磁片，这两片磁片能在永磁磁体的作用下闭合，并送出一个液位信号，先导开关在导管内上下移动，当它进入浮子传感器区域时，磁片闭合，浮子液位就能反映出来。

图6-13 浮子式液位测量装置

温度传感器可以感测不同液位的温度，至于高、低位（或温度）的报警只要设定一定的报警值即可。

它的主要问题是浮子和导杆都属于机械部件，容易损坏或卡住。平时应注意经常检查，特别在喷涂货舱涂层时，要注意包扎好，以防将浮子滑行的轨道堵塞。

（2）电磁式或超声波式舱顶空间测量系统

这种设备的探头能发射电磁波或超声波，通过接收反射回来的信号，确定反射时间，从而测出液位高度。雷达式液位测量装置如图6-14所示。

这一设备的优点是它不需要将部件设在舱内。但是，其结构复杂，并且由于这种设备必须先检测证明能否安全用于载货区，故造价相对昂贵一些。另外，设备较复杂，造成了维修上的困难。

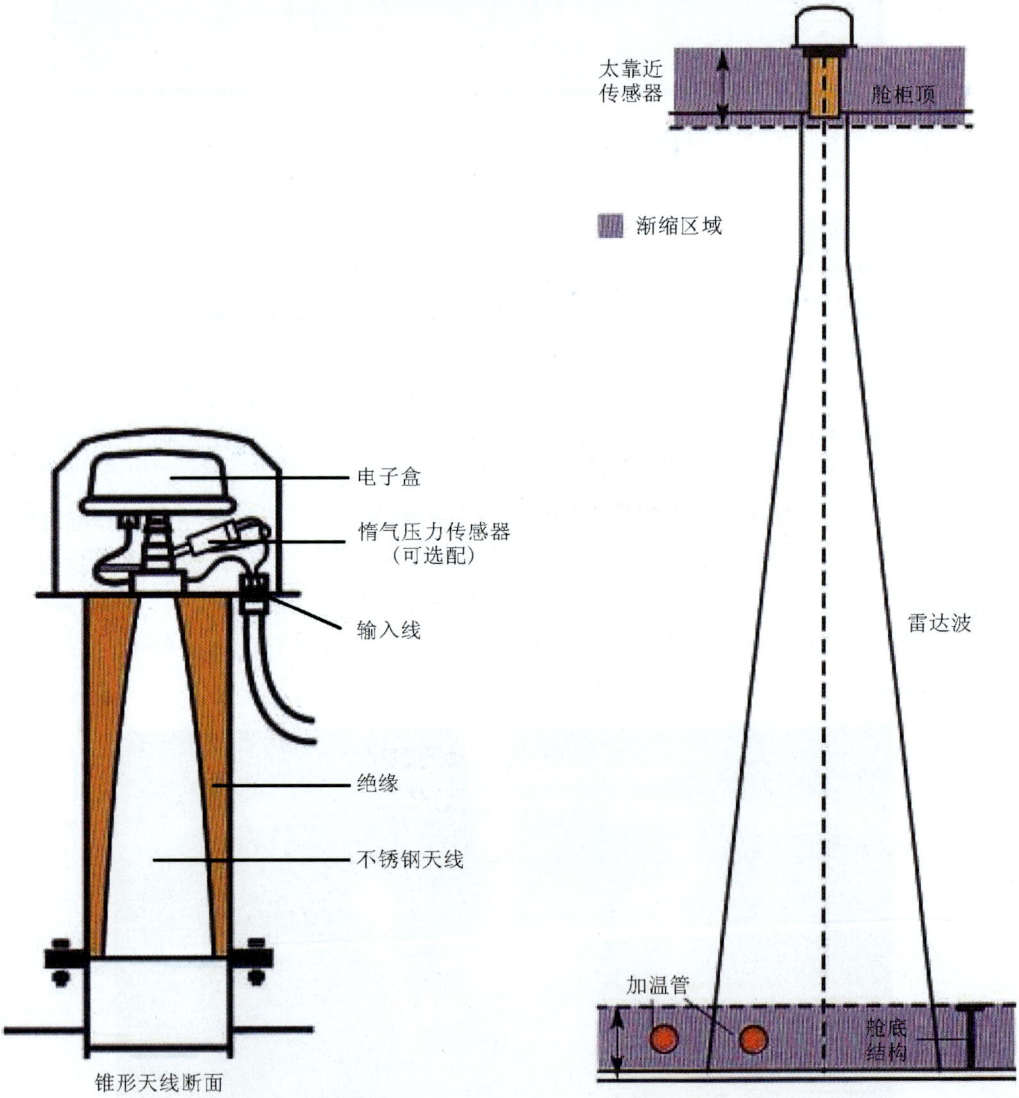

图6-14　雷达式液位测量装置

（3）压力传感器式舱顶空间测量系统

压力传感器式液位测量装置如图6-15所示。

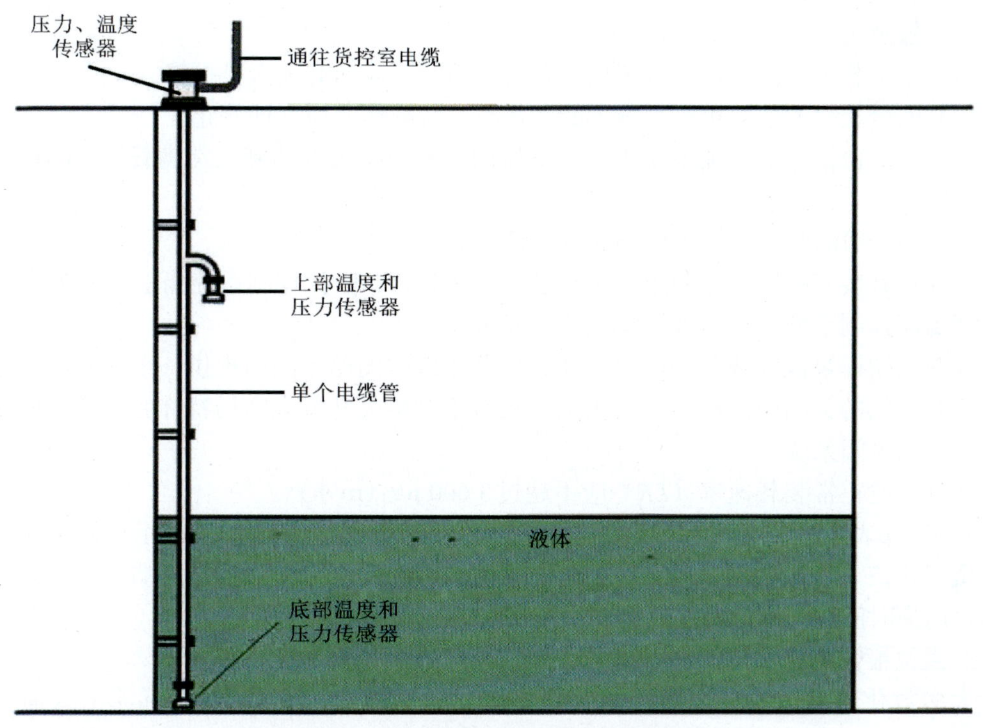

图6-15　压力传感器式液位测量装置

以设在液货舱内的压力传感器为主的舱顶空间测量系统，其造价要低于电磁式，但相比之下，它又有必须将部件设在舱内的缺点。它采用3个各用于不同目的的压力传感器，使测量系统能对液货的实际比重和舱内气体压力进行自动校准，以保证测量的准确性，避免舱内液货密度和气体压力对液位测量产生的干扰。

与温度测量一样，液位测量也有两个目的，首先是针对船上安全操作而进行的测量，其次是商检计重而进行的测量。后者需要精确的测量，如当舱面积为50 m^2，每1 cm高度形成容积为0.5 m^3。如误差为±1%，假设液位测量值为6 m，则误差为±6 cm，这样容积误差为±3 m^3，一个舱差这些，十几个舱加起来就很多了。因此，有时货主、商检、船方三方人员为准确计重而进行液位测量，不得不用便携式测量设备进行手工测量。

手工测量时应注意以下几点：

（1）穿防静电服、防静电鞋；

（2）戴上防毒面具；

（3）戴上胶皮手套；

（4）测量尺要接地；

（5）站位要在侧上风口；

（6）离测量孔保持一定的距离；

（7）测量结束要清洁好测量用具；

（8）装货结束要等30～60 min后，才能进行测量。

（二）货物的溢流控制

在《国际散装运输危险化学品船舶结构和设备规则》的要求中，规定了对某些货物应装设溢流装置，包括高位报警器和货舱溢流控制。

1. 一般规定

（1）安全装货的任何重要系统出现动力故障时，应向有关人员报警。

（2）安全装货的任何重要系统不能工作时，装载作业应立即停止。

（3）高液位报警器应能发生表明液货舱内的液位接近或达到正常满载情况的声光报警信号。

（4）液货舱溢流控制系统应当能够保证：

①在正常装载程序不能制止液位超过正常满载时，溢流控制系统能正常工作。

②溢流控制系统能发出液货溢流的声光报警。

③对关闭岸泵或阀或两种同时关闭，以及相继关闭船上阀门提供一个一致的信号。信号以及泵和阀的关闭应由操作人员决定。只有主管机关和港口当局特许后，才能使用船上阀门的自动关闭系统。

④液货舱正常装载速率（LR）应不超过3 600 μ/t（m^3/h）。

式中：μ表示液位信号动作时的液面以上留容空间容积（m^3）；t表示从发出信号到货物完全停止流入货舱所需时间（s），这个时间应包括操作人员对信号的响应、停泵和关闭阀门等所需时间的总和。

2. 高位报警装置

大多数化学品液货船要求液货舱设置高位报警装置，另外，《国际海上人命安全公约》也要求：1984年9月之后开工建造的所有油船设置高位报警器，还有一些化学品船除了设有高位报警器外还要求设置溢流控制装置，也就是超高位报警器。

只设高位报警装置的形式称为单点报警，而同时设置超高位报警装置的形式称为双位报警。根据这两种不同的形式，船岸双方应相应采取不同的应急措施。单点报警只报警一次，船岸双方人员必须马上停止装货工作。对于双位报警，其高位只是警告，超高位时才必须马上停止装货工作。在任何情况下，液位报警器绝不允许人为关闭或破坏。

图6-16介绍了高位报警装置和溢流控制装置（超高位报警器），一种是大家熟悉的浮子式装置，它有一个不锈钢浮球，该浮球被限制在一根不锈钢的轨道上，随着液位升高，浮子被顶升，直到被顶升到设定的高度时，装置接通一个报警器电路并发出警报。另一种为电容式，它的原理液体浸没不同高度的电极，引起电流的变化，从而发出报警信号。

高位和溢流报警

图6-16　高位报警装置

《规范》要求各个报警器应互相独立。从图6-16可以看出，高位和超高位报警器都已并入同一装置，但由于各自的传感器电路在电气上互相独立，因此这些形式也是符合规范要求的。

第五节 装卸货作业

一、散装化学品船适装条件和要求

散化船由于所运货品的特殊性，故而对其人、船、货的管理都有更高的要求，具体适装条件和要求如下。

(一)应具备的证书和文件

船舶证书资料可分为必具的证书、必具的文件、应有的资料三类，内河船舶大多同样拥有。但散化船有着更高要求或特殊要求，因为货品特殊，所以船舶特殊，因而持证和文书也有特殊要求。下面介绍散化船的完备的适航证书、有效的适装证书、货物记录簿、程序和布置手册、稳性资料手册。

1. 完备的适航证书

内河适航证书是确保船舶主船体、主辅机、甲板设备、助航设备等完好技术状态的一套证书。必须由船检、海事依据检验法规，经严格检验、试验、审核颁发，这是航运的前提。

2. 有效的适装证书

内河船舶散装运输危险化学品适装证书由船级社结合船舶入级检验一并检验、签发。其特别检验为六年一次，十八年船龄以上为四年一次；中间检验第一次为三年，以后都是两年一次；年度检验每年一次。其检验依据是满足《规范》要求。适装证书附录中列明了其适装化学品的品名，所载必须是其附录中存在的。

内河适装货品中没有剧毒化学品。《船舶载运危险货物安全监督管理规定》第八条："禁止通过内河封闭水域运输剧毒化学品以及国家规定禁止通过内河运输的其他危险化学品。其他内河水域禁止运输国家规定禁止通过内河运输的剧毒化学品以及其他危险化学品。"

3. 货物记录簿

货物记录簿是散化船重要的防污文书。必须详细记载所有涉货作业和涉货排放的全过程。每项作业由值班驾驶员填写、签字；每页用完由船长审查、签字；整簿用完需保存三年备查。记录不得潦草、涂改，不得弄虚作假，记错打二杠交船长签章，保持字迹清晰。其法律地位等同于航行日志。货物记录簿是货物作业的真实反映，是各类检查的必查内容，是事后追究的法律依据，各船应引起高度重视。

4. 程序和布置手册

这是散化船特有的文书。根据我国有关规定，要求适运有毒液体的散化船应备有本船

的程序和布置手册。其内容为依据内河防污染法规，结合本船货物围护条件、适装货品、最低安全配员等，将装卸、洗舱、除气、压载、排压载等操作的程序和布置汇编成册，并报海事主管部门批准，即为本船的程序和布置手册。

5. 稳性资料手册

船上都备有一本稳性资料手册，以供船长和驾驶员随时查阅。散化船破舱稳性和相应保全措施尤显重要，船长和驾驶员都必须掌握。船舶一旦遭遇破损，如殃及液货舱，需立即查明破损部位，翻阅破舱稳性资料手册，按其对应保全措施行动，在确保船舶不沉的前提下，尽可能减少对江河的污染。

(二)从业要求

内河散化船的吨位、结构、设备配置、航区条件等差别较大，适装货种有544种之多(规范所列)，货物特性更是各有所异。每一名从事散化船服务的人员都应明白，你所参与的是复杂而危险的工种，需要大量的专业理论支撑，任何蛮干都会带来危险，应积极参与特殊培训的理论学习和操作训练，尽力补充航运专业理论，努力使自己成为一名合格的散化船船员。

1. 识船

识船包括船舶的基本性能、结构、设备、系统，散化船的船型、舱型、结构、材料、涂层、货物系统、消防系统等《规范》中的规定和要求。

2. 识货

从事物流运输都需识货，包括适装货的理化性质、毒性、易燃性、反应性、腐蚀性、相混性、污染性等。不但要掌握在承运全程需关注的货物特性，还应清楚货物特性所具技术指标、数据的深刻内涵，对我们运输操作指导意义所在，方能在承运中从容应对。

3. 识运

当承运某种货品时，装卸计划是装卸作业的指导书，参与作业人员必须读懂、读通、全面掌握。要衡量自己能否履行自己的岗位职责，有疑问一定要解决。装、卸如何参与?怎样做是正确的?怎样做是错误的?应特别注意些什么?这些问题事前都需搞清楚。作业程序必须严格遵照执行，切不可自作主张。作业过程中，必须认真履行自己的岗位职责，切不可离岗、脱岗，发现问题、有疑虑要即时通报值班驾驶员。运程中的货物围护，定时、适时要做的事情，必须按时、按需做好、做到位。

4. 识保

只有保质、保量、保安运输，才能获得应有的效益。保证作业、航运的安全是重中之重！保人、保货、保船不可或缺，保人又是首位的。

5. 持证

散化船船员都必须持有特殊培训合格证才可上岗。

(三)船长、驾驶员对货物运输的责任

船长、驾驶员及其他高级船员从装货起始到卸空，对保质、保量、保安运输负有不可推卸的责任和义务，并要为此做出不懈的努力。关键要素是如何努力。这就要求整个运程都必须在船长、驾驶员的把控之中，一切按章操作、从严监控，发现违章及时纠正，发现事故隐患及时排除，运用良好的驾技确保航行安全。普通船员应服从指挥，密切配合，有令必行，行则必果。《中华人民共和国船员管理条例》第二十一条："船长在其职权范围内

发布的命令，船舶上所有人员必须执行。高级船员应当组织下属船员执行船长命令，督促下属船员履行职责。”

二、船港联络和信息交换

船港联络和信息交换包括船港联络、开航指令、进港报告、船舶与码头的资料信息交换、双方协商的内容共五个方面，这里是承运的基础。港口情况不掌握、船与码头双方不了解、盲目发船到装货港、不按规章办事，都将被动、拖延、难成事，甚至空返。这些工作，船东、船长、大副要负主要责任。现在讲究文字依据，不可依口头应允办事，各种电传、文稿、协议必须妥善保存，以备后续查证。

(一)船港联络

船东所属船舶，具备承运货品的类别、具备航运的河道，船东最清楚。在接洽货单时，必须与货主、货商、港口联络，确保货种、货品、货量适运，港口码头适装、适卸。勉强、盲目接单，必给船舶带来麻烦和难以预知的后果。在签订运输合同、确定承运时，船东需向货主索取货物安全运输技术资料（MSDS），并转发给船舶，以便船舶制订装卸计划。

(二)开航指令

公司指令船舶开航，其发给船舶的航次任务指示，是船舶进行装货、卸货、航行、保管货物操作的具体要求和命令，是船舶营运生产的唯一依据。其内容应包括但不限于以下事项：(1) 装货港口及顺序；(2) 受载期；(3) 货物种类及货量；(4) 卸货港；(5) 货物承运过程中的要求；(6) 部分货物信息；(7) 装货港代理信息；(8) 相关联系人信息；(9) 要求报告的内容和被报告人联系方式；(10) 其他。

(三)进港报告

依据《船舶载运危险货物安全监督管理规定》第20条：“船舶载运危险货物进出港口，应当在进出港口24 h前（航程不足24 h的，在驶离上一港口前），向海事管理机构办理船舶载运危险货物申报手续，提交申请书和交通运输部有关规章要求的证明材料，经海事管理机构批准后，方可进出港口”。定船舶、定航线、定货种的船舶，可不超过一个月申报一次。申报内容至少应包括船名、预计进出港的时间、所载危险货物的名称、类别、数量、特性等，并提供船舶持有的适航、适装、适运、防污染证书或文书。船舶抵近港口，需向港口船管中心报告，确认同意进港，服从港口调度，接受海事监督。

(四)船舶与码头的资料信息交换

船舶与码头及港方，存在各项规章、技术、设备、作业条件等的沟通和匹配，作业前应相互了解、交换、重要作业技术要素签订协议，以便遵守和执行。定线、定港长期承运的船舶，要注意信息变量的收集。偶发某港，应在发船前专人到港交换信息，不得盲目发船。信息交换包括船舶应提供给装货码头的信息、船舶应提供给卸货码头的信息、装货码头应提供给船舶的信息、卸货码头应提供给船舶的信息。下面分别叙述。

1. 应提供给装货码头的信息

（1）靠离泊是否需要港拖协助，船舶系泊配置情况

内河码头靠泊条件差距较大，季节变化明显，靠泊操纵难易有别。在掌握码头边航道、水文、气象、水中障碍物等情况下，船长应充分认知、判断风险，决不冒险靠泊，果断决定是否申请港拖协助。船舶系泊配置情况应提供给码头，以便比对，使靠泊时系缆生根合理。双方都应清楚，大船靠小码头带缆困难（受力方向不合理），小船靠大码头也困难，都因缆桩配位不对应。

（2）船舶受载能力，可接受的装货速度、压力、平舱速度

船舶舱容量多大、能载多少货、受货能力要素等需先告之码头，这关系到使用码头的时间长短。

（3）承运合同，预装化学品数量和配、积载图

承运合同需提供给码头，以便码头安排待装货；配、积载关系到作业的配合。

（4）压载布置、数量，卸排专用压载时间和干舷控制

港口对专用压载作业都有规定，严防因此产生水污染。码头要清楚船舶专用压载的排量、时间、干舷影响、缆索受力影响，以便配合和监控。

（5）污液的数量、品质和处理方法、要求

码头方按船舶需求安排接受污油水和化学品污液。

（6）其他船舶资料和需向码头提供的特殊要求

略。

2. 应提供给卸货码头的信息

（1）本航次装货数量、预定卸货数量、船舶配载情况

（2）化学品名称、密度、黏度、闪点、危险性、危害性等货品资料

码头依这两点决定是否收货、能收多少、与货主要求有无差距，发现问题及时联系船舶。

（3）能够达到的最大卸率、出口压力、建议的卸货顺序

由此预知船舶卸货能力，码头考虑船舶利用码头总耗时。

（4）污液数量及处理要求、压载程序

码头依此安排污油水、化学品污液接驳或码头接收。压载程序验证符合码头要求。

（5）到港吃水和纵倾

船舶吃水不宜靠泊，应立即通告船舶。

（6）是否有影响卸货作业的修理项目等

如存在影响卸货作业的修理项目，要求船舶向港口申请，码头在卸货作业时间上重新考虑。

3. 装货码头应提供给船舶的信息

（1）码头靠泊吨级、保障水深、水流情况。

（2）码头作业新规定，季节性要求。

（3）装货管接头数目与标准和尺寸，软管或货臂技术资料。

船舶掌握码头接管尺寸后，如需大小尺寸转换接头，可提前接妥。

（4）预装化学品的品质、备量、特性、比重、闪点等资料要素。

船舶收到码头货物资料后，要与承运合同中的货品要素比对，发现存在不一致的，要

及时通报船东和货主，使其尽快联络解决。

（5）岸方最大装载速度和压力及起、停泵规程。

船方由此比对船舶受载能力，就低不就高，可估算装货所需总时间。

（6）港口防污特殊规定。

内河污油水执行零排放，化学品更不允许入水，港内冲洗甲板都需申请、书面批复，垃圾、生活污水控制也都依法执行，各港口都是按最严要求实施。

（7）其他装载要求。

4. 卸货码头应提供给船舶的信息

（1）在抵达卸港前，船长应通过代理索取必要的码头资料，也可从进港指南取得部分信息。卸港航道水深、码头水深。

内河化库码头不同于化工厂码头，其靠泊、货物作业条件差距较大，对于常年有业务的码头，关键索取码头水文资料，对于偶尔到发码头，必须获取码头全部资料，如码头尺寸、系缆配置、靠泊吨级、水岸落差、周边环境、水文资料等。

（2）码头所能接受的最大卸货速率、总管最高压力。

双方作业要素预知后，速度、压力按低方数据预估卸货总时间，船长可安排船舶在港计划。

（3）码头方所能接受的卸货顺序。

（4）卸货软管的数量、标准和尺寸，所需大小转换接头的尺寸。

以上两点大副需要，是制订计划和进港作业安排的依据之一。

（5）靠泊时间、系泊要求等。

船舶依要求执行。

（五）船岸双方的磋商

根据互换的信息，船岸双方应就关键靠泊、作业要素，达成书面协议或进行确认。船舶抵港后、靠泊前或无线联系商定靠泊事宜靠泊后，船岸双方应召开主要负责人参加的工前会，就以下事宜达成共识并书面签署。其中装卸速度、装卸压力、最高压力、应急停止程序需单独书面签署，其他在作业计划中签注。确定的事项不可单方改变，如有需改变的事项，应在执行此项之前，双方协商确定，并在计划中补签。

1. 与装货港的磋商确认

（1）船名、港口泊位、靠泊日期和时间；

（2）船岸双方主管人员的姓名和签字；

（3）船舶抵港和出港的货物配载情况；

（4）每票货的数量、预装舱、使用管线、装载速度和压力、平舱速度、温控要求、透气方法；

（5）确定装载顺序并考虑压载、纵倾和吃水、纵向受力；

（6）应急停止程序；

（7）通信频道和备用联系信号。

2. 与卸货港的磋商确认

（1）泊位、靠泊日期和时间、是否需要港拖协助靠泊；

（2）船岸双方主管人员的姓名和签字；

（3）所卸货品种数量、技术资料、船方卸货舱、岸方收货罐；
（4）船岸双方拟使用的货物管线；
（5）初始速率、正常速率、扫舱速率、正常压力、双方需控制的最高压力；
（6）预计卸货的总时数；
（7）应急停止作业程序；
（8）通信联络方式；
（9）其他需明确的事项。

三、制订装卸货计划

为安全、高效地完成装卸货作业，根据承运合同、MSDS、船舶设备、人员状况、装卸货港的要求等制订装卸货计划。装卸货计划由初订到确定，是因为关键作业要素需经船岸双方协商确定。大副负责组织制订全面而详细的装卸货计划。驾驶员、相关的轮机员要尽可能参与装卸货计划的制订。最终交船长审阅和批准。大副应向所有参加货物操作的人员详细说明，使装卸货作业的值班人员掌握装卸货计划，并由驾驶员签字。

制订装卸货计划要分制订计划应考虑的因素、MSDS、配载及注意事项、积载及注意事项、装货计划应包含的内容、卸货计划应包含的内容六部分内容讲解。下面就制订计划过程分步讲述。

（一）制订计划应考虑的因素

1. 货物因素

（1）相容性：货物间相容性、残余可混性、与材料相容性、与涂层相容性。
（2）反应性：与空气反应性、与水反应性、自身反应性。
（3）温控：多少度之上、多少度之间、多少度之下。
（4）毒性：半致死量、半致死浓度。
（5）洗舱、洗管线：清洗规章、难易程度、清洗介质、清洗方法。
（6）物理特性：特殊比重、高黏度、结晶、低闪点、高挥发。
（7）其他：如腐蚀性、麻醉性、刺激性、致敏性等。

2. 船舶因素

船舶适装是运输的前提。船舶证书齐全且有效、装卸设备维护完好、液货舱适货、辅助设备完备、操纵设备优良等不可或缺。《规范》第十七章最低要求一览表所列明的最低要求，必须全部满足，否则不适装。大副应一一核对，不得有疏忽。

3. 港口因素

（1）港口规定：包括防污染规定，甲板值班要求，压载水管理规定，舱气控制措施；有毒液体作业规章、新规定或暂时性规定。

（2）码头水文、气象资料：装、卸港码头水深、水流速度、湍急程度、困档水、扫弯水、花水、潮水；起雾季节及浓度、湿度、气温及日夜温差、码头风力风向及抗风等级、雷电季节、冰冻季节及程度等情况，船舶应掌握。

（3）靠离条件：船舶与码头的吨级匹配、系缆配置、主航道至码头的距离、靠泊抛锚与否的利弊、码头周边水中障碍物、港拖协助的条件等都在考虑之列。

（4）作业条件：接管尺寸及大、小头转换，船岸落差及扬程，岸供惰气及氮气置换，污液接受等。

4. 航行因素

内河航道错综复杂，河口航道、平原航道、山间航道、湖泊航道、水库航道各有特点，有的水位变化大、有的潮汐影响明显、有的航道变化快、有的碍航因素多，船长、大副必须掌握运输全程的航道情况。

5. 船员因素

船员证书齐全且有效，配员足额且富有操作经验，船员体质优良且适任。

(二)货物安全数据资料(MSDS)

（1）为货物安全运输所需的物理化学性质的详细说明书，包括货物与空气、水或其他物质的反应危险性，以及对各种金属或货物围护系统包括液舱、管线、货泵和软管的腐蚀性。

（2）货物泄漏时应采取的处理方法。

货物一旦泄漏，化学品没有统一的处理办法，必须依据其特性采取措施，船舶无法考虑周全，只能由货主提供具体处理方法，船舶依此做好防范和处理准备。

（3）货物蒸气吸入、口摄或皮肤接触对健康的危害性，以及防止人身意外接触的防范措施和医疗急救措施，必要的写明采用何种解毒剂。

（4）货物的易燃性，包括蒸气压、沸点、闪点、爆炸下限和爆炸范围等，以及发生火灾后的消防程序和适用的灭火剂等。

（5）货物相容性族号。

货物的相容性，在内河散化运输中，主要是考虑残余的可混性。在换装货种时，前后载货品是否相容，要查相容性图表，如不相容，则需洗舱。

（6）货物可以装载在何种液货舱内，是双层舱壁的还是单层舱壁的，是不锈钢的还是涂层的。

（7）货物是否需要加热，加热程序，加热是否会引起危险反应或货物变质，以及相邻舱的温度限制。

（8）货物是否需要冷却，冷却温度应控制在何种范围内。

内河散化船限温运输条件有限，制冷条件不具备，只能通过洒水降温，控制甲板温度在28 ℃以下。如在炎热的夏季，货温要求低于航区水温，应建议货主改用冷式液化气船承运。

（9）货物是否需要添加抑制剂，如果需要，应由发货人提供抑制剂含量证书，证书内明确说明抑制剂含量和有效期限。

（10）装货前是否需要用氮气冲洗货舱内的气体使含氧量低于一定的数值，装货后货舱内上部空当是否需要氮气覆盖或充填，航行途中是否需要含氧量检测和货舱压力维护，以确保货物质量不发生变质。

（11）对能释放出不易觉察的剧毒蒸气的货物，是否已经加入能觉察到的添加剂。

（12）对结晶货物，是否说明结晶温度。

易结晶货物，在运程中是不能让其结晶的，因结晶后的熔化温度很高，如碱的熔点是318 ℃，蒸汽加温是熔化不了的。

（13）货物驳运程序，以及卸货后压载、洗舱和驱气程序、方法和工具等。

（三）配载及注意事项

配载是把货品分配进各液货舱的过程。依据货品密度、舱容容积、装舱率决定各舱装货量，填入配载图，进行理论稳性计算。算出的平均吃水、吃水差、横倾角、初横稳心高度、对船舯的总纵弯矩必须满足装载手册要求。大副依据这一手资料配载时应注意以下问题：

（1）装舱率低于95%应计算自由液面惯性矩对稳心高度的降低值。

液货船运时，如船舶产生横倾，液货便向低舷侧流动，船舶合重心就会偏离中纵剖面，液货向舷侧流动时，产生冲量，加大横倾角，使船舶左右横摇时，横倾角逐步加大，合重心偏离亦逐步偏远，从而稳心高度降低，增加船舶横向倾覆的危险。因此，当舱内液面低于舱深的95%时，稳心高度必须进行自由液面惯性矩修正，确保在运输过程中、遇大风浪产生横摇时船舶的安全。

（2）轻泡货达不到满载，舱顶空当不得小于舱深的2%。

密度小的货为轻泡货，舱内装满，拟定水尺也可能达不到。但必须考虑液货的热胀冷缩，无水轻泡货的热胀短缩系数比水要大得多，而且密度越小热胀冷缩系数越大，要防止航运中因热胀和纵倾颠簸产生满溢。通常要求，液货膨胀到45 ℃，舱顶空当不得小于舱深的2%，加温货按最高温度计算。

（3）比重大的货达不到满舱，拟定装载水尺或所航区域载重线不可超。

密度大的货为重货，舱内装满，拟定装载水尺就超了，只能依拟定装载水尺或所航区域载重线，计算总装载量，再分配到各液舱，计算各液舱的装载液深。各液舱应配到舱深的95%，货物容积不够，就得留空舱。重货大半舱的装载，自由液面惯性矩会带来很大的危险。

（4）确定装载水尺时，各限于吃水因素要考虑充分。

前述考虑航道因素和装卸码头边水深，都影响船舶装载吃水，大副要综合各限于吃水因素和船舶储备日用油水量，确定最大装载吃水，达不到航区载重线的即为拟定装载水尺，还可减少日用油水储备、中途再加载、腾出船舶舱容空间，增加装载量。

（5）加温货要按其热膨胀系数计算加留舱顶空当。

有些化学品，要加温、保温运输，而且运温较高，这时会产生较大的热膨胀，必须按装载时的温度和最高运温之差、与液货热胀系数，计算热膨胀体积量，从而得出加留舱顶空当的量。以保证舱内不超载。

（6）货量不足，留空货舱需分散布置，以防产生过大剪力；切不可均载半舱，那样会产生过大的自由液面惯性矩。

（7）两票以上货需分舱配载；比重差较大应错位配舱；不相容货需隔离（建议内河不同载）。

两票以上货同载，不管同种还是相容不同种，都要隔票。如不同货品且比重差较大，应考虑前后错位配舱，以使装载后船舶纵倾符合要求，不需压载调纵倾。

（8）两港货应考虑卸货后的适航。

装载两港货，首港货卸完后，船舶必须适航。不能调舱再分配后航行，配载时应按隔票方法配舱。

(四)积载及注意事项

积载是把货品装进液货舱的过程。积载图上需标明积载顺序。装载时是按积载图上分组顺序依组序进行的。积载全程都需满足稳性规范，积载顺序一般建议先装中间舱，以减轻船舶中拱趋势，再前、后错位装，同时排卸近位压载水。同组装载的舱数建议为2~3个且左右对称装，以控制横倾，不可普装普卸，普装会使各舱收货不均衡，船舶产生混合倾。

(五)装货计划应包括的内容

1. 船舶基本资料、靠泊要素

船舶基本资料可直接打印在计划书首页，具体内容就不列举了。靠泊日期、时间、码头，靠泊程序，出缆根数，靠把安排，是否抛外锚、是否港拖协助，系泊值班等需商定和列明。

2. 货物资料

货物资料按签单合同和MSDS资料列明。

3. 配载

全面核对货物资料与船舶适载条件后，列出配载图、积载图、舱顶空当、装载水尺、稳性计算。配载图各舱位应列明品名、装舱量、装舱容积、装舱率；积载图列明装载组序；其他按结果标注。

4. 作业程序

作业前的准备工作、开始作业流程、其间监控要素、收尾作业流程。其中接管尺寸和数目、装载初速、正常流速、允许的最高压力、换舱操作、平舱速率、舱气控制措施、通信联络等作业要素需船岸双方协商签字。

5. 应急程序

应急程序，包括应急停止、消防应急、防污应急、人员应急救护、应急驶离/拖离等。

五项应急是作业期间可能发生的关键性应急，必须有程序、有措施、有准备，使任何一项应急发生时，能有条不紊地沉着应对，化险为夷或避免事故或减小损失。应急停止程序需船岸双方商定并签字。

6. 货物存在特殊性能和要求的，制定相应操控措施

化学品的特性较多且不单一，作业过程中必须依据特性围护、防护。如有毒货品，作业过程中的防毒、人员防护；高温货如何保证作业过程中温度不下降；等等。

7. 压载水计划

卸专用压载水计划是装货计划的一部分。大副要通过稳性、吃水差计算，拿出排压载的程序。排前检查、起排时期、排放批次顺序、分排量、间隔期、排放监控、排后检查、排放记录等要列明，操作人员按要求执行。

8.其他

若同载两种以上货品，则需考虑的方面较多、较复杂，建议内河散化船单货种承运。但若换装货品，则应充分考虑残余的可混性，计划中应予详细说明。

(六)卸货计划应包括的内容

1. 船舶基本资料、靠泊的港口码头、日期和时间

要求与装货计划列项相同。但满载靠泊要充分考虑船舶的操纵性能和码头边水流情况，必要时就请港拖协助，不可冒险靠泊。

2. 货物配载情况

船舶配装货品的名称、分舱量、总装量；吃水、吃水差、装载水尺、稳性高度；货品的理化性质，特别是卸货需关注的特性等，在计划中应列明。

3. 卸载图、货管尺寸和数目、卸货顺序

卸载图列明卸载顺序，接管要求协商确定。

4. 作业程序

作业前的准备工作、开始作业流程、其间监控要素、收尾作业流程。其中接管尺寸和数目、卸载初速、正常流速、控制的最高压力、换舱操作、惰化或氮化、扫舱方法、通信联络等作业要素需船岸双方协商签字。

5. 对货舱压力、舱气和货温的控制措施

制定相应设备检查、试验要求，列明作业过程控制操作措施，特别是要求氮化控氧的货，供氮与卸载的压力均衡控制，要列明措施和手段。

6. 压载水的操作与吃水差控制，船舶稳性和船体应力的监控

（略）

7. 应急程序

应急程序，包括应急停止、消防应急、防污应急、人员应急救护、应急驶离/拖离等。五项应急是作业期间可能发生的关键性应急，必须有程序、有措施、有准备，使任何一项应急发生时，能有条不紊地沉着应对，化险为夷或避免事故或减小损失。应急停止程序需船岸双方商定并签字。

8. 货物存在特殊性能和要求的，制定相应操控措施

根据卸载货的特殊性能，制定行之有效的围护、防护措施，列明纸上，遵照执行。

装卸货计划包括但不限于以上内容。在制作、印刷装卸计划格式文本时、应留有备用文书框。现代可电脑制作计划文本书，每次在电脑上按计划文本制订完善作业计划后，再打印出来交船长审阅、签署。

四、装卸货前的检查与准备工作

散化船装卸作业前的检查与准备工作，从以下几个方面分述：安全保障工作、作业准备、进行设备功能试验、船岸安全核查。下面依次讲解。

(一)安全保障工作

作业前的安全保障工作，是防止危险事件发生和一旦发生危险而迅即应对的保障工作。重在防，不可忽视应对。安保工作包括以下几个方面。

1. 自身保护准备

参与作业人员针对货物特性着全套防化（防护）服饰；若存在有害气体的，穿戴相应防护设备；救生衣尽可能穿、安全帽必须戴；洗眼池和淋浴装置确保供水正常；氧气复苏器、担架、救治药品等随时可取用。

2. 易燃货品的防火、防爆、防静电准备

汇集管处放妥两只灭火器，并检查确认适用、有效；泡沫炮指向汇管方向；非忌水货接妥水龙两根并理顺，应前、后甲板各接一根，不得有绞扭、压叠，水枪指向汇集管处，

船上的消防总管应保持压力，或者能够在短时间内迅速增压；备妥或接妥国际通岸接头水带；甲板固定设备都永久性接地了，而移动用设施应注意接地或做好接地准备。

3. 防污准备

关紧泵舱海底阀并系绳，做好操作记录，任何人需启用海底阀，必须得到值班主管的批准；堵塞甲板排水孔，确保液密，以防跑、冒、漏、溢及破管溢货流出舷外，堵塞必须严密；检查汇集管下集液槽或放妥集液盘，集液槽如有放液孔必须拧紧孔塞，有残液必须清洁干净；装载非水溶性的和比重小于水的货，监督围油栏公司围妥围油栏；汇集管处放置棉纱、抹布、吸油毡或其专用吸附材料、塑料桶、塑料撮箕等适用清污设备。

4. 应急拖离、应急逃生的准备

放妥首、尾应急缆，保持离水面1 m左右，应急缆是为应急拖离做准备的，其尺寸应保证船舶满载时，单根应急缆就能把船舶拖离，其长度应配100 m左右。

5. 检测仪器、防护设备的准备

检测、防护设备在前面已专节详述了，这里不再具体重述。。

(二)作业准备

作业准备是装卸货作业最直接的准备，各项工作直接为装油服务，其内容如下。

1. 通信联络畅通

船岸通信联络方式在计划商定时，双方都已签署。船岸通信无线对话机，按既定频道通话联络，双方确认清晰无障碍；试用备用信号设备，双方认可。备用信号可接通码头有线电话，也可互认驾驶台值班与岸基值班手机，亦可认定有效而不被误读的声响，具体由双方商定，必须考虑对话机不通时的联络方式。作业过程中，一旦通信联络不通，应即停止作业。

2. 停止其他一切作业

停止其他一切作业，包括维护、修理工作，全船人员只服务于货物装卸作业。散化船装卸作业是单一唯一作业。为防止其他作业干扰或分心装卸作业，其他作业必须停止。如存在只能在装卸作业前完成的其他作业，则与码头协商，重新确定装卸作业的开始时间。

3. 无关人员离船

放置登船须知告示牌，请定额船员以外人员（包括船员家属）离船。散化船装卸货作业期间，不允许任何无关人员登船、在船，因为他们对货物作业安全不懂，易受伤害或产生不安全因素。

4. 检查相关显示

检查危险品信号“B”字旗的显示，夜间为红光环照灯一盏。

5. 接线接管

（1）接线要求

我国油船安全生产管理规则规定，散危液船靠码头作业必须接地线，以消除船岸电位差，且需在接管前接妥。

（2）验管

货物软管的水压试验有效期为一年，无论新管、旧管，无水压试验或试验过期，都不可使用。试验日期是漆喷在软管上，一目了然。

（3）接管要求

软管余管长度应在船岸最大落差的2倍以上，长度不够应加接，不可够到就行。内河建议在船舶迎水缆断缆，背水缆变成迎水缆时，软管长度够，以防外力撞击船舶断缆至断管放货，造成化学品污染事故。

拆盲板：软管应起吊引上船，不可拖拉管头法兰上船。拆前注意释放软管内可能存在的气压，将盲板管头置于集液盘上自下而上拆，下面松开无货滴再拆，以防管内残液污染甲板。

接管时，应检查垫片、螺栓的完好性，注意化学品作业时的垫片必须适货；接时螺栓全上，确保均衡受力，最好由一人掌握一定的力矩全力拧紧，不得松紧不一或用套管形成撬杠上得过紧。不得使用“G”形夹具连接。使用的工具应是非铁无火花工具。

（4）过舷处理

用轻吊吊起或垫软木。轻吊吊起应多点起吊，使吊起软管呈自然圆弧，以防冲击压力引起永久变形，注意起吊索不得用钢索与软管直接连接，应用牢靠的纤维索捆系后，再用千斤索起吊；如装载落差较小，可在软管下垫软木跳，用绳索系捆。

余管处理：船舶和码头上的余管，都应在空当无阻的地方理顺，弯曲半径不得超限，不得跨越任何固定装置，要为作业过程中因船舶沉浮而调整软管留有余地。如船舶与码头间因靠把柱存在较大间隙，要防止软管落入夹当。

接货臂：现在内河大港，使用货臂越来越多，船舶靠泊时，应前后移位，使汇管与货臂正横对正。连接要求与软管连接相同。在作业过程中，要防止因缆绳松弛、水流作用使船舶产生较大位移，造成货臂张力不够而脱臂。

（5）接舱气回管要求

为满足防止散化船造成大气污染的要求，现在散化船装货作业，一般都采取“货品入舱、舱气回岸”的舱气控制办法。由于舱气入库，有引起库液质量问题之嫌，一般协议将舱气引入岸上焚烧炉或火炬塔烧掉。因此，需接舱气回岸管路。

6. 货管检漏试验

为检验接管是否有渗漏现象，需做检漏试验。船舶货管与气泵都应有压力气管连通，只要将控制端阀打开、货管入舱阀和岸上总阀关闭、通以2～3 kg/cm^2的气压，维持15 min以上不下降即可。舱气惰化/氮化的应通惰气/氮气做试验。若压力下降，说明有漏，可用肥皂水涂沫接管周圈，有气泡，说明漏，拆下重接或更换垫片重接，再试。若不是接管处漏，则要检查压力气管与货管的连接、其他法兰、阀件，亦要防止货管端阀没关严漏气。

7. 验舱

大副邀请商检、码头代表或货主代理共同验舱。验舱前，使货舱的压力保持在接近大气压力的正压。按货主要求进行目视检查或做舱壁试验。目视检查，各货舱要清洁、无水、无杂质、无其他液货，有残余应清扫集中到污液舱。满足货舱适货要求。如属换装货品，则可能要做舱壁试验，按其操作程序进行。

8. 备线

依据积载顺序，打开第一组装货舱的入舱阀、线路阀、汇管总阀，且都全开到位，关闭其他所有货舱阀件、泵舱进出阀件。检查甲板各货舱舱口盖和其观察孔的气密、检查人工测量孔、洗舱孔的气密；透气系统如接有舱气回岸管路，则检查关闭呼吸阀的旁通阀，呼吸阀置自动位；如甲板设置活性炭床吸收货物蒸汽，则设置气密且气路畅通；如舱气释放大气，则全开呼吸阀的旁通阀；大副应检查货舱阀开、闭的正确性，并悬挂标牌标记，以防误操作，以利换舱装操作。

9. 进行作业风险评估

按风险评估的要求，进行作业风险评估，努力降低风险，确保作业安全。现代散危液运输，全面执行《国际船舶安全管理规则》，制定船舶安全与防污染管理体系，即SMS。按其要求，船舶作业之前，要从人、船、环境三个角度，全面评估可能存在的风险，并以打分、积分形式确定风险等级，决定作业能否进行，采取降低风险、控制风险的措施，以保作业安全。

(三)进行设备功能试验

作业前的设备功能试验，主要包括以下内容。

1. 液位计的检试

浮子式的，把浮子提起，检查浮子的完好性，有破漏、变形即更换；上下滑动是否正常，装载一定黏度的液体需注意粘卡现象，有滑动卡阻现象，清洗测量管和滑竿；定位看误差，使其心中有数，同时检查传感器及电路有无故障。全部液货舱的液位计都需做检试。

2. 液位报警装置的检试

其装置应为高位、高高位（溢流）两套独立装置。有浮子随液面上浮的磁浮式、悬挂舱顶的电容式等多种。根据不同的报警装置，进行人工定位试警，检查声、光报警的正常。磁浮式人工提起至报警位试报，还应检查浮子有无破损和上下滑动看有无异常。

3.呼吸阀或高速释放阀灵敏度的检试

检试方法是向透气管线或封闭的液舱充入0.014 MPa正压和抽吸-0.007 MPa的负压，看其能否在压力到位时开启，否则需拆检、清洁呼吸阀或高速释放阀并重试。

4. 温测系统的检试

首先检查感温元件并用甲醇或稀氯酸擦洗表面、清水擦干，然后手捂感温元件和双温度计（防单温度计不标准），保持10 min以上，校对遥测读数与温度计读数，误差较大应更换感温包或检查线路、指示器。若环境温度与手感温差距不大，则一同放入热水杯中测试。

5. 加热管线的检漏

检漏试验时，通入0.2 MPa的压缩空气或惰气，维持10 min以上，压力保持不变是绝对的，压力维持不住，说明有漏，应检查、维修重试。直到能维持压力不变为止。

6. 装卸系统的检查和压力试验

在抵港前即应对装卸货管线、扫舱管线、泵舱管线进行管、阀、法兰、货泵安全检查，并封闭端阀进行1.1倍的额定工作压力试验，且压力能维持20 min以上是绝对的。

7. 压载舱及压载水的检查

抵港前必须检查专用压载舱。

8. 货泵检试

卸货前应检试货泵和扫舱泵，按其操作规程进行，并做应急停泵试验。泵辅的检查和试验，在设备章节已讲述，这里不再赘述。

(四)船岸安全核查

散化船开始装卸作业前，应与岸方安全代表共同完成船岸安全核查、填写核查单。《国际油船及油码头安全操作指南》是国际上普遍认可执行的散危液船操作指南，内河同样适用。其中对装卸作业时的船岸安全核查，有要求和详细核查、填写导则，给我们的核查工作提供了参考和便利。《船舶载运危险货物安全监督管理规定》第26条：“从事散装危险货物装卸作业的船舶和码头，应当遵守安全和防污染操作规程，建立并落实船岸安全检查表制度，并严格按照船岸安全检查表的内容要求进行检查和填写。”

核查要求

在船/岸之间进行任何操作前，必须对船/岸检查单中的所有内容进行检查、核实，填写船岸安全检查表。船岸安全检查表每船必备，表中标有字母“A”的为书面协议，一般体现在作业计划之中，并在检查表备注栏中注明已商定；对标有字母“R”的为重复检查内容，船舶应备有装卸货作业期间安全复查表，船、岸双方事先应就检查的间隔达成一致，一般建议2 h或4 h复查一次；表中标有字母“P”的，在否定回答条件下，未经港口书面准许不得进行作业。双方检查完毕并确认各自职责后，应签署共同声明。

第一部分：实际检查

1. 船岸之间的通道是否符合安全要求？R
2. 船舶是否已经安全系泊？R
3. 船/岸之间约定的通信系统使用是否正常？AR
4. 应急钢丝拖缆是否已经正确放置？R
5. 船上的消防水带和消防设备是否正确配置并随时可立即使用？R
6. 码头上的消防水带和消防设备是否正确配置并随时可立即使用？R
7. 船上的货物输货软管、管道和管汇状况是否良好，装配是否合乎要求并适合预定的用途？
8. 岸方的货物输货软管、管道和管汇状况是否良好，装配是否合乎要求并适合预定的用途？
9. 连接前货物装卸系统是否已经彻底绝缘并排尽，以确保盲板法兰的安全拆除？
10. 船上排水孔和滴液槽是否已经堵塞严密，接液盘是否就位清空？R
11. 是否经常监测暂时拆除的排水孔塞？
12. 岸上溢货围栏和沉淀柜是否得到妥善管理？R
13. 船上不使用的货物和燃油管接头是否已用盲板妥善封闭并上紧全部螺栓？
14. 码头上不使用的货物和燃油管接头是否已用盲板妥善封闭并上紧全部螺栓？
15. 所有货液舱、压载舱和燃油舱舱盖是否保持关闭？
16. 通海阀和舷外排出阀不使用时是否保持关闭并明显地系固？
17. 生活区、物料间和机舱所有的外部舱门和舷窗是否都保持关闭，机舱通风口可打开？R

18是否在室外有船舶应急防火控制图？

19. 固定安装的IGS压力记录器和氧气含量记录器是否保持有效运转？R
20. 所有货液舱舱气是否处于正压状态并且氧气含量体积比不超过8%？PR

第二部分：口头核对

21. 船舶是否随时保持自航移动能力？PR
22. 船上是否保持有效的甲板现场值班？船/岸是否都有充分的监督？R
23. 船上和岸上是否有足够的人员以备处理紧急情况？R
24. 是否已经议定了货物、燃料油和压载水的装卸程序？AR

25. 是否已经说明并理解船、岸所应使用的应急信号？A
26. 必要时是否已交换用于货物装运的材料安全数据表（MSDS）？
27. 对所要装卸的货物中与毒性物质相关的危险性是否已经标识并理解？
28. 是否已经提供国际通岸防火接头？
29. 是否已采用议定的货舱透气系统？AR
30. 是否已经议定封闭式作业的要求？R
31. P/V系统的效用是否已经验明正常？
32. 如果舱气回收管道连接了，是否已经议定了操作参数？AR
33. 如安装了独立高位报警装置，该报警装置的使用是否正常，并经过测试？
34. 船/岸货管接头是否有符合要求的绝缘措施？
35. 岸上管路是否已经安装止回阀或双方研讨了相应的程序防止“倒流回船”程序？
36. 是否已经指定吸烟室，而且吸烟要求得以切实遵守？AR
37. 是否切实遵守明火安全规则？AR
38. 船/岸电话、手机要求是否得以切实遵守？AR
39. 手电筒是否属于认可的类型？
40. 固定式VHF/UHF无线电对讲机设备电源是否接通或断开？
41. 便携式VHF/UHF无线电对讲机是否属于认可的类型？
42. 船上主要的无线电发射天线是否已接地，雷达设备电源是否已断开？
43. 危险区域内的电器设备的电缆是否已与电源断开？
44. 窗式空调机是否都已断开电源？
45. 生活区是否维持正压力状态？
46. 是否已经采用保证泵间充分通风的措施？R
47. 是否有应急逃生的具体准备？
48. 是否已经议定了作业允许的最大风力？A
49. 船舶保安员和港口设施保安员是否已经议定了安全协议？A
50. IGS是否完全可用并处于良好的工作状态？P
51. 甲板水封工作状况是否良好？R
52. 压力/真空切断器的液位是否正确？R
53. 固定式和便携式氧气分析仪是否经过校准，是否都保持正常的工作性能？R
54. 所有货舱独立的IGS阀（如装有）启闭位置是否正确并锁定？R
55. 现场管理货物作业的所有责任人员是否都知道惰气设备发生故障时，卸载作业必须停止，并通知终端站？
56. 是否按照认可的原油洗舱手册所包含的“抵港前原油洗舱检查表”，已经完满地完成了各项的检查？
57. 是否原油洗舱检查表含有原油洗舱作业开始前、作业中和作业后？R
58. 是否已经计划在船舶停靠岸边设施期间进行清舱作业？

船方和码头代表在装卸前商议过程中，应当确定船舶在停靠期间是否进行清舱作业，并且在检查表中做相应记录。

59. 如果回答“是”，是否已经批准清舱并议定清舱程序？
60. 是否已经获准进行除气作业？

第三部分：散装液体化学品—口头核对

1. 是否可以得到货物安全装卸必要资料的信息？
2. 是否可以得到厂商说明货物禁忌的说明书？P
3. 是否已经拟定防备人员意外接触货物的对应措施？
4. 是否备有充分而适当的防护设备（包括自给式呼吸器）和防护服装可随时使用？
5. 货物装卸率是否与自动关闭系统相适应？A
6. 货物装卸系统各种仪表和报警器是否正确的设定而且状态良好？
7. 是否准备了便携式气体探测器可适用于所装卸的货品？
8. 船岸之间是否已就灭火设备和程序的情况交换了资料？
9. 装卸软管对于装卸的货物是否属于抗化学腐蚀作用的适用材料？
10. 是否使用永久安装的管道设备进行货物装卸？P

船岸安全复查表

1. 船岸之间的通道是否符合安全要求？R
2. 船舶是否已经安全系泊？R
3. 船/岸之间约定的通信系统使用是否正常？AR
4. 应急钢丝拖缆是否已经正确放置？R
5. 船上的消防水带和消防设备是否正确配置并随时可立即使用？R
6. 码头上的消防水带和消防设备是否正确配置并随时可立即使用？R
7. 船上排水孔和滴液盘是否已经堵塞严密，接液盘是否就位清空？R
8. 岸上溢货围栏和沉淀柜是否得到妥善管理？R
9. 生活区、物料间和机舱所有的外部舱门和舷窗是否都保持关闭。机舱通风口可打开？R
10. 固定安装的IGS压力记录器和氧气含量记录器是否保持有效运转？ R
11. 所有货舱舱气是否处于正压状态并且氧气含量体积比不超过8%？ PR
12. 船舶是否随时保持自航移动能力？PR
13. 船上是否保持有效的甲板现场值班？船/岸是否都有充分的监督？R
14. 船上和岸上是否有足够的人员以备处理紧急情况？R
15. 是否已经议定了货物、燃料油和压载水的装卸程序？AR
16. 是否已采用议定的货舱透气系统？ AR
17. 是否已经议定封闭式作业的要求？R
18. 如果舱气回收管道连接了，是否已经议定了操作参数？AR
19. 是否已经指定吸烟室，而且吸烟要求得以切实遵守？AR
20. 是否切实遵守明火安全规则？AR
21. 船/岸电话、手机要求是否得以切实遵守？ AR
22. 是否已经采用保证泵间充分通风的措施？ R
23 甲板水封工作状况是否良好？ R
24. 压力/真空切断器的液位是否正确？R
25. 固定式和便携式氧气分析仪是否经过校准，是否都保持正常的工作性能？R

以上25项内容，在作业期间必须复查其有效性，并填写复查表。复查的时间间隔由船岸双方协商议定，一般建议2 h复查一次，一个工班复查2次。

五、散化船装货作业

散化船装卸作业，涉及化学品危险性、危害性的预防、控制、人员防护，货品的特性涉及围护、针对性操作，比其他货物作业要复杂得多，这里要讲述的是综合性的工作。

(一)装货作业开始阶段

装货开始阶段的工作，依时间次序包括：控速起装与安全复查、取样验质、提速操作与监控、检查交班四小段工作。下面进行分别解析。

1. 控速起装与安全复查

做好前述全部工作以后，大副通报岸方，岸方明确告之准备就绪，复查确认甲板所有相关阀件开、闭无误后，亲自通知岸方开始装货。装货开始的主动方是岸方，由岸方控制流速在1 m/s，一般可重力控放而不启动岸泵。

货品入舱即行安全复查确认：

（1）货品是否流入积载计划确定的首组货舱。

（2）周边舱，包括双层底、边隔舱有无漏货，周边货舱要防隔舱阀关闭不严、破损漏进货物，通过测量管打底尺便可知；非货舱通过其设在甲板上的透气口察看，有货进就有舱气出，而且缺氧、含腐蚀气、货物蒸汽，味觉较难闻。

（3）泵舱是否正常，需下泵舱检查，一般液货不进入泵舱管线，苯系列产品不允许通过泵舱装载。泵舱通风在装货开始前30 min就应开始，全程保持通风，入泵舱检查，必须得到值班驾驶员的同意，而且在短时间内必须面见驾驶员，以防入舱人员产生意外。

（4）甲板管线、阀件、法兰、软管、透气是否正常，必须依序巡回察看，不放过任何疑点。

（5）水面有无货迹，重货、水溶性货有无入水体，察看船体周边水体，注重下游水面。

（6）一组舱底货垫到位后换组装，继续复查流程。装货开始阶段，应把各舱底货垫到位，这样在常速装载换舱装时，就不需要减速垫底。

2. 取样验质

货品入舱后，即按取样程序从舱底取样，送岸检站检验，确认货品、货质符合货主货单要求。有问题立即通知停装。

3. 提速操作与监控

各舱垫底液位，对于舱底有骨架的，应把骨架淹没；无骨架的双层底内底板，装至0.5 ~ 1.0 m即可。所有舱底货垫到位后，将分配支阀调向首组装货舱，通知岸方起泵提速。此时，安排专人在汇管处观察汇管压力表，货控室关注入舱速度，有超即通报岸方调控。直至把压力和速度控制在计划协定的压力和速度上。同时需关注装载舱的透气，如接有舱气回岸管线的，透气总管上应装配压力表，以便观察透气压力，如呼吸阀自动打开，说明进货与出气压力失衡，应通知减速找原因，直至恢复正常。如同时装二票货，则第二票货开始，重复以上程序。

4. 检查交班

速度、压力都控位后，大副会同值班驾驶员、轮机员全面检查，做好检查记录，通报岸方值班主管，交由期间值班班组监控装货。其检查不可走过场，涉及责任担当，必须交清接明！交接内容中，装载速度、装载压力、透气压力、各舱液位、装载舱组号、泵舱情况、水面情况等应记录在册。

(二)期间监控阶段

从常速、常压装载开始，到平舱作业之前，这段时间主要是监控装货，所以简而言之，期间监控阶段。期间的工作如下：

1. 期间监控特点和要求

期间监控是确保装货作业安全、顺利完成的主要阶段。长时间的监控、适时定时的检查、较少的操作，很容易使人思想不集中、产生无聊麻痹心态，疏忽大意酿出不安全事态。所以总体期间监控工作的特点是：时间较长、操作较少、查控较多、劳动负荷不大、责任心要强。

2. 液货动态监控

在详细了解掌握大副制定的装货计划的前提下，时刻关注液货动态。包括流速、流压、流量、各舱液位。

（1）流速、流压在装货计划中已签订，由流速表、压力表读取，发现异常应即通报岸方查控，有降幅调整需要应先通报后操作；监控过程中要时刻关注速度表、压力表。

（2）流量应每2 h船岸双方核对一次，并做好记录，有船舶配载仪的比较方便，可以随时读取，没有的按液位计读数查舱容表计算或查装载手册，获取装船量。

（3）有液位计和液位报警装置的不能完全依赖，要关注液位计读数变化的速率，即定时液位变化应接近，以防浮子浸泡、卡阻不随液面上浮，读数失真。非浮子式液位计，要掌握其读数失真的可能原因，并在运行中关注。必须注意：因液位计读数失真而引发的满溢，一般属人为责任事故。

（4）掌握换舱装时间，在装舱接近舱深的90%时换装，首先打开下一组待装舱的全部货阀，再缓慢关闭已近到位的货舱阀。换舱装应记录。管线中有流压时，开、关阀都应慢，以防产生冲击压力。冲击压力在这里指阀件急速关闭、管压瞬间升高的现象，存在破管的危险。换舱装要按积载顺序进行，换后需检查是否正确，阀件开、闭标记要调换。

（5）同时装载二票货物时，分工要明确，除不同时开始、不同时平舱以外，期间监控控制台应有醒目标识、货阀应有区别标记，如人手够多，应一人一货分别监控，谨防产生错误操作。

（6）全程保持与岸值主管的通信联系，有情况、有疑虑时立即通知岸方停泵，查明原因、排除隐患后继续，不可拖延。即使停查没有发现问题，这样做也是正确的。

（7）定时、适时做好各项操作、检查、联络、交接记录。切记：无记录即无功。

（8）存在交接班时，交清接明液货动态，并与岸对交。液货动态情况交接，不可口头报数据，必须现场核对情况和数据，交接双方确认签字。

3. 船舶动态监控

（1）装货过程中，随着液货的入舱、船舶的下沉，缆绳的松紧、应急缆的垂距、应急逃生通道的坡度、软管的舷边曲弯等都需关注并随时调整。

（2）船舶的吃水、吃水差、纵横倾都在变化，必须控制在许可的范围内。

（3）泵舱、甲板管线、透气等应定时检查其安全性。

（4）存在专用压载调整吃水差的，何时排？如何排？谁监控？必须按照大副配积载计划程序执行。

4. 周边动态监控

(1) 甲板值守人员应关注周边动态。周边散危液船发生火情、跑油、溢货入水等高危情况，应立即通告船长和大副。如危及本船，应马上启动应急程序，停装、拆管线，快速远离。

(2) 有他船来靠，应坚决制止。散化船装卸货期间，不允许任何他船来靠，包括供燃料油船和供水船；过往船舶应保持在本船30 m开外；如码头处于河道狭窄处或主航道边，可在外档悬挂“RY”信号旗，以提醒过往船舶慢速远离通过。甲板值班一旦发现有船接近，应摇旗呐喊予以制止。

(3) 有外来人员要登船应查控。包括船员家属。登船处置放有“登船须知”，装载有毒液体还悬挂有有毒液体警示标志，值班人员按其要求执行。工作联系人员登船，应请示船长、大副，批准后登记、引进上层建筑，否则拒绝登船。注意所有上、下船人员都需登记。

(4) 有潮汐河段，潮汐来临时，应关注其对作业的影响，岸壁式码头比浮趸式码头影响大，可能要增加缆绳调整的次数。

(5) 装载轻质挥发性货品时，如没有采取舱气控制措施，在无风或仅有小雨的情况下应通告值驾，由其决定是否减速装或停装，以防货物挥发气下沉、在甲板积聚。甲板存在有毒气体积聚，必须停止作业。

(6) 甲板有浓雾使船岸视线不清时，应停装；甲板积雪、结冰时，要做好防滑工作，装载高黏度/凝固性货物时，要防止产生凝管现象（后面再叙）；风力达港口作业限制等级时应停装。有闪电来临应即刻停装。

5. 其间应做的记录

其间监控应做好以下记录：

(1) 甲板值班：

①上船检查，物料供应，伙食采购，设备维修以及商检、海事、货主等上船人员应做好登记。

②值班人员巡回检查、定时复查时间、内容应做好记录。

③值班人员调整缆绳、防火缆、跳板等内容应做好记录。

(2) 货控室值班：

①作业期间的接管时间，装货时间，船岸联络内容应做好记录。

②装货期间阶段核对装舱量、换舱装、阶段稳性数据、舱内液位变化情况、装载速度压力调整应做好记录，暂停、停装要做好记录，满溢、破漏、应急操作应如实记录时间、过程。

③排放压载水进度及内容应做好记录。

④交接班内容应做好记录。

(三)收尾作业阶段

收尾作业阶段从各舱普装至舱深的90%到装货结束、拆完管线为止，是装货作业的最后阶段，也是最繁忙的阶段，由大副负责统一指挥，主要包括平舱作业、估量停装、扫线作业、计量作业、拆管拆线等工作。其特点是：工作量较大，液位控制较难，易产生超载、船舶混合倾、甲板污染等问题，需要船岸协调控制、船舶多方面同时关注，值班人员密切配合，才能完美完成装货工作。

1. 平舱作业

平舱作业是将各舱液位提升到预定舱内液位的作业。平舱作业是装货最危险的作业，最易造成溢舱溢管。值班驾驶员应提前30 min通告岸方，即将开始平舱作业。

（1）当各舱装到舱深的90%时，进入收尾作业阶段，开始平舱作业。值班驾驶员通知岸方开始平舱，请岸方降低装载速率至协定的平舱速率，一般建议平舱速度为正常装载速度的1/3。岸方明确告之装载速度已控制在协定平舱速度之后，开始按平舱分组计划逐组收舱。最好先平边舱，再平中舱，利于横倾控制，一般在计划中也是这样列明的，按计划实施。

（2）平舱阀件操作尤为关键，必须现场操，开、关都要慢，换舱应先打开下一组待平舱的入舱阀，再关闭快到位的舱的入舱阀，不得颠倒，先关后开会使管线压力激增，有破管的危险；要注意滞后量的控制，不能到位了再缓慢关闭，那样舱内就超量了。对平完的货舱，保持连续的监控，防止关阀不严继续进货或因纵倾较大产生满溢。平舱时的纵倾最好为平浮，如纵倾较大应通过货量控制减小纵倾。

（3）舱顶空当最小为舱深的2%，大副已在制订计划时，考虑到各种限量因素，计算出各舱实际需控制的舱顶空当高度，平舱时必须控制好，舱内超也是超。平舱时，空距测量较频繁，人身防范措施必须加强。

（4）平舱后期，应注意纵倾控制和装载水尺控制。

（5）为扫线留空的“收货舱”应有足够的空当，用以收存管线残货。

（6）如同载两票以上货，不得同时进行平舱作业，以防顾此失彼。

2. 控估装货量

装了多少量，一般采取先估量再实测计算的办法。在全部平舱结束后，估算一下装货量。一是测量舱顶空当，如都到达计划预定的液位，即为满舱；二是看船舶吃水，如到达计划拟定的装载水尺或载重线，即为满载。

3. 扫线作业

扫线作业是扫除管线残货，为拆管提供方便的作业。

装货时，一般由岸方用压缩空气或惰气/氮气向船方扫，扫进“收货舱”。用气体驱动液体前行，是要控压的，其操作是关阀增压后快速打开，形成高压气推动液体入舱。此时应注意检查甲板管线所有阀门开、闭的正确性，“收货舱”液位要低、气压要小、透气要畅通，因高压气是经装货落管入舱、由底部上翻的，有可能把舱内货液推进透气管线。吹扫时控压要在许可的范围内。

如需“顶水”操作，应具双方协定和条件。“顶水”是用水将管线残货顶向岸方污液库的操作，其优点是能把管线残货顶推得比较彻底，拆管时几无残货流淌。

4. 计量作业

一般要求静置30 min后进行。按计量步骤确认实装量，并由岸代/货代、商检和船长在提单上签署。如货主要求留样的，从舱内抽取两份样品，由岸基实验站验质，符合货主签单质量要求后，装罐封罐，由商检签署封条后，贴封罐盖，交大副留船保存。在计量结束后，检查甲板全部舱口盖、观测孔、阀门的关严。如货主要求铅封出航，则在商检监督下，铅封舱口盖、甲板和泵舱全部货阀。计量作业的过程，后面专节介绍。

5. 拆管拆线

完成以上全部工作后，拆管拆线。先拆管后拆线。拆管应自下而上拆，使可能的残液

流入集液盘。然后清除法兰盘、集液盘残留，封妥盲板，收存软管或移固货臂。记下拆管时间，表明装货结束。拆线应先断码头方防爆开关再拆收电缆。全部工作结束后，应按完货检查单的内容，全面检查核实并填单，以保证收尾工作全部到位，满足备航条件。

六、货物管理

散化船安全装货后，还要负责其在船期间的保管。货物在船的情况，承运人必须十分清楚。有的散化船需按照运输合同的规定在运输途中对货物进行加温、保温或降温。加温、保温或降温的目的是保证货物质量和顺利地将所承运的货物交给收货人；有的需维持货舱的惰化/氮化；有的需防抑制剂失效；有的清洁货需防止产生污染。因此，货物管理是运输全程要做的日常监护工作。

货物管理主要有以下几个方面的工作。

(一)货舱液位检测

从装货港到卸货港的途中，液货舱中货物情况不清楚是肯定不行的。每天最少检测一次货舱、压载舱和污液舱的液位，检查边隔舱、双层底舱、干隔舱、泵舱有无漏进货物，液舱通过测空当比对、空舱通过打底尺、泵舱通过入舱检查，确认一切正常，如有异常，即时通报船长，进一步检查核实，寻找问题，解决问题。

(二)货舱压力、含氧量的控制

散化船运输期间，货舱是全封闭的。由于昼夜温度差和长航线，气温变化非常明显。船舶满载时，货舱内的空间很小，货舱压力变化受气温变化影响明显。

为了防止船体结构损坏，设有船舶货舱压力保护系统。

(三)货物温度的控制

载货航次开始后船舶要严格遵照航次命令中的加温和保温要求，完货后即进行保温或加温操作。整个载货航程中加温或保温应尽可能按货主要求进行，保证不凝固或满足最低运温，使舱内的货品不至凝固、结晶。货物温度过高或过低都可能造成货物变质或影响装卸货的操作。

有些货物温度过低，会凝析、结晶、变质。因此在载运过程中，应合理计算加温开始时间及加温的步骤，避免货温过高或过低，同时又要满足卸货或租家的要求。根据本船设备和货载情况，摸索出一套安全、易操作、省时、省燃料的加温规律。

(四)货品中含水量的测量

散化品中水溶性货品有100多种，其含水货中的含水量在装载时按其样品浓度计量。非水溶货中含水，经过运输的机械振动和波浪颠簸，水会沉底或析出表面，48 ~ 72 h后再测水占容积，如存在较大差异，应通报货商和货主，请予认定。沉底水，船舶应打底尺测算析水量。

七、散化船卸货作业

卸货作业是使用船舶货泵将液货通过输液管道压向岸库的作业，具体要求如下：

(一)卸货前的准备工作和注意事项

（1）卸货设备的检查和试验：在卸货之前，船舶电机，按卸货使用机电设备用电负荷需要，检查、启动电机发电并网；锅炉检查、启动或按提前加温要求执行；货泵，按照操作规程，提前进行检查、加油润滑、启动和预热；卸货系统、扫舱系统，进行管、阀、法兰检查，1.1倍工作压力试验。

（2）加温或控温：检查锅炉、加温蒸汽管阀、回气管线、冷却水检测箱等有无异常。需加温、保温运输的，提前加温使货温在卸前达到卸货温度。船舶具备加温系统和载运加温货的，就应有加温时间估算表。需控温的，依据环境温度洒水降温，使货温在限温以下。炎热夏季，装载闪点在28 ℃以下货品时，白天应跟踪甲板温度，达到28 ℃就应间断洒水降温或连续洒水降温。抵港前，应确保货温在限温要求以下，以利卸货。

（3）惰气系统、惰气发生器、制氮装置：内河散化船装配烟道气式惰气系统的还不多，如具备惰气系统，应检查警报、安全保护及连锁功能，氧气分析仪校正，检查压力调节阀及循环阀控制转换、记录仪工作、甲板水封液位、P/V切断器液位是否正常等；船舶装配制氮装置、货舱需保持氮化的，如能满足卸货供氮，则按所配制氮装置的类型，检查、启动调试，卸、货之前，启动供氮，否则岸接供氮管路，卸货实现岸氮置换。

（4）去封、验质、计量：由商检、岸代/货代、大副三方在场，按取样程序取样验质；如属铅封出航的，则三方共同检查所有铅封的完好并记录签字，再拆除铅封；如属留有货样的，验质则与样品比对；如质量稍有差异，则共同查找原因，如再取样验质、查找船舶造成污染的可能性等，友好协商解决。

按计量程序计量装载量，舱容计量实数必须与装货计量一致，有差异不可放过，舱容计量数据应被岸代/货代认可签字；检查岸库，有底货计量出底货量，以便卸货结束岸库计量，核对交货量。

（5）卸前安保工作、接管接线等与装前要求一样。

（6）船/岸安全核查，卸货安全核查表与装货一样，其要求和导则这里不重述。

（7）按风险评估的要求，进行作业风险评估，努力降低风险，确保作业安全。

(二)卸货开始阶段

卸货的主动方是船方，岸方通知船方已准备好，可以开始卸货。依次检查或做好以下工作：

（1）备线，开启首卸舱舱底管线通泵阀，做好标牌标记，检查其他货阀的关闭。

（2）船舶启动惰气系统且正常供惰，或岸供惰气/氮气接通开始供惰/供氮。

（3）检查呼吸阀处自动位，无须惰气保护的全开呼吸阀的旁通阀。

（4）检查各舱货温，都已满足卸货温度；关键首卸舱组的货温，不足应增加蒸汽供应；

（5）泵舱已提前30 min启动通风，保持连续通风。

(三)其间监控阶段

卸货期间监控，监控内容比装货期间监控多，因为要使用船舶机电设备、启动多组系统。其间监控阶段与装货期间相比较，另需注意以下事项：

（1）需安排专人监视泵舱和各台泵的工况：如是离心泵，应关注各台泵的分压、分量和壳温，一组舱快卸空（50 cm左右）需及时换舱，以防旋涡现象和过堰现象吸入空气。

（2）卸货过程中不能完全依赖液位计读数，应每小时检测一次液位，并计算卸量与码

头记录比对，以防卸漏。

（3）有惰气系统的应监视惰气系统的正常并满足供惰。

（4）需加温卸货的应控制好货温，过高、过低都不利卸货。

（5）卸载有毒货品，采取了舱气控制措施，甲板值班人员仍需采取防毒保护措施。不可忽视低微毒或偶发毒对人体的伤害。

（6）应做的检查和记录：按船岸约定复查时间间隔，完成期间复查并填写期间复查表。

(四)扫舱作业

扫舱作业是把各舱残货清扫干净的作业。当各舱卸到适合梯度时开始扫舱作业。扫舱注意事项：

（1）当货舱中的液位下降到预定的扫舱液位时，货泵降速，控制货泵出口阀开度。

（2）扫舱过程中，尽量避免多台货泵一起卸一个液位较低的货舱。

（3）关小货舱排出阀以保持足够的排出背压，提高货泵吸入性能。绝不能用关小货泵吸入阀的方法来调节流量，否则影响货泵的吸入性能。

（4）保持较大吃水差以利扫舱操作。吃水差约为船长的2%。

调整船舶吃水差时，要注意：船体强度；泊位水深、码头设施、港口要求；当要求分票或分港卸货时，要充分考虑到仍然有满舱的货舱，防止液货外溢。

（5）若用污液舱或其他选定的货舱来接收扫舱的液货，应随时监控接收舱的空当，防止溢货。

（6）使用真空泵或喷射器将货扫入污液舱时，要密切注意该舱液位空当，防止溢货。

如有效扫舱不能满足要求，货物在20 ℃时蒸气压大于5 kPa的采取通风程序，通风清除舱内残余，否则启动强制预洗程序，全面清洗一遍，把清洗溶液排上岸并排干。

扫舱收尾连贯扫线作业，卸货扫线作业是利用扫舱泵，将主货物管线、扫舱管线、货泵中的残受扫至岸罐中去。此时需注意阀件开闭无误、控压有度。如需“顶水”作业以扫尽软管或货臂中的残货，船岸双方应有协议且操作便利。扫线完成后，停止供惰作业，调整船舶压载，以恢复其正浮。

(五)卸货结束工作

（1）验舱

大副请商检验舱，确认各舱都以排空，舱底没有明显残货，签发干舱证书。

（2）拆管拆线

要求和方法与装货结束时的拆管拆线一样。

（3）岸库计量、签单

岸库计量核对承运货量，如无差距则三方在货单上签字确认交付。

八、货物计量

(一)计量方式

计量方式一般有两种：一种是按岸上的流量计数值换算成20 ℃/15 ℃状态下的货物重量。我国商检规定，液货计量的标准温度是20 ℃。国际贸易中，可采用国际通用的

15 ℃。化学品采用15 ℃作为标准温度的居多。流量计使用一定时间会产生误差，且误差无法修正。因此，流量计读数作为估量或参考较合适。另一方式是将测量舱容或库容换算成20 ℃/15 ℃状态下的液货容积，再与20 ℃/15 ℃的密度计算货物重量。

(二)计量单位

我国内河化学品容积以 m^3、计重以kg或t计。为获得准确的数据，液位高度应精确到1 mm、温度应精确到0.1 ℃、密度应精确到0.000 1 g/cm^3。

(三)计量步骤

1. 取样测密度

从舱内抽取样品，由密度计测读出20 ℃时的品质密度ρ_{20}，用此密度减去0.001 1（空气浮力校正值），即得20 ℃时计量用密度。

（1）检查取样器无破损，清洁干净，瓶盖密封。

（2）取样部位：每舱都要离上液面1/6液深、舱中间、离舱底1/6液深三份试样，等体积混合成样品。

（3）取样份数：同货种舱，1～2个舱，每舱1份；3～6个舱，任取2舱，2份；7舱以上，任取3舱，3份，但必须包括首装舱的货样。

（4）取样方法：取样器用舱内货品洗一遍，瓶盖盖严，从取样孔放入，到预定位置，打开瓶盖，待液面气泡停止后提取取样器。

（5）测读密度：在温度稳定的无风房间，将样品倒入1 000 mL的量筒中，轻慢放入温度计和密度计，待稳定5 min以后，读取液面下缘密度计读数，迅速读取温度，由此得到视密度和视温度。读取时，注意修正视觉差和读数的精确位数。

（6）按修正后的视密度、视温度，查取密度换算表，得出标准密度ρ_{20}。

2. 测温

（1）加温货舱：液深3 m以内，测液深中部1点货温；液深3～5 m，测液面以下1 m和液底以上1 m货温，取两点货温算术平均值为该舱货温；液深在5 m以上，除上两点测温以外，加测液深中间一点货温，取三点货温的算术平均值为该舱货温；如中间货温与上、下平均货温相差1 ℃以上，则加测上、中之间点和中、下之间点货温，取五点货温的算术平均值为该舱货温。

（2）不加温的货舱：测货深中间一点的货温。

（3）水银温度计在轻质货中浸停的时间为5 min，在高黏度货、重质货中侵停的时间是10～15 min。

3. 测深

在测量孔内测量。

（1）测液货深度：主要用于轻质液货的测量。测前估计液深和测尺位置，接妥地线，从测量孔缓慢下放尺砣，触底立即提尺、收尺，收到货痕处读尺，先读毫米，再读厘米、分米、米。

（2）测舱顶空当：主要用于重质液货的测量。接妥地线后下放尺带，轻放至液面，读取测量孔读取线位的尺示数，收尺读取尺端液痕读数，两者相减得舱顶空当高度，液舱型深减去舱顶空当，即得液深高度。测空当必须测两次，取其平均值。如两次读数超过1 mm，需再加测一次取平均值。

（3）测底水：用量油尺测量底水，在估计水深的测量尺位置，涂沫试水膏，垂直下放至触底，轻质货静置3～5 s，重质货静置20～30 s，提收油尺，读取试水膏变色处读数，即为底水深，测量液深减去底水深即为实测液深H。船舶若配有油水界面测量仪，则使用更方便。

（4）如测深管不在舱中心，应注意液深H的纵倾校正：其校正值Δh为校正系数乘以首尾吃水差，校正系数为测深管到其舱中心的纵距与两柱间长（登记长度）之比。装载后一般为尾倾，如测深管在舱后，计深为$H-\Delta h$。测深管在舱前，计深为$H+\Delta h$。另应注意缩小测温与测深的时间差，最好同时。读取艏、艉吃水一定要观测准确，取波峰与波谷读数的平均值。最好使船舶正浮测量，无须纵倾校正。

4. 计算

查舱容表，由计深值查算出实际温度下的液体体积V_t。如各舱温度不同，在此不能求和，需算出各舱标准状态下的体积再求和。查石化产品体积温度系数表，得出温度改变1 ℃的体积改变量k。体积修正系数$K=1-k(t-20)$。$V_{20}=KV_t$。计算公式：$W=V_{20}\times(\rho_{20}-0.0011)$。公式中：$t$为所测液温；20为标准温度；$V_t$为所测温度下的液体容积；$V_{20}$为标准温度下的液体容积；$\rho_{20}$为标准温度下的密度；0.001 1为空气浮力校正系数。

（四）计量注意事项

（1）测量时做好人身防护，有毒货品应穿防护服、戴防毒面具、站侧风向。测取前释放舱气压。

（2）测量、取样器材必须接地良好，方可入舱测取。

（3）舱深较深、液温较大时，注意消除测量尺误差，并注意选用合格的测量尺。

（4）舱容表有误差，注意总结十次以上的计量误差，获取计量误差经验系数，做到心中有数。

（5）注意测量底水。船舶处漂荡状态，测深需多测几次取平均值。

（6）每次计量都需填写货舱取样记录表和货舱测量报告，并由大副、商检、货代/岸代签字。大副负责保存三年。

九、其他关键操作

（一）氮气操作

散化船运输，存在一些需隔氧、绝氧运输的化学品，因为氮气纯度高，为我们提供了便利。氮气的来源，在装前氮化和卸货充填时，主要靠岸供；航行中补氮靠船舶制氮装置或备用氮气储备瓶。氮气操作从四方面讲解：操作前的准备、氮气置换、氮气添加/覆盖、航行过程中的氮气保持。

1. 操作前的准备

（1）与收发货人、码头确认所要承运的货物是否需要氮气置换或覆盖。

（2）如果需要氮气置换或覆盖，确认置换、覆盖后的氧气含量和在承运过程中的控氧量。

（3）为了隔绝可燃气或阻止货物受潮和氧化，要进行液舱、相连管线气密和水密测试。

（4）靠泊前要校正和检查船上的氧气测量表，有些货物如已烯需要非常精确的氧气含量检测设备，可以测量氧气含量到百万分之一。与船舶管理者或租家确定提供/校正此设备。

（5）用于码头氮气覆盖和运输中保持的所有设备如适当量程的压力表、备用氮气瓶、记录本等都要预先准备好。

（6）货舱压力警报应设定在呼吸阀设定值以下，从而当舱内压力达到临界点时便报警。我们建议将警报设定在1 400 mmH_2O。

2. 氮气置换

氮气置换通常在装货前进行，以将舱内气体达到所要的标准。氮气置换通常连接码头的岸臂或货管直接到货物管路，通过货管进舱。此操作由负责驾驶员在船长或大副的监督下进行，并不能与其他货物操作或洗舱同时进行。

（1）置换到空旷大气中

①如果设备允许全部打开呼吸阀，如果不可以就将真空阀上的通风盖打开。

②如果每个货舱有独立的压力报警装置，确认压力报警开启。

③如果船舶的货舱没有安装独立的遥控压力表，每个货舱要配备便携式压力表。操作前安装就位。

④保证货管处在紧急情况下有人控制阀（开始、压力变化、停止的时候）。

⑤和氮气提供者建立并保持通信畅通。

⑥始终慢慢开启出口阀，操作者在流速没有确定前不要开启阀超过25%。

⑦频繁监控调整货舱压力。

⑧如果压力过大导致报警，或者超过呼吸阀的压力设定，通知氮气提供者停止充氮同时关闭出口阀。

⑨一旦完成，确认氮气提供者已经停止并关闭出口阀。

⑩关闭阀并上紧舱盖。

⑪将呼吸阀处于正常位置，关闭真空阀通风盖。

⑫释放充氮气管中的压力。

⑬拆掉充气管。

（2）封闭式置换（回气管）

①呼吸阀可用（处于开的位置），联结货舱到回气管路。确认回气管路的压力警报正常。

②如果每个舱有独立的压力警报，确认开启。如果货舱没有独立的遥控压力表，每个舱要接好便携式压力表。

③打开舱盖或者其他相关的货舱出口，或者将舱盖不固定作为释放阀。如果由于码头、货物、发货人或者其他限制约束导致不可行，直到对任何方法的风险进行评估以确认有类似的保护货舱增压的预防措施后，操作才可以进行。

④与码头确认压力和充气流量，不能超过船舶回气管路系统的容量。

⑤保证货管处在紧急情况下有人控制阀（开始、压力变化、停止的时候）。

⑥和氮气提供者建立并保持通信畅通，始终慢慢开启出口阀，操作者在流速没有确定前不要开启阀超过25%。

⑦频繁监控调整货舱压力（通过调整流速等）。如果压力过大导致报警，或者超过呼吸阀的压力设定，通知氮气提供者停止充氮同时关闭出口阀。

⑧一旦完成，确认氮气提供者已经停止并关闭出口阀。关闭入舱阀上紧舱盖。

⑨释放充氮气管中的压力。拆掉充气管。

如果管子接到共管上给多个货舱供气，要严格控制氮气的流量。阀的操作和氮气压力的影响应考虑到。

3. 氮气添加/覆盖

只要船舶进行氮气覆盖，必须从码头接氮气，最好是在装货前将货舱用氮气置换。置换后在封闭状态下装货可以在货舱内自动形成氮气覆盖。通过从码头直接氮气覆盖造成的压力陡然增加的危险将会减小。氮气覆盖通常是在完货后马上进行。此操作由负责驾驶员在船长或大副的监督下进行，并不能与其他货物操作或洗舱同时进行。

（1）完货后关闭进货阀。

（2）如果每个货舱有独立的压力警报，确认开启。如果货舱没有独立的遥控压力表，每个舱要接好手提式压力表。

（3）如果设备允许，全部打开呼吸阀；如果不可以、就将真空阀上的通风盖打开。

（4）整个过程中保证出口阀有人控制。

（5）和氮气提供者建立并保持通信畅通。始终慢慢开启出口阀，操作者在流速没有确定前不要开启阀超过25%。

（6）频繁监控调整货舱压力（通过调整流速等）。如果压力过大导致报警，或者超过呼吸阀的压力设定，通知氮气提供者停止充氮同时关闭出口阀。

（7）一旦氧气含量达到要求，将呼吸阀转到正常位置，关闭通风盖。当气体压力达到认可的压力（通常是75%的呼吸阀释放压力）停止覆盖。

（8）氮气覆盖完成后确认提供者阀已经关闭。

（9）释放充气处的压力。释放充气管路中的压力。拆管。

氮气覆盖结束后，所有的出口阀的盲板都要上紧保证气密。

4. 航行过程中的氮气保持

（1）如果天气允许货舱的压力每天都要检查并记录。

（2）当货舱压力低于0.01 kg/cm²，启动制氮装置或将备用氮气从氮气瓶中充进货舱以达到建议的安全压力0.03 ~ 0.07 kg/cm²。

（二）过驳作业

内河散化船过载限定在专属过载锚地进行，包括驶近操纵、靠泊、系缆、离泊、接管、拆管和货物过驳在内的整个过程。内河设有过载锚地的港口，都制定有本港某锚地过载指南。内河散化船过驳作业，主要从以下几方面叙述：

1. 船靠船的条件和要求

（1）船舶条件

定向船、行动船在设计和设备配置方面符合船靠舶过驳作业的要求及相关建议，能使系泊作业、软管操作和通信联系安全而有效地进行。船东应及早将船舶尺度、干舷高度、汇管位置、碰垫位置、系缆配置、驾驶台有无伸出舷外、锚抓力、操纵性能等信息进行交换，权衡比对是否利于双方靠泊和驳载作业，否则应取消航次任务。

《船舶载运危险货物安全监督管理规定》第30条：“载运危险货物的船舶在港口水域内从事危险货物过驳作业，应当由负责过驳作业的港口经营人依法向港口行政管理部门提出申请。港口行政管理部门在审批时，应当就船舶过驳作业的水域征得海事管理机构的同意，并将审批情况通报海事管理机构。 船舶在港口水域外从事内河危险货物过驳作业或者海上散装液体污染危害性货物过驳作业，应当依法向海事管理机构申请批准。 船舶进行水上危险货物和散装液体污染危害性货物过驳作业的水域，由海事管理机构发布航行警告或者航行通告。”

第三十一条：“船舶在港口水域外申请从事内河危险货物过驳作业或者海上散装液体污染危害性货物过驳作业的，申请人应当在作业前向海事管理机构提出申请，告知作业地点，并提交作业方案、作业程序、防治污染措施等材料。”

（2）水域环境条件

过驳锚地必须是主管机关论证、指定的，河底土质能产生足够的锚抓力，能抵御风、浪、流的作用；锚地水域宽阔，有足够回旋余地，有潮汐影响的不妨碍他船；水深足够；过往船舶远离锚地；靠、离泊风、流影响较小，便于操纵；应急分离无障碍。指定过驳锚地以外禁止过载。《船舶载运危险货物安全监督管理规定》第二十八条：“船舶进行危险货物水上过驳作业或者载运危险货物的船舶进行洗（清）舱、驱气、置换，应当符合国家水上交通安全和防治船舶污染环境的管理规定及技术规范，尽量远离船舶定线制区、饮用水地表水源取水口、渡口、客轮码头、通航建筑物、大型桥梁、水下通道以及内河等级航道和沿海设标航道，制定安全和防污染的措施和应急计划并保证有效实施。”

（3）货物操作的适用性

货物软管尺寸双方适用、数目足够；两船干舷高度差不宜超过10 m、作业最大和最小落差能保证靠泊和作业安全；主碰垫尺寸一致，能使两船紧靠时舷侧受力均匀分布；软管轻吊安全适用、不会产生舷侧摩擦损伤；舱气控制便于实施。

（4）过载作业许可

获得海事管理机构签发的散化船过驳作业许可证。

2. 基本安全原则

（1）风险管理：作业前必须进行风险评估，包括操作风险及管理、控制、消除风险的方法。

（2）应急程序：包括应急消防、应急停止、应急防污、应急分离等。双方船员必须熟悉应急信号、应急岗位、应急操作，有条件时应有选择地进行共同演习。

（3）安全过驳作业检查单：必须严格遵守执行，检查无误。

（4）防火、防爆、防静电、防污染：参照码头装卸作业执行。

（5）货物蒸汽积聚：出现易燃、有毒货物蒸汽在任一船、任何地方积聚，应立即停止作业，直至检测安全后方可恢复。

（6）无线发射天线、雷达、燃油燃气炉灶等不得使用。

（7）通信：过驳作业全程，双方通信必须畅通，一旦失联，必须停止作业。

（8）作业值班与锚泊值班应分开。

3. 作业责任人的要求

（1）负责人

驳载船舶的所有人应该指定负责人，全面负责驳载作业。负责人可以是驳载船舶上的或者是被驳载的船舶的船长或者是指定的驳载船船长。一般由定向船船长担任总负责人。负责人必须至少具备下列条件：

①现行的船长证书；

②有散化船装卸货物的经验；

③了解驳载地和周围地区的全部情况；

④具有清除溢货技术的知识，包括熟悉驳载应急计划的运用办法、设备和资源；

⑤具有驳载计划的全部知识。

（2）双方班组负责人应该做到以下几点：

①按照规定进行驳载作业；

②把驳载作业的关键阶段报告船长，如系泊、解缆和货物转驳；

③在发生溢货的情况下，保证执行应急计划里的各项条款；

④输货前，检查货物驳载系统；

⑤监督本船驳载作业的所有方面；

⑥按照驳载计划进行驳载操作；

⑦保证检查所有系泊设备、碰垫和安全措施。

4. 驳载计划的制订

行动船靠泊定向船之前，双方主要责任人应汇集一起，制订靠泊计划和驳载计划，并以书面形式交两船船长审阅、签字确定。驳载计划一般包含以下内容：

（1）需要过驳的货种、数量；

（2）货品信息，如比重、货温、毒性、闪点、黏度、腐蚀性、集电性、挥发性等；

（3）详细的驳载操作系统、货泵的数量、最大工作压力；

（4）需惰化/氮化货物的惰化/氮化程序；

（5）加温或控温程序；

（6）初始速率、期间常速、平舱速率及调速、停止需要的时间间隔；

（7）应急停止程序；

（8）溢货、防毒、防污应急程序；

（9）压载水计划协定；

（10）值班安排；

（11）主管机关对过驳作业的相关要求和执行措施；

（12）货物安全技术资料；

（13）货物软管的连接、监控、放残、拆卸工作安排。

5. 作业准备（有别于码头作业以外的工作）

（1）船长与船长及主要负责人之间建立起可靠的通信系统，明确通信故障应急信号，一旦发出，立即中止过驳作业。

（2）检查系缆松紧与主碰垫受力情况，确保系靠牢固，备有副碰垫。

（3）双方共同接管、接线、备线，气压检漏，符合安全要求。

（4）确定应急值班人员，各项应急准备完备。

（5）收听、记录作业区域期间天气预报，做好应对不利气象的准备。

（6）按作业开始前驳载检查单要求进行安全核查。

除上以外，定向船按卸货作业进行准备，行动船按装货作业进行准备。

6. 过驳作业中的注意事项

过驳作业过程中的监控，双方参照装、卸货过程中的监控各自执行，这里不再专项陈述。只就双方协作中应关注的事项，简要列举。

（1）双方分别安装、卸货操作程序全程监控。

（2）开始速度要低，双方的安全复查要仔细。发现问题即通告停止。

（3）甲板值班保持直视，通信畅通，各自负责，兼顾对方。

（4）每小时核对装、卸量一次，差距过大，停止过驳，查明问题并解决后恢复。

（5）速率调整，先通告，后操作。

（6）调压载控沉浮和纵倾，按计划协定进行，严密监控系泊受力和水面情况。

（7）系泊缆索、碰垫受力情况始终处于双方监控下，绞缆调整受力应暂停过驳作业。

（8）过载集电性散化品，做好各项防静电工作，最好有惰气保护。

（9）双方确保封闭作业，甲板有蒸气积聚，即刻停止作业。

（10）收尾扫线向低舷方扫，便利排空。

（11）双方始终处于备航状态，掌握应急分离程序。

（三）货物的隔离和抑制

1. 隔离

内河散化船一般都是专运，运二票及以上不相容的货的条件一般都不具备，所以，不相容货物间的隔离问题就不是问题。但换装货品存在前、后载货的相容与不相容问题，这就需要查阅相容性图表，确定是否相容。如相容，仅需充分洗舱即可满足。若不相容，先要确定不相容程度，再决定洗舱的彻底程度，通过洗舱、舱壁试验满足其后续承载；有些不相容，不允许换载，如前载有毒货品，准备续载食用油，洗舱洗一万遍也不行。

2. 抑制

（1）反应特征

不稳定的化学品自己发生反应，而不与其他化学物质的反应称为自反应。不稳定的化学物质或分解或聚合，但加入一定数量的抑制剂和控制温度来防止自反应聚合。

（2）IMO规则要求

散化规则明确指定要使用添加剂（稳定剂和抑制剂），以及由运输温度控制来控制货物的自发分解和聚合。

该规则规定不稳定化学品的制造商向船舶提供安全建议以及添加剂的证书：

①添加剂的名称和介绍，并且加入的数量；

②添加剂的预计有效时间；

③温度条件得到满足，以维护添加剂的成效和寿命；

④氧气是否是有效的；

⑤如果在航行持续时间超过了有效期的应采取什么行动；

⑥如果添加剂需要氧气，货舱不应该惰性。

大多数抑制剂本身不易挥发，因此它们不与货物一起蒸发，因此，在货物蒸气凝结，例如内通风阀和阻火器处，可能会发生聚合。

货物的聚合型固化，有时被称为结晶，在货运系统应该加以避免，因为它可能影响添加剂在货物范围内的均匀分布，国际散化规则还包含对货物暴露在过热状态下的预防措施，预防措施包括禁止货舱或管道接近其温度高到使不稳定的化学品发生反应，并控制货舱的加热盘管使用。货舱必须配备高温报警警报器。

（四）高黏度和凝固性货物的操作

1. 高黏度货物定义

高黏度货物的定义：有毒液体物质在污染等级X和Y类时，在卸货温度时的黏度等于或大于50 mPa.s。当高黏度货物装载时，船长应当确保高黏度货物应当在船舶文件中的被

具体说明。当货物的黏度在20 ℃时超过50 mPa.s时，这个货物黏度为50 mPa.s时的温度应当在船舶文件中具体说明。如果船长没有得到上述信息，装货应当停止直到信息被提供。例如：糖浆，可能必须使用特殊的增压泵，以促进船舶出口到岸罐之间货物的流动。非常重要的是船长应当考虑独立货泵的特性和增压泵最佳的卸货速度和压力，在卸完货时，应考虑强制预洗的操作。

2. 概要

黏性货物的加热，如糖蜜、某些植物油等，是为了易于泵取和卸出的必要。如果这些货物适当的加热和有效的卸出，留在船上的货物数量将不会超过正常允许的残余量，这些货物的加热降低了船舶泵和扫舱设备以及后来的洗舱的传输压力。

（1）依照货主要求加热

货主可能要求：货物通过航行加热到某一温度；船舶以某一温度到达卸货港并且整个卸货过程都维持此温度。

（2）准备加热

装载需要加温货以前，船长应该确保：

①轮机长及时考虑关于货主加热的要求。

②锅炉/蒸发器在良好的工作状态。

③燃料/蒸馏水足够用于加热需求的额外消耗。

④加热盘管压力试漏。

⑤加热存水弯是否正常运行而且船上有足够的备件。

⑥甲板蒸气管线的控制阀处于良好的工作状态。

（3）装货

船舶接收的货物温度决不能高于71 ℃，除非是收到货主或办公室确认的特别指示。货物温度应该定时地检查，因为过高的温度可能导致船舶结构的过分损伤。涂有环氧和附有涂层的大舱，必须提醒涂层或胶封容许的最高温度是65 ℃，过高的温度可能损害涂层和/或胶封。如货物入舱温度过低，装满舱就应开始加温，以满足货主要求。

（4）加温的应用程序

货物的加热要求取决于货物的性质，如倾点和黏性。用来加热货物的盘管的范围，它要求温度能根据气候条件、货主的要求和航行持续的时间而改变。

加温开始的时候应该采用以下程序。

①所有加热盘管的排气排水阀都应全部打开，而且供应到主加热盘管系统管线的蒸汽压力大约在2.5 kg/cm^2。

②货舱的蒸汽控制阀应该先设置在打开位置，观察从排水处流出的冷凝水有货物的痕迹说明加温盘管有漏，因此加温控制阀应该关掉并用钢丝捆绑防止误开。如果没有看到货物的痕迹，那么排气控制阀应该全开而且排水阀关掉。这个程序应该同样用于下面的舱。加热盘管的排水阀每天应检查两次是否有货物的痕迹。如果有货，这个有缺陷的盘管应立即隔离。绝不使用怀疑泄漏的盘管。

③大副的职责是掌握每天每个舱的温度。记录每个舱的温度和蒸汽阀的打开程度。轮机长应持有这个复件。

根据温度按要求调整。通常两边舱的蒸汽阀打开幅度应多于中间的舱。前面的舱应多于后面的舱。这是为了减少蒸汽压力的损失。

轮机长的职责是确保在蒸汽管线的压力能按要求维持货物的温度。

（5）卸货操作

加热货的度量，要求注意温度在不同的舱有相应的变化。为避免到达货物的数量指数的差异，温度必须从每个舱获得并且每个舱的货量必须单独计算。到舱顶的1～2 m的点，舱的中心点和从舱底1 m左右以及这三个读数的平均值都应用到。如果看到这三个读数的差别太大，那么更多读数应该采用更精确的平均温度。

卸货开始以后温度读数的误差是不能修正的，对于卸货的货舱应该减小蒸汽的提供。当加热易挥发货物时，必须特别注意。如果过分地超出温度的允许，货泵可能进气失去吸力。这种危险可以通过及时控制加热盘管的蒸汽供应量来避免。

必须是主管线阀关闭以后才能开始正常的扫舱。当货物液面降到加温盘管以下时，温度将迅速降低，且如不立刻扫舱，它可能要凝固。

如果加温货在很冷的天气中卸货而且卸货临时停止，应该努力地排干所有管线并通过扫舱排干主泵到集液槽。应该立即停止主泵，是为了防止货凝固在暴露的甲板和泵间的管线里。如果舱内货物液面降到加温盘管以下长时间的正常停止，应该从另外一个舱拨货过来以增高液面，最好在温度升到最大允许后，再重新启动货泵。这样很容易发生过热的情况，因此，要频繁的检查温度。

以主管线一直被加温货物覆盖的方式做一个卸货计划，对于运输要求加温货的船舶是又方便又实用的，因此所有管线在中舱的船舶应先扫干两边的舱，然后是中舱。

3. 易凝结货物的运输

（1）易凝结货物

化学品船在运输易凝结货物时可能会因为操作和维护时的小错误而出问题。常温下易凝结货物有三类：

①不干类的油（动植物油）。

②需要加温的化学品。

③在热/或光的作用下倾向于聚合的化学品。

在操作凝固货物尤其是②中很快就凝固/聚合的货物时，必须警惕。像动植物油一样必需长时间融化的货物，可能会令货泵停止在最糟糕状态。

属于②的大多数货物由于本身的毒性可能对人体有害。

（2）常规预防

①个人保护的准备

若操作②和③类的凝固货时应该使用个人保护，如护目镜、防毒面具、手套、围裙、防护服等。

如果货物操作用到氮气，除了上面的还有可能用到的氧气复苏仪、自给呼吸设备和气管型气密服都应准备。

②吹管前讨论会

船和码头负责人之间的讨论会中，共同讨论吹管线的方法，是用空气、蒸汽，还是氮气，这很有必要：安排吹管的方法、吹的次数、码头（或驳船）吹管的设备和方法、是否由码头或驳船吹管和吹管的时间要求。

③吹管的方法

用空气，蒸汽，或氮气吹管时要当心，通常空气由岸方提供。需注意：吹管时正确的操作船阀；应该遵循基本程序，开始时：所有和蒸汽连接的加温盘管阀应关闭，确定机舱

保持正常的蒸汽压力，打开蒸汽阀等，打开货物阀。结束时：关闭货物阀，关闭空气阀；所有阀都要手动操作确保全开或全关没有任何半开状态；吹管时应选择舱和管线一个接一个地吹同时所有的阀如货阀、空气阀、蒸汽阀要检查完全关闭；防止货物进入蒸汽管线；确定阀的开关是否被适当的标记或加标志。

（3）装货前

①检查货物加温系统

a. 吹掉加温管和蒸汽管里的水。

b. 检查上面的a完成以后，慢慢地打开蒸汽并检查舱里和甲板的管线是否有漏。

c. 确保蒸汽存水弯处于良好状态。

d. 装载加温货物刚开始的时候，和商检一起检查加温盘管。

e. 如果船舶运输加热敏感货物时，进气口应空着。

d. 阀的查漏要执行。

一个货物阀渗漏可能导致在货物操作期间严重的问题，甚至是货阀的完整性，每个货舱在洗舱操作期间应检查测试。

②检查潜水泵

a. 确保在泵的围堰里没有货物的残渣。

b. 完成泵的机械密封全面试漏（围堰清洗）和制造说明一致。

装货前确定放残管是空的，这是很难保持清洁和停止状态的管。因此所有与货物操作有关的管线都应在装货前从任意放残管中排空。即将滞流的管线区域在装货前要检查，如凸的或凹的弯管处、相连歧管、管下排水旋塞。

③防护措施

a. 人员防护，如面罩、防化服、防化靴、防热手套等摆放妥当。

b. 配备淡水管，装载凝固性货物表中第二组的货物，应有应急准备。

c. 应急淋浴、洗眼池和淡水管必须一直处于良好状态。

d. 氧气复苏器、自给式呼吸设备应准备在歧管处。

e. 甲板防污材料应准备妥当。

（4）装货期间

①装货操作按照计划实施。

②通过触摸管线可以确定关掉的阀的两边传输管线是否有漏。

③如果装货操作暂停应将货物管线吹空。

（5）完货后

①从码头方用空气或氮气吹管，应按照码头长或商检的要求确定管线里的货量，要考虑到舱的可载量和预计吹管的货量之间的差。

②船上应吹净每个舱的每根管线里的货，然后再将岸管拆掉。

③装货期间凝在管线包括下舱管里的货物，可以从管线表面加蒸汽和小气吹管来融化。

④配有潜液泵系统的船不得不向潜液泵填充液体，因此，要将排出阀打开几天，以免货物残渣留在管线里凝固。

⑤当操作凝固货物或结晶货物时，船长应对潜液泵用水封处理和净化围堰做出指示。

（6）航行期间

①货物温度应根据加温指示进行保持。

船长在装货港从发货人或商检那里收到加温说明，请示后如果同样不适用，船长应立即发出抗议信并通知公司。大舱底的情况在航行期间应定期地用测深带或棒进行检测。无论如何如果大舱的空当空间用氮气填充或大舱里包括危险气体，这种测量是严格禁止的。

②应进行始终检查确认货物是否凝结在泵的管线里或歧管里。

③开始加温以前，排掉加温盘管里水，关掉总排水管的回水阀，检查回水管线是否有气味和污染，正常加温期间也要频繁的检查加温盘管。

④根据制造说明手册对潜液泵的围堰进行查漏。

⑤防止货物来自太阳光热的聚合，装货区域甲板可用洒水冷却，覆盖指定区域或用湿抹布包裹通风管线。

第六节 化学品船洗舱作业

一、化学品船舶洗舱概述

化学品船洗舱，是指利用洗舱泵将一定压力的洗舱介质经由洗舱机高速喷射到液货舱的内壁，以将舱壁及货舱内部结构表面沾附的残余物及污垢洗掉的过程。

（一）洗舱的目的和要求

（1）清除上一航次货品的残余物，将液货舱清洗干净，达到液货舱适货的目的；

（2）进厂修理或液货舱内进行临时性内部检验和修理；

（3）为满足MARPOL 73/78公约附则Ⅱ控制有毒液体物质污染的要求，对某些特定类别液货空舱的强制预清洗；

（4）控制货舱内沉淀物的堆积，以减少对货舱的腐蚀。

上述第（2）项经洗舱后还需对货舱进行通风除气，满足人员进入舱内和明火作业要求。

（二）洗舱系统的组成和功用

为了高效、安全地完成洗舱作业，不需船员进舱，可利用洗舱设备进行洗舱，这些洗舱的主要设备一般包括：洗舱泵、洗舱供水管路、洗舱加热器、洗舱机、供移动式洗舱机伸入的甲板通孔、扫舱泵等。洗舱管系图如图6-17所示。

1. 洗舱泵

洗舱泵通常为小排量高扬程型泵，是整个洗舱系统的动力。洗舱泵一般是专用的，但也可用主货泵或消防泵代替。为了有效地从舱底和肋板上清除残留物，泵浦的输出压力必须稳定在0.980 ~ 1.274 MPa（10 ~ 13 kg/cm^2）；其排量也必须大于洗舱机的总排量，当使用1 ~ 2台洗舱机时，水泵的容积余量应在10%左右；当同时使用4台或4台以上的洗舱机时，其容积余量应为5%左右。

2. 甲板供水管路

甲板供水管路是将洗舱水送到各个洗舱机的专用管路。如果采用移动式洗舱，为防止管内的铁锈等杂物进入洗舱机内，在连接洗舱软管之前，必须先打开洗舱管路最前端的接头，放水数分钟，然后将洗舱时需用的全部接头依次打开，用水冲洗，再将软管接到预定

的接头上。洗舱管路必须能在大约1.47 MPa（15 kg/ cm^2）压力下工作，且能输送水泵最大排量的水而不引起太大的压力损失，以避免清洗无效。为了监视运行状况，通常在管线的重要部位安装温度表和压力表。

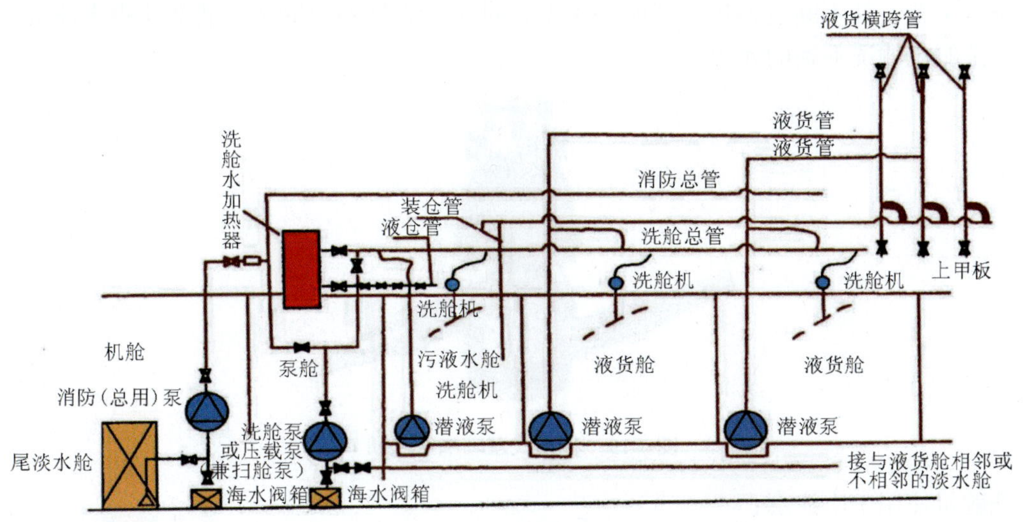

图6-17　洗舱管系图

3. 洗舱机

洗舱机是洗舱的直接设备，其内部结构是由伞形齿轮和蜗轮蜗杆配套，启动洗舱机时，洗舱介质以一定的压力从喷嘴喷出，将货物残余清除。

船用洗舱机根据洗舱机的布置方式，分成固定式和移动式两种；按照喷嘴的数目，又可以把洗舱机分为单喷嘴式和双喷嘴式两种。

单喷嘴洗舱机一般用作固定式洗舱机，一般多用于大型船舶，如图6-18所示。固定式洗舱机固定设置在液货舱内，这种洗舱机的特点是喷射量大、喷射距离远。

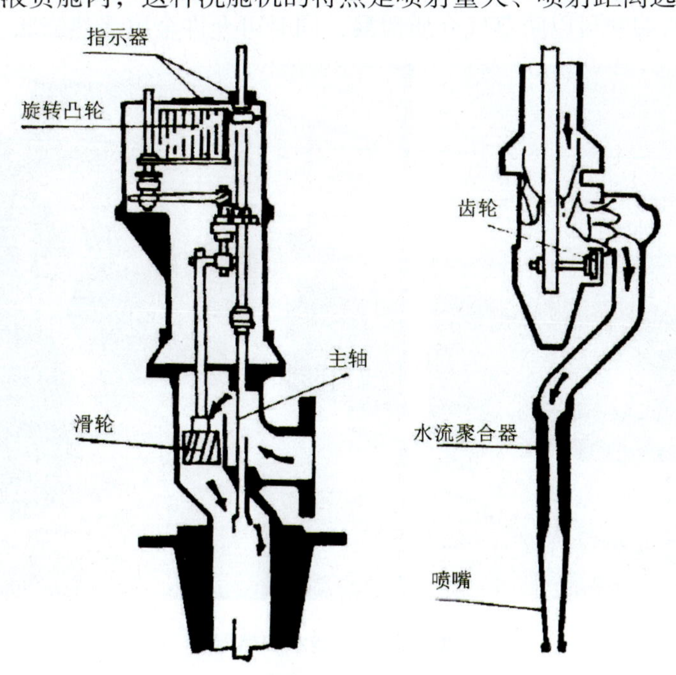

图6-18　固定式单喷嘴洗舱机结构原理

移动式双喷嘴洗舱机，如图6-19所示，也称巴氏洗舱机，通常独立于液货舱结构，一般多用于小型散化船。移动式洗舱机使用时由洗舱软管（也称冲舱皮龙）与甲板的固定管系连接，这种洗舱机由主体和喷嘴组成，洗舱时由洗舱水驱动。移动式洗舱机通常要放在舱内预定位置，并不断变换进入货舱的深度，对液货舱仔细地清洗。通常还用来冲洗一些固定式洗舱机冲洗不到的死角。

图6-19　移动式双喷嘴洗舱机

洗舱机使用中应注意：

（1）不得受到锤击和碰撞。

（2）每次用毕都应用清水冲洗清；除专门设计无油润滑轴承外，均应考虑浸没在润滑油内，或对轴承及运动部分采取施加润滑油等防锈措施。

4. 洗舱水加热器

洗舱水在必要时可能需要加热。洗舱水加热器如图6-20所示，通常安装在洗舱泵的出口端，且装有旁通水阀。为了使化学清洗剂能在最佳工况下发挥作用，且水在管路中温度降低仍在可接受范围内，加热器应能保证把洗舱水加热到90 ℃左右。加热器壳体材料一般为低碳钢，并加工成交叉换热式，且通常水平安装。加热器的加热面通常由许多铜镍合金管群组成，管两端密封以防蒸气介质泄漏，同时可允许金属受热膨胀。

图6-20　洗舱水加热器

5. **甲板通孔**

为了避免人工清洗和沾污洗舱机，则需在甲板上开设有足够数量的通孔，这些甲板通孔标准直径是318 mm，且专为移动式洗舱机放入舱内而开设的，又叫巴氏孔，如图6-21所示。当不使用这些通孔时，要用带螺栓的盖板封住或用能迅速启闭的盖板封住。

图6-21 甲板通孔

如果由于杂质的阻塞引起从喷嘴中喷出的水流射程减少，或为了使梯子、肋板等物后面的区域能清洗干净，那么在开设通孔前考虑到上述所有因素并仔细地选取位置，距离最近舱壁一般6 ~ 10 m，才会得到最佳的清洗效果。通孔应尽可能地开设在露天甲板上，这样有毒或易爆的气体能迅速地在大气中消失。

6. **扫舱泵**

为了使洗舱工作顺利进行，扫舱泵是必不可少的，主要将洗舱产生的污水清除出舱外。

二、洗舱和验舱

（一）洗舱介质和清洗方式

1. **洗舱介质**

（1）水

水是散化船洗舱最常用的介质。根据物质的实际情况，对洗舱用水的纯度和温度有不同要求：一般货物如果要求不高，只需要直接抽取河水即可；如果货物纯度要求较高，不宜用河水的，那么只能用淡水；如果淡水中含有较高的盐分或氯气，可能造成忌氯货物的污染，则需将留存在舱内的氯离子除掉，有些船使用蒸舱除氯这一操作。

水温在不同的作业阶段有不同的意义，尤其是在预洗和调制清洗剂水溶液时，更是具有特别重要的意义。水的温度应根据卸去货物特性和清洗剂的特性综合考虑。

如果要清除的货物属于火灾危险性特别严重的，或通过呼吸道对人体的伤害性很严重的，且挥发度又很大，则预洗水温不应过高，通常用冷水为宜；相反地，如果载运过的货物在常温下较易凝固，则需要将洗舱水加热后使用。

（2）碱

碱可以加强去油垢的能力，也可以中和一些酸性物质。这里说的碱主要包括烧碱（苛性钠，即氢氧化钠）和纯碱（碳酸钠）两种。纯碱是一种白色细晶，在水中能溶化，其水溶液碱性弱于烧碱。在船上使用时一般调制成浓度为5%～10%的溶液，温度如果稍高些，效果会更理想。

烧碱溶液有较强的碱性，使用方便，但需注意，浓度过高容易造成伤害事故，一般在5%以下为宜。

（3）酸

如果在不锈钢表面或树脂涂层上有铁锈斑，或一些无机盐的污垢，或其他无机沉淀物时，用酸清除比较容易，这里所说的酸常指无机酸，常用的有盐酸和稀硫酸。

（4）化学清洗剂

化学清洗剂的种类繁多，根据洗舱剂的不同作用，可分为下列几类：

①溶剂：是一种能溶解其他化学物质的化学清除剂。

②表面活性剂：通常与溶剂一起使用，组成的清洗液可将诸如碳氢化合物等舱内残渣完全清除。

③乳化剂：使两种液体乳化的表面活性化学药剂，其中一种液体以极小的液滴状态扩散并悬浮在另一种液体中。

④皂化剂：一种对微生物无害且容易从黏附表面冲洗掉的化学药剂，常用的有强碱性溶液（NaOH或KOH）与其他各种化合物组成的皂化剂。

无论采用何种化学剂洗舱，均应注意该化学剂与货舱材料或表面涂料、洗舱机材料、洗舱皮龙等必须相容，否则不可使用。各化学剂生产厂家一般都提供其产品与各种物质的相容情况，以供船方参考。

2. 货舱清洗方式

依据洗舱水供给方式，分为开式洗舱方式和闭式循环洗舱方式。

（1）开式洗舱方式

该方式是由洗舱泵直接从海底阀吸舷外水，以作为洗舱用水，经过热交换器加热（或不加热）后进入洗舱机。洗舱后的污水由货泵或扫舱泵收集到污水舱或直接排到岸上的接收设备。这种方式中的洗舱水完全不含液货，洗舱效果好、速度快，但洗舱剂的消耗量也会很大。

（2）闭式循环方式

循环洗舱管系与液货系统有着一定的联系，往往利用部分的液货管实现清洗溶液的再循环，甚至可达2～3次。洗舱时向污水舱（或指定的某一液货舱）注入一定量的舷外水，加入适当数量的清洗剂配成一定浓度的清洗液，用货泵抽出通过设置在舱面上的热交换器加热（或不加热）后排到汇集管出口，由软管或可拆卸短管与洗舱管系连接进入洗舱机。清洗产生的洗舱水由液货泵吸人并通过液货管排至污液水舱，可重复进行上述的循环洗舱过程，直至达到清洗要求为止。洗完后洗舱水再洗下一个舱或直接排至岸上的接收设备。

（二）洗舱程序

1. 洗舱计划

在洗舱之前，大副需要根据上航次装载货物特性和下航次装载货物的要求来制订洗舱计划。制订洗舱计划应考虑和包含以下的内容：

（1）最后一次装载货物的特性

①蒸气压力

假如较高蒸气压力的货物刚刚卸去，在清洗前，货舱通常要除气并使之干燥。比如氯甲烷甲基氯的沸点很低（-23.9 ℃），20 ℃时饱和蒸气压为506.7 kPa，该货并不十分有毒，其TLV的值也很高（100ppm），其残余物很容易通过除气来清除。

②与水的相溶性

大部分化学品货物可与水完全或部分溶解或混合，通常越是不溶（或不混合）于水的货物，洗舱时越是需较多的水。洗舱水的温度越高，货舱的清洗就越容易。

③与水的相容性

上次装载的货如与水起反应，则清洗货舱应改用与水不起危险反应的专用清洗剂。

④货物特性

某些载运的货物对热敏感而产生聚合作用，在热水清洗前需用冷水清洗将残余除去。对凝固点相当低的货物进行清洗时，清洗水温度必须在货物熔点以上。

⑤闪点

液货舱洗舱后在完全除气前，须检测舱内是否存在可燃气体，若货物可燃气体浓度在爆炸极限范围，则低闪点有产生危险的可能，如产生静电，则有产生爆炸的可能。在这种环境下，先将舱内可燃气体用惰性气体置换是明智的，可将爆炸的可能性消除。

（2）下一载货物的要求

洗舱的方法和深度是由下一载货物质量的要求而定的。如果将要装载不相容的货物，为避免上航次货物污染，必须坚持严格的洗舱制度，将以前货物的痕迹完全清除，比如在装载甲醇前，不管以前装的是什么货物都须用纯净水洗舱。

（3）港口及其环境应考虑的因素

某些港口制定有严格的规定，未经批准的洗舱一律禁止。这些港口通常为船舶洗舱指定了地方。由于不能将货物蒸气有效地在大气中驱散，恶劣天气的时候禁止洗舱及货物操作。无风的天气条件可能产生同样的问题。

（4）具体的洗舱程序

（略）

（5）洗舱水的处理

洗舱之前必须联系确定洗舱水的处理办法，是排入岸上接收设备还是排入其他接收船舶，需要落实和签署协议的，计划中必须明确。

（6）洗舱中的安全防范措施

（略）

2. 洗舱具体步骤

（1）预洗

预洗的目的是利用清洁河水或自来水通过洗舱机将舱壁、舱底和舱顶的残余货物和残渣清除掉，预洗在整个洗舱作业中是非常关键的一个步骤，进行得好可以保证第二个阶段的工作顺利进行。预洗作业在货物卸空后，开始得越早越好，这样可提高预洗的效果，最大限度地减少了货舱内残存的液货量，从而减轻或避免对水域环境的污染。

预洗作业的时间长短取决于被清洗货物的种类及其特性，而舱容的大小对预洗时间的长短没有多大影响。在预洗作业完成后，要检查确认舱内各个部位是否已洗干净。如果仍有残余物存在，则应再进一步预洗。

需提醒的是，预洗作业并不是每次洗舱都必须进行。在MARPOL附则Ⅱ中定为X类货的，或在特殊水域中的Y类货物，以及有些高黏度、易凝固的Y、Z类货物都需强制预洗。在通常情况下，预洗要先采用冷水（但至少应该是20 ℃）清洗，然后在必要的情况下再使用温水或热水。

（2）清洗

清洗是用水加洗涤剂正式洗舱，通常溶液加热到40 ~ 90 ℃。在配制清洗液时，可以是冷水，也可以是热水。清洗液装在一个小舱内，一个舱容为500 m³的液货舱需要用10 t左右的清洗液（10 × 0.05% = 0.005 t = 5 kg洗涤剂）。洗舱泵将其打入加热器进行加热后，通过洗舱机将其喷射到液货舱内表面进行清洗。

（3）冲洗

清洗作业结束后，要用热水或冷水通过洗舱机对液货舱进行冲洗。一般情况下，冲洗大约需要2 h。但最后应以液货舱内没有残余物，也见不到清洗剂的痕迹为终止标准。

（4）喷洗淡化

如果前面洗舱程序使用的水含有盐分，当下一载货忌氯离子时，需要用不含氯离子的淡水将舱表面的盐分洗掉。喷洗时，将淡水喷射到舱、舱顶和舱底，直至盐分去除。

（5）排污

用泵或喷射器将舱底、管路和泵中的污水全部排净，打开其中的所有旋塞，并用干燥的压缩空气将管路吹干净。

（6）干燥清舱

液货舱必须彻底地通风和干燥，并检查有无残渣遗留，必要时可用经甲苯或三氯乙烯浸泡过的棉布进行擦拭检查。随后采用机械通风或自然通风把货舱完全风干，风干后的舱应关闭好舱盖、测量孔等开口。

造成液货舱洗舱失败的原因有很多，其中包括：因水汽凝结造成的舱底、舱壁、舱顶潮湿；残余货物黏附在舱面上；从裂开的焊缝处渗出液货；在横梁、加热管、肋板和设备的下方有残渣；使用清洁剂漂洗而带来的异味。

3. 洗舱中的安全措施

为了降低洗舱的风险，在洗舱操作中必须注意以下几点：

（1）洗舱时，全船消防系统和装置应处于备用状态，现场布置若干手提灭火器、泡沫枪、水枪等备用。

（2）安排专人值班，关注舱内人员的动静，发现情况及时救援。一切无关人员，应远离洗舱现场。

（3）用移动式洗舱机时，应将洗舱机有效固定，防止其跌落液货舱内，洗舱机放入液货舱前将所有软管接好，并检查其导电性和接地情况，洗舱软管的导电性应满足不大于6 Ω/m。洗舱机连同皮龙应在吊出甲板后，方能拆卸皮龙接头。必须经常检查洗舱设备的安全绳破损情况。

（4）禁止在洗舱现场进行可能产生静电和火花危险的活动。

（5）在舱内静电沉降前避免引进导体和未接地的任何物体。

（6）选用可靠的气体检测仪表，经常检测舱内混合气体的状况。如果舱内易燃易爆气体含量已经达到爆炸下限的50%，则洗舱工作应予停止；使用热水洗舱并且热水超过

60 ℃时，可燃气体浓度升至爆炸下限的35%即应停止洗舱；待液舱通风至可燃气体浓度低于爆炸下限的20%后，方可继续洗舱。

（7）在惰性状态下洗舱，在洗舱过程中必须持续控制舱内含氧量。

（8）用于液舱通风的设备，应是本质安全型设备。

4. 人工洗舱注意事项

（1）洗舱前必须进行有效通风，进舱前必须进行气体检测，如果低于气体安全标准，不要急于进舱作业。在作业期间也需要保持通风。

（2）作业人员必须采取一定的安全措施，穿防护服、戴呼吸器。

（3）甲板区域必须停止一切可能产生火花和静电的其他作业。

（4）舱内外人员需预先制定联系办法，在作业期间舱外安排专人看守，发现舱内作业人员有任何不妥，立即呼救并采取有效措施，进行抢救。

（三）货舱清洁度的检验与测试

洗舱的效果关系到是否能够顺利承载货物，完成合同航次。船方应在岸上商检人员上船验舱之前通过正确的测试，验证是否洗舱合格。如果测试失败或不理想还可争取时间，重新安排洗舱以争取主动。舱壁实验的内容主要有：

①碳氢化合物（Hydrocarbons）测试；

②氯离子（Chloride）测试；

③高锰酸钾时效测试（Per manganateti metest）。

清洗后的货舱舱壁是否干净，是通过对舱壁上的残留物进行检验后判断的。在舱壁上取样前的注意事项有：进入货舱取样前货舱要通风舱壁没有潮气并进行货舱除气；相关驾驶员要测试舱内的毒气、可燃气和氧气的含量，并保证一个人在舱口附近值守；所有的取样器具都要彻底清洗并存放在干净的工具包内；进入或从货舱内出来时不要把工具包扔到舱内；穿好鞋套并戴好新的手套。取样方法如图6-22所示。

（a）

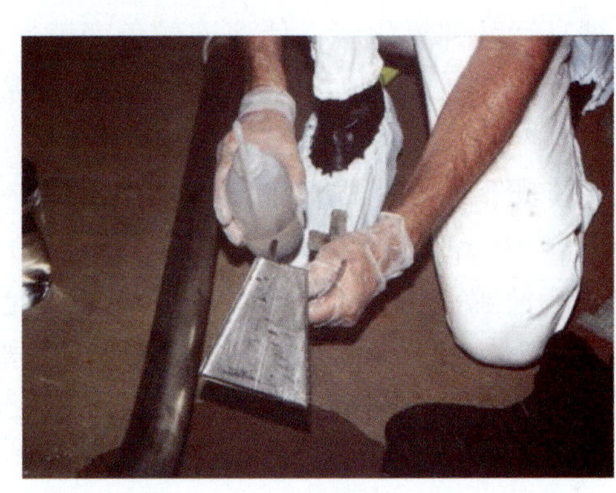

（b）

图6-22　取样方法

（1）碳氢化合物测试

测试原理：由于烃类或碳氢化合物与甲醇之间会发生反应，使甲醇的水溶液变得浑浊。

测试方法：取50 mL舱壁样口到100 mL的试管中，加入50 mL蒸馏水，晃动混合溶液后放置20 min。为防止出现视觉错误，用50 mL纯甲醇和50 mL蒸馏水做成标准混合溶液，在黑色板背景下与样品对比，如图6-23所示。

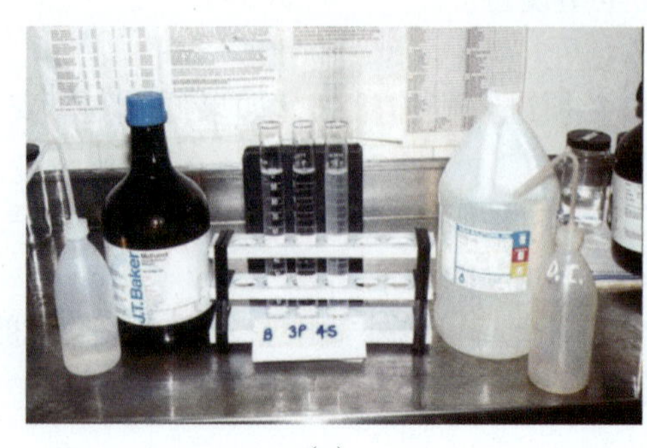

(a)

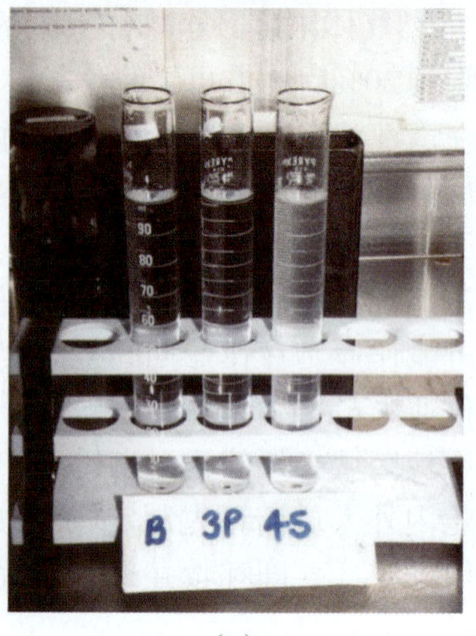

(b)

图6-23　样品对比

①和标准试剂同样清晰：0 ppm；

②几乎清晰：0.5 ppm；

③轻度混浊：1 ppm；

④中度混浊：5 ppm。

（2）氯离子测试

测试原理：氯离子遇见银离子会产生氯化银的白色沉淀物。

加50 mL样品、2 mL20%的硝酸溶液、2 mL硝酸银溶液和46 mL蒸馏水于试管中，晃动混合液体并放置10 min，将混合溶液与标准溶液在黑色板背景下比较。

（3）高锰酸钾时效测试

本方法用来测试醇类或酮类的清洁度，醇、酮等残余物的存在会使高锰酸钾变色。上述物质被高锰酸钾氧化后，使溶液颜色变黄。

器材和试剂：试管1支，蒸馏水，脱脂棉，0.02%的高锰钾溶液，恒温浴盆（或恒温箱）。

试验步骤；用脱脂棉蘸上蒸馏水擦洗舱壁，反复几次，每次将脱脂棉挤入试管中，加入蒸馏水至50 mL。取2 mL浓度0.02%（200 ppm）的高锰酸钾，使溶液充分摇均混合，然后放入能使水温保持15 ℃（酮类25 ℃，允许＋0.5 ℃或−0.5 ℃）的恒温浴盆（或恒温箱）内，在30 min期间内注意观察试管内溶液颜色的变化，假如颜色从粉红色变成橙黄色，则说明还需重新洗舱。颜色稳定没发生变化，则洗舱合格。

第七章 散化船防污染

第一节 防污染相关法规和规定

散化船运输的相关货品，本身具有污染水域和破坏环境的能力，如果没有严格控制好，将会产生很严重的后果，因此船舶人员应熟悉相关防污染法律法规的要求。

一、内河散装运输危险化学品船舶构造与设备规范（2008）

由于货物的特殊危险性，所以对散装运输危险化学品的船舶也提出了比较高的要求，中国船级社特别制定了《内河散装运输危险化学品船舶构造与设备规范（2008）》，本规范按《国际散装运输危险化学品船舶构造和设备规则》（以下简称《IBC规则》）及其修正案进行编写，其中对不适合内河的条款进行了调整，并加入CCS（中国船级社）的要求，对内河散装运输危险化学品船舶的船型、液货舱布置等做出了要求，根据该规范，危险和污染程度越高的货物，所需的船舶的防护要求越严。规则分为总则、入级与检验、船舶图纸和资料的审核、船体结构和补充规定及18个章节，总则部分介绍了中国船级社的业务流程、责任等，船体结构的补充规定里介绍了船舶检验、审图等事项，第1章到第18章分别为：一般规定、船舶残存能力和液货舱位置、船舶布置、货物围护系统、货物驳运、构造材料、货物温度控制、液货舱透气和除气装置、环境控制、电气设备、防火与灭火、货物区域的机构通风、测量设备、人员保护、特殊要求、操作要求、最低要求一览表（附录：货物理化性能）、本规范不适用的化学品名单。

二、中华人民共和国防治船舶污染内河水域环境管理规定

本管理规定自2016年5月1日开始施行，与散装危险化学品船舶相关的内容主要有以下几点：

（1）船员应当具有相应的防治船舶污染内河水域环境的专业知识和技能，熟悉船舶防污染程序和要求，经过相应的专业培训，持有有效的适任证书和合格证明。从事有关作业活动的单位应当组织本单位作业人员进行防治污染操作技能、设备使用、作业程序、安全防护和应急反应等专业培训，确保作业人员具备相关防治污染的专业知识和技能。

（2）水路运输企业应当针对所运输的危险化学品的危险特性，制定运输船舶危险化学品事故应急救援预案，并为运输船舶配备充足、有效的应急救援器材和设备。

（3）船舶或者有关作业单位造成水域环境污染损害的，应当依法承担污染损害赔偿责任。通过内河运输危险化学品的船舶，其所有人或者经营人应当投保船舶污染损害责任保险或者取得财务担保。船舶污染损害责任保险单证或者财务担保证明的副本应当随船携带。通过内河运输危险化学品的中国籍船舶的所有人或者经营人，应当向在我国境内依法成立的商业性保险机构和互助性保险机构投保船舶污染损害责任保险。具体办法另行制定。

（4）在内河水域航行、停泊和作业的船舶，不得违反法律、行政法规、规范、标准和交通运输部的规定向内河水域排放污染物。不符合排放规定的船舶污染物应当交由港口、码头、装卸站或者有资质的单位接收处理。禁止船舶向内河水体排放有毒液体物质及其残余物或者含有此类物质的压载水、洗舱水或者其他混合物。

（5）载运散装有毒液体物质的船舶应当将有关作业情况记载在由海事管理机构签发的货物记录簿中。货物记录簿应当随时可供检查，用完后在船上保存3年。

（6）从事水上船舶清舱、洗舱、污染物接收、燃料供受、修造、打捞、拆解、污染清除作业以及利用船舶进行其他水上水下活动的，应当遵守相关操作规程，采取必要的防治污染措施。

（7）托运人交付船舶载运具有污染危害性货物的，应当采取有效的防污染措施，确保货物状况符合船舶载运要求和防污染要求，并在运输单证上注明货物的正确名称、数量、污染类别、性质、预防和应急措施等内容。交付船舶载运污染危害性质不明的货物，货物所有人或者其代理人应当委托具备相应技术能力的机构进行货物污染危害性评估分类，确定安全运输条件，方可交付船舶载运。船舶在港从事前款所列相关作业的，在开始作业时，应当通过甚高频、电话或者信息系统等向海事管理机构报告作业时间、作业内容等信息。

（8）船舶运输散发有毒有害气体或者粉尘物质等货物的，应当采取封闭或者其他防护措施。从事上述货物的装卸和过驳作业，作业双方应当在作业过程中采取措施回收有毒有害气体。

（9）从事散装液体污染危害性货物装卸作业的，作业双方应当在作业前对相关防污染措施进行确认，按照规定填写防污染检查表，并在作业过程中严格落实防污染措施。

（10）船舶从事散装液体污染危害性货物水上过驳作业时，应当遵守有关作业规程，会同作业单位确定操作方案，合理配置和使用装卸管系及设备，按照规定填写防污染检查

表，针对货物特性和作业方式制定并落实防污染措施。

三、中华人民共和国船舶载运危险货物监督管理规定

本规定自2012年3月14日起施行，注意事项如下：

（1）船舶载运危险货物，必须符合国家安全生产、水上交通安全、防治船舶污染的规定，保证船舶人员和财产的安全，防止对环境、资源以及其他船舶和设施造成损害。

禁止未取得危险货物适装证书的船舶以及超过交通部规定船龄的船舶载运危险货物。

（2）载运危险货物的船舶应当选择符合安全要求的通航环境航行、停泊、作业，并顾及在附近航行、停泊、作业的其他船舶以及港口和近岸设施的安全，防止污染环境。海事管理机构规定危险货物船舶专用航道、航路的，载运危险货物的船舶应当遵守规定航行。

载运危险货物的船舶通过狭窄或者拥挤的航道、航路，或者在气候、风浪比较恶劣的条件下航行、停泊、作业，应当加强瞭望，谨慎操作，采取相应的安全、防污措施。必要时，还应当落实辅助船舶待命防护等应急预防措施，或者向海事管理机构请求导航或者护航。

（3）载运危险货物的船舶从事水上过驳作业，应当符合国家水上交通安全和防止船舶污染环境的管理规定和技术规范，选择缓流、避风、水深、底质等条件较好的水域，尽量远离人口密集区、船舶通航密集区、航道、重要的民用目标或者设施、军用水域，制定安全和防治污染的措施、制订应急计划并保证有效实施。

载运危险货物的船舶在港口水域内从事危险货物过驳作业，应当根据交通部有关规定向港口行政管理部门提出申请。港口行政管理部门在审批时，应当就船舶过驳作业的水域征得海事管理机构的同意。

（4）船舶进行洗（清）舱、驱气或者置换，应当选择安全水域，远离通航密集区、船舶定线制区、禁航区、航道、渡口、客船码头、危险货物码头、军用码头、船闸、大型桥梁、水下通道以及重要的沿岸保护目标，并在作业之前报海事管理机构核准，核准程序和手续应按危险货物过驳作业的规定执行。

载运危险货物的船舶排放压载水、洗舱水，排放其他残余物或者残余物与水的混合物，应当按照国家有关规定进行排放。

禁止船舶在海事管理机构依法设定并公告的禁止排放水域内，向水体排放任何禁排物品。

（5）船舶载运危险货物进、出港口，或者在港口过境停留，应当在进、出港口之前提前24 h，直接或者通过代理人向海事管理机构办理申报手续，经海事管理机构批准后，方可进、出港口。定船舶、定航线、定货种的船舶可以办理定期申报手续。定期申报期限不超过一个月。载运危险货物的船舶办理进、出港口申报手续，申报内容应至少包括：船名、预计进出港口的时间以及所载危险货物的正确名称、编号、类别、数量、特性、包装、装载位置等，并提供船舶持有安全适航、适装、适运、防污染证书或者文书的情况。

（6）从事危险货物运输的船舶所有人或者其经营人或者管理人，应当根据国家水上交通安全和防治船舶污染环境的管理规定，建立和实施船舶安全营运和防污染管理体系。

四、船舶水污染物排放控制标准

《船舶水污染物排放控制标准》(GB 3552—2018)(以下简称《标准》),由环境保护部与国家质量监督检验检疫总局于2018年1月16日发布,2018年7月1日实施。

该《标准》是我国目前唯一的水上移动污染源水污染物排放控制标准,适用于各种船舶,几乎涵盖除军事船舶之外的所有船舶,包括各种规模和船龄的客船、渔船、油船、化学品船、集装箱船、散货船和特种船舶等,船舶结构、用途各异,航行水域横跨地表水、近岸海域和远海,既有国内船舶,也有外国籍船舶。因此《标准》既对标国际,又符合我国的发展阶段特征。

《标准》管控的船舶水污染物主要包括船舶含油污水、生活污水、含有毒液体物质的污水和船舶垃圾。其中,船舶含油污水包括机器处所油污水和含货油残余物的油污水;船舶生活污水是指船舶上主要由人员生活产生的污水,包括任何形式便器的排出物和其他废物,医务室(药房、病房等)的洗手池、洗澡盆,以及这些处所排水孔的排出物,装有活的动物处所的排出物,混有上述排出物或废物的其他污水。

《标准》规定了上述船舶水污染物的排放控制要求和监测要求,以及标准的实施与监督等内容。《标准》规定:禁止船舶向内河水域排放任何散装液体有毒物质及其洗舱水、压载水。

第二节 操作性溢货和事故性溢货

一、操作性溢货

操作性溢货,就是人为失误或有意行为引发的溢货,比如船员不遵守有关规定,违章排放舱底水、洗舱水、污压载水等,或因装卸货时的工作失误,错开阀门或法兰盘接头脱落,装、卸货时满舱外溢或货管破裂等原因造成的溢货等。

因人员操作失误而引起的操作性溢货主要有:

(1)装、卸货过程中,海底阀未关或未关紧,造成货物从海底阀处漏入水域;

(2)货舱阀门操作错误,加错货舱,致使货舱漫溢跑货;

(3)装卸货物过程中,未与码头装卸负责人确认,随便开、闭阀门,引起货管破裂而漏货;

(4)值班人员失职或工作疏忽,未及时对货舱液位进行监控测量,货舱满溢;

(5)甲板落水孔未堵妥,致使在发生跑货时直接从甲板落水孔排入水中,未及采取措施;

(6)另一舷装货管阀门(盲盖)未关(紧)造成跑货;

(7)管线连接部位没有上紧,开始装卸货后,由于管线内压力升高造成法兰处渗漏;

(8)装货完毕后,未将液货舱盖上紧,在航行途中船舶摇晃时,货物从舱盖缝隙中

漏出；

（9）船岸联系不畅通，岸方未能及时执行船方的停泵需求，而导致货舱漫溢。

操作性溢货的特点：①发生时间的不确定性。操作性溢货往往带有突发性，船员在装卸货、清洗舱、排放洗舱水等作业时，会受到业务素质、技术熟练程度以及注意力等主观因素的影响，可能会将污染物质排入水域；另外，设备的技术状况也会影响操作的安全性，当正在执行合理排放操作时，设备出现故障会造成排放污染，比如卸货时管线的爆裂、张口的损坏等引起的溢货。②发生环节的多样性。不管船舶是在航行中、锚泊时还是靠泊后，船舶都会从事可能产生溢货的作业，比如排放舱底水、装/卸货物、清洗货舱等，所以船舶在其营运的多个环节均有可能因为操作人员的疏忽和故意以及设备故障而发生溢货。③发生性质的隐蔽性。对于船员无意的不正当排放，由于发生时是随意的和突然的，不管是操作人员或者是外部监管部门都难以立即发现；对于船舶的故意排放，一般会选择不易被发现的地点和时间进行比较隐蔽的操作，以逃避监管和打击，很难对造成污染事故的船舶进行目标锁定。④溢货规模偏小性。相比于事故造成的溢货，操作性溢货一般规模较小，只要能及时发现溢货源，溢货趋势是比较容易控制的。

当船舶在装卸货时发生操作性溢货，应该按照如下程序展开应急行动：

（1）立即停止装卸货作业，通知相关方，避免事故扩大。装货时，船方应立即通知供货方停止装货，关闭相关阀门；卸货时，船方可以通过紧急停泵装置进行停泵，同时关闭相关阀门并立即通知受货方。

（2）发出溢漏警报，启动应急程序。利用各种方式（警铃、喇叭、人员呼叫等）发出溢漏警报（一短两长一短），确保全体船员都获知了警报，并携带相关器材到各自岗位进行应急。

（3）人员按要求开展应急工作。根据船舶溢漏应变部署表的要求，分工协作。

（4）采取措施，避免溢货范围扩大。如采取围挡、引流等措施，船舶有截止阀的，应关闭相关阀门，使溢货量尽量减少。

（5）控制溢货不要流下江河。相关人员要及时检查甲板落水孔塞，并确认堵妥，防止溢货通过落水孔流下江河造成水域污染。

（6）根据货物的性质，采取对应的人员防护措施，特别是针对某些有毒有害物质，应特别谨慎，防止发生人员伤亡和火灾爆炸。人员使用船舶清污器材（如破布、锯屑、扫把等）进行清理，将溢货收集分类存放。如果溢货流下江河，在保证安全的前提下，放艇下水回收溢货。

（7）向主管机关报告，必要时请求外援。发生溢货后，应及时向主管机关报告情况，如果溢货得不到有效控制或者流下江河面积较大，船方感觉清污效率不高时，应毫不犹豫地请求外援，避免污染扩大而造成更大的损失。

（8）清污完毕后，应查明溢货原因，修复造成溢货的设备，恢复正常货物作业。

二、事故性溢货

事故性溢货：是指船舶因发生碰撞、搁浅、触礁、失火爆炸等意外事故，造成货物大量泄漏的突发性溢货事故。

如果船舶发生碰撞，产生了溢物，则应采取下列措施：

（1）发出全船警报，实施应急反应程序。

（2）探明本船和他船的受损情况（在未查明破口对船体稳性和强度影响前，应采取措施使尚未脱离的两船碰撞部位，保持不分离）。

（3）测定碰撞部位附近的货舱、淡水舱、压载水舱的液位和水深变化情况，确定船体破损情况。

（4）如发现船体破漏，应迅速查明船壳的破损情况，测定破口位置附近的货舱、淡水舱、压载水舱的液位和水深变化情况，观察船舶周围海面是否有溢货，实施最初的应急反应程序。

（5）船长采取措施，包括操纵船舶在内，首先确保船舶和人员的安全，避免人员受到伤害。

（6）按船上污染应急计划的格式向相关单位进行报告。

（7）派人员查清船壳的破口部位和破损程度，计算大量进水所产生的自由液面对稳性的影响，如条件许可，应迅速采取排水，堵漏等抢救措施，尽最大的努力保持船舶的浮力。

（8）评估船舶的破舱稳性和受损的纵向强度，根据船舶的稳性情况，通过适当调整船舶的压载，保持船舶的正浮和静水平衡。

（9）如果船上无法评估破舱稳性和受损的纵向强度，或者装载的货品危险性高，应及时向船公司、有关船舶检验部门或岸基化学品专家请求支援。

（10）如发现破口部位有货物泄露，应迅速查明泄漏源，采取船内转驳等措施控制溢货事态升级，并通过当地海事主管机关或代理联系当地的清污队伍予以协助，避免污染扩大；同时，根据货物的性质，采取必要人员防护措施，严格控制火源，防止发生火灾、爆炸等次生灾害。

总之，碰撞之后如果引起溢货，应避重就轻，先保证船舶和人员的安全，及早寻求外援，如船舶有沉没危险不得已弃船时，应按船舶应急部署表中的要求做好各项工作。

第三节 内河化学品船防污染设备与器材

内河化学品船防污染设备与器材主要有：围油栏、吸附材料、破布棉纱、乳化剂、甲板排水孔塞、防污铲、防污桶、锯木屑、隔膜泵、防化围裙、防化手套等，有的内河化学品船还设有污液舱，我们要了解这些防污染设备和器材的种类和特点，以及它们的使用注意事项。

一、围油栏

围油栏是限制溢货扩散的主要器材，前提是该种化学品不溶于水且密度小于水，围油栏可以将散落在内河水域中的溢货围挡起来，避免污染物扩大，便于收集，另外还能起到溢货导流和防止潜在溢货的作用，如图7-1所示。发生溢货事故后，溢货在潮流、风和其他外界因素的影响下，会迅速扩散、漂移，形成较大的污染面积。在开阔水域、近岸水域或港口发生溢货时，及时布放围油栏，能将扩散中的溢货及时围控，通过围油栏拖带或缩小围拢范围，可以将污物集结到较小的范围内进行回收。溢货事故发生后，在外界因素的作用下，溢货会任意漂流和扩散，为了便于回收作业或为了疏导溢货流向指定地点，特别是在河流或近岸水流湍急的区域里，为了有效控制溢货的流向便于回收或为防止溢货进入敏感区，通常利用围油栏按照设定的角度，进行设外防。防止潜在溢货通常指在有可能发生溢货或存在溢货风险的地方，根据当地水域情况，提前布放围油栏进行溢货防控。这样可以在真正出现溢货时，防止溢货扩散，采取回收措施，将围控中的溢货及时回收。船舶在码头进行液货装卸作业时或在锚地进行过驳，通常都要按照规定要求提前布放围油栏进行设控；有时，对搁浅、沉没的船舶在尚未打捞之前，也要根据实际情况进行适当的围控。

图7-1　围油栏

围油栏的使用时机：化学品船靠泊后，装卸、洗舱作业之前，需要船舶或码头将围油栏设置好。

围油栏按包补材料可分为：橡胶围油栏、PVC围油栏、PU围油栏、网式围油栏和金属围油栏等，船舶要正确选择围油栏，使围油栏在该水域具有良好的波浪追随性，并注意材料与所装货物的相容性。

围油栏的结构：一般由浮体（浮子）、屏体（中间的裙体）、配重（底部的重物）三部分组成。

二、吸附材料

吸附材料大多亲油疏水，主要有天然吸油材料和人工合成吸油材料两大类。

天然吸附材料包括：锯末、稻糠、草席、木质纤维和天然海绵等；人工合成吸油材料包括：纤维型、泡沫型有机高分子材料。

内河化学品船通常配备的吸附材料有：吸油毡、吸油棉条、锯木屑等。

吸油毡由聚丙烯材料制作而成，它能有效吸附液体并将之留住，比重小，能漂浮于水，有强烈的亲油疏水性，耐酸、耐碱、抗腐蚀、可燃烧，如图7-2所示。吸油毡吸收货物后不变形、不松散，易打捞、可反复使用。外层布极其坚韧耐用，具有强大的毛细管吸收力，并带来极强的吸附性，使泄漏液体流向吸油棉，有效阻止了泄漏的扩散。水面溢漏应急处理工作中，使用机械装置将大部分溢货回收后，吸油毡被用来吸收收油机无法实现的水面残余溢货，也可用于船舶泄漏油或化学品的吸附回收，以及甲板和船舶舱底油污的擦拭或清理。

图7-2 吸油毡

吸油棉条经过脱水及脱油处理后，只吸油，不吸水，专业适用于吸收石油烃类、碳氢化合物等（如石油、汽油、润滑油、油漆等）。此类产品用于水面上时因不吸收水，吸附饱和以后，漂浮在水上。吸油棉可吸附本身自重10～20倍的油，通常为白色，可用于机械油污、排水沟油污、仓库码头油污及河流油污等的处理。

锯木屑也可以吸附船舶甲板或机舱表面的溢油，但应该做好使用后的收集存放工作，防止造成二次污染。

三、污水舱

污水舱：系指留存散化船的液货舱洗舱水或残余液货的舱（柜）。

内河散货船一般指定某个货舱作为污水舱。

四、其他防污染器材

破布棉纱、乳化剂、甲板排水孔塞、安全铲、塑料桶、锯木、可移泵等是常用的防污染器材，这些材料都有一定数量要求和存放位置要求，还要求这些材料保持随时可用状态。由于某些化学品带有毒性，所以防化服、防化围裙、防化手套等也是必需的防污染器材。

第四节 货物记录簿

一、货物记录簿

货物记录簿是散化船重要的防污文书，船舶必须拥有该文书，才能进行相应的货物运输、装卸作业。船舶进行任何一项有毒液体物质作业，或发生任何有毒液体物质或含有这种物质的混合物的排放，无论是有意的还是意外的，均应记入货物记录簿，说明这种排放的情况和理由。船舶应及时将每项作业完整地记入货物记录簿，记录应由负责该项作业的驾驶员签字，在每填完一页后由船长签字。根据有关规定，如果船舶不如实填写该记录，或记载不规范，将构成违章。其法律效力等同于航行日志。

二、货物记录簿的内容及填写

（一）货物记录簿的记载项目

《货物记录簿》的记载仅涉及X、Y、Z、OS类物质的作业，其记载项目主要包括船上发生的与货物装卸有关的内容，如货物的装卸，船内转载、预洗、液货舱的压载、压载水的排放等。这些记载项目按作业分组，每项作业以一个字母来表示。

货物记录簿记载项目：

（A）货物的装载

1.装载地点。

2.舱室编号、物质名称及类别。

（B）货物在船内的转驳

3.已转驳的货物名称和类别。

4.舱室编号。

•1 自：

•2 至：

5.第4.1项所述舱室是否驳空?

6 如未驳空，注明舱内剩余量。

（C）货物的卸载

7.卸载地点。

8.已卸舱室编号。

9.舱室是否卸空?

•1 如卸空，确认卸空和扫舱程序已按本船的《程序与布置手册》规定进行(如横倾、纵倾、扫舱温度等)。

•2 如未卸空，注明舱内剩余量。

10.该船的《程序与布置手册》是否要求预洗，随后将洗舱水排入接收设备?

11.泵吸系统和/或扫舱系统的故障：

•1 故障的时间和性质。

•2 故障的原因。

•3 系统恢复运转的时间。

（D）按船舶《程序与布置手册》规定进行的强制预洗

12.液货舱编号、物质名称和类别。

13.清洗方法：

•1 每一液货舱洗舱机的数量。

•2 洗舱/洗舱周期的时间。

•3 热/冷清洗。

14.预洗污液转驳至：

•1 卸货港的接收设备(注明港口)。

•2 其他港的接收设备(注明港口)。

（E）除强制预洗外的液货舱清洁方法(其他预洗作业，最终清洗，通风等)

15.注明时间，液货舱编号，物质名称和类别，同时注明：

•1 采用的清洗程序。

•2 清洁剂(注明清洁剂名称和数量)。

•3 水用稀释残余货物，注明用水量。

•4 采用的通风程序（注明通风机数量，通风持续时间)。

16.洗舱水的转驳：

•1 排入接收设备。

•2 驳入污液舱(注明污液舱编号)。

（二）货物记录簿的填写

在货物记录簿的第一部分应先填写船舶的有关资料，并应配有识别载货舱和污液舱的平面图；作业和直接有关的“细目”按作业项目分组，每项作业以一个字母表示，具体项目用数据表示。将两者合并使用即可准确记录进行的作业。填写时应按时间顺序，完整地记录有关内容，包括：货物的装载，货物在船内的转驳、卸货、强制预洗、其他预洗作业及最终清洗和通风、洗舱水排入接收设备，货物的压载、货物压载水的排放、意外的或其他特殊的排放等。

由于一旦被怀疑违章排放，货物记录簿将是重要的证明文件，因此，必须准确无误地认真填写。货物记录簿最后一页记录完毕后，应在船上保存3年。

第五节 船上污染应急计划

一、船上污染应急计划的配备要求

根据规定，150总吨及以上的油船、油驳和400总吨及以上的非油船、非油驳的拖驳

船队应当制订船上油污应急计划，150总吨及以上载运散装有毒液体物质的船舶应当制订船上有毒液体物质污染应急计划、制定货物资料文书，明确应急管理程序与布置要求。400总吨及以上载运散装有毒液体物质的船舶可以制订船上污染应急计划，代替船上有毒液体物质污染应急计划和船上油污应急计划。

二、船上污染应急计划的目的及要求

计划是用来指导船长和高级船员在船舶发生油类和/或有毒液体物质意外排放时，采取必要的措施控制或尽量减少排放、减轻水域污染损害。

其内容应当切实可行、易于操作；能被船上人员和岸上的船舶管理人员理解；应定期进行评估、检查和修改。

三、计划的组成

计划分为强制性部分和非强制性部分：强制性部分应包括报告要求、控制排放的措施（操作性溢漏、事故性溢漏）与国家和地方机构协调等核心内容；非强制性部分包括指导，如图表和图纸、应急反应设备、公关事务、记录保存、计划检查及演练等。

四、计划主要包括内容

（1）报告要求。船长或负责管理本船的其他人员，在报告油类或有毒液体物质污染事故时应遵守的程序。当船舶发生实际的排放或可能发生排放时，应毫不延迟地优先向最近的沿岸国报告。

（2）实际排放的情况。船舶或其设备受损，或为保障船舶安全和海上救助人命所致排放油类或有毒液体物质超过允许水平。船舶操作过程中，油类或有毒液体物质的排放超过公约允许排放量或瞬时排放率。

（3）当船上出现可能发生排放的情况时，船长也应报告，如影响船舶安全的故障，导致失灵或受损，如碰撞、搁浅、火灾、爆炸、结构破坏、进水和货物移动等影响船舶安全的损害；影响船舶适航性的重要设备，如舵机、推进器、发电系统、导航装置等故障或失灵。

（4）报告内容。报告应遵循一定的格式，在最初报告之后，应尽快和尽量在补充报告中提供与事故有关的保护水域环境所必需的资料，并使用同样的格式进行报告，包括船上货物数量和种类、损坏概况、污染概况、溢漏量、天气、海况、船舶资料等。

（5）向谁报告。为了迅速反应并最大限度地减少水域污染物质造成的损害，迅速及时地通知有关方面是非常必要的。需要进行通信联系的有关方面包括：当地海事主管机关、港口联系人、与船舶有关的利益方，如货主、保险公司、救助单位等；这些人的单位、姓名、地址、电话、电传、传真号码等信息，应列入附录的表中并且及时更新。

（6）控制排放的措施。对于下列事件引起的排放，应在计划中有针对性措施。如操作性溢漏，管系泄漏、舱柜满溢、船壳泄漏、海损事故溢漏等。

散化船配备的程序与布置手册里，列明了该船拟载运的每种货物的基本处理方法，对船上的货物残余物，主要采取通风清除和清洗办法。

(一)通风清除

通风清除是指将散化船船舱干燥，排除货物残余物的简便程序。船舶的程序与布置标准规定了除去液货舱中残余物的通风程序，但是，通风程序只适用于在20 ℃时，其蒸气压力大于5 000 Pa的物质。此外，如果货物蒸气的毒性超过一定程度，也不允许采用该方法清除。

(二)清洗

对不能采取通风清除方法的货物残余物，应采取清洗方法清除。清洗是指利用水或洗涤剂，以机械手段将货舱、管线上黏附的货物冲洗下来的方法。所有清洗水一律排入接收设备。

第八章 散化船安全管理

第一节 安全管理常识和船舶安全管理体系

安全管理是船舶专业理论的一门重要学科，散化船因其所载货品的特殊性，安全管理尤显特出，船员必须掌握船舶、货物、作业等方面的安全管理常识，以便从业中自觉执行和遵守。

一、船舶安全管理

要保证化学品水上运输的安全，首先船舶本身应具备一定的安全、防污染技术条件。与其他种类的船舶相比，散化船的技术要求比较高，船舶要根据《内河散化设备规则》的要求通过检验，取得相应的证书如适装证书后，才能载货经营。

内河散化船在航行、停泊和作业过程中，应当遵守有关安全生产方面的规定，主要包括以下几方面内容：

（1）具备一定的技术条件，处于适航和适装状态。

（2）按规定显示危险品信号，悬挂“B”旗或显示红光环照灯，在作业水域不太宽裕的码头、锚地应显示“RY”旗号。遵守有关危险品船舶航行、停泊、作业的有关规定。

（3）船上操作必须严格遵守有关安全生产操作规程，采取有效措施，防止火灾、爆炸、中毒等事故的发生。

（4）按规范配备消防和防污染设施，并处于随时可用状态，以应付可能发生的紧急情况。

（5）做好人员防护工作，防止发生人员伤亡事故。

二、船员安全管理

船舶的技术条件固然重要，如果配备的船员不具备一定的散化船安全知识和安全操作技能，不熟悉船舶的情况，仍然无法保障船舶的安全。

根据我国船员管理的要求和内河散化船的特点，我国的船舶管理法规对内河散化船船员的任职、培训、考试发证和再有效审验等方面做出了规定。

根据规定，内河散化船的船员在从事散化船工作前，除了需要掌握一般船舶船员需要掌握的知识外，还应了解船舶载运货物的基本性质，了解船舶的构造与设备，熟悉消防、防污染及人员防护等方面的应急反应程序，学习散化船的基本安全知识、船舶消防、防污染、测量设备、安全防护设备及急救、货物控制设备、安全管理法规和安全操作等方面的内容，经培训考试发证后才能在散化船工作。

由于每艘船的设备并不完全相同，任何持证船员在散化船服务时，应尽快熟悉该船情况，包括该船的船型；船舶可以载运的货物种类及适载的液货舱；液货舱的结构、材料、种类及保养要求；货物系统包括货泵的种类、卸货能力、管路系统，尤其连通管路有无可拆卸短管，或者盲板等；消防系统及灭火剂的种类及相关的控制系统；船上防污染设备和器材的情况，应急洗眼淋浴设备、各种人身保护装置，有毒气体、可燃气体、氧气等测量设备；惰性气体系统；压舱水系统；洗舱系统等资料。

船员在实际工作中，应有高度的责任感，严格遵守船舶和港口、码头的安全管理规定，遵守船舶制定的安全操作规程。

三、货物安全管理

由于内河散化船载运的货物中，有些具备比较特殊的危险性，因此，除了船舶、船员具备一定的安全条件外，也要考虑到货物的具体情况，采取相应的安全管理措施。

掌握船舶载运货物的性质，有利于在装卸、运输过程中，采取相应的措施，防止发生危险反应，造成环境和人体健康的危害，或者降低货物的商业价值。

（一）涂层的相容性

散化船载运的货物，必须与其液货舱的涂层或建造材料相容，以免损坏涂层或液货舱，或污染货物。应根据本船的总布置图和货舱涂层种类来判别其相容与否，从而选择合适的液货舱来装载。

如果长期装载某些货品，涂层将会逐渐软化，因此，储存期最好不超过三个月。对需要加热的货物，液货舱温度如果太高可能会加速涂层的软化、脱落，应注意涂层的维护。

（二）货物的相容性

化学品在一定条件下，会与不相容物质发生危险反应，也会降低货物的商业价值，甚至可能造成人命、财产的损失。

在载运化学品前，必须根据船舶的前后航次载运货物的情况，确定是否适于载运。对于前载的可混性，需要特别考虑。如果同时载运多种货物，还要注意货物间是否会发生危

险反应，对载运的液货舱做必要的隔离；管系、阀门等是否会发生货物间的污染；并注意不相容的货物不要共用管路及透气系统。

(三)易产生静电的货物

该类货物包括醚类、酮类、酯类、芳香烃类、石油及其产品、二硫化碳等品种，其中大部分为易燃液体，都是电介质，在喷溅和高速冲注、流动中，由于摩擦容易产生静电，如积聚到一定程度，就可能由于静电放电而产生火花，有引起燃烧和爆炸的危险，因此应注意防止静电。

(四)有毒货物

为了防止船舶载运的有毒货物对人员造成威胁，应注意以下几点：

（1）散化船上设置的液货舱透气系统排放口的位置是有强制规范的，未经主管部门批准，不得擅自改动。

（2）对于有毒货品，不得在邻接燃油舱的液货舱内储存；载运时，应具有独立的管系，并将液货舱的透气系统分开。

（3）毒性货物的加热装置应避免加热介质被污染。

(五)对自反应货物，需要由添加剂保护

自反应货物在一定的温度或与催化剂接触的条件下，可能会发生聚合等危险反应，因此需要在货品中加入抑制剂，以阻滞或停止此类危险的化学变化。抑制剂须有制造厂提供的保护证书，并在航程中保持足够的浓度，该证书在航行期间应保存在船上。考虑持续时间及需要的最高货物温度的限制，自反应性的货物，不应与加热的货物邻近。

必须注意，添加于货物内的抑制剂对于货物气体是无效的，而货物挥发气体也有聚合反应。因此装货后，应立即用惰性气体排除舱内的货物气体和空气，并保持舱内惰性化。如使用排除空气作为防止货物自行反应的方法，应该符合有关规则关于环境控制的规定。

对于通常以熔化状态被载运的货物，其结晶或凝固可能会导致加入货物的部分抑制剂失效。随后重新熔化的货物可能无足够的抑制剂，仍然存在自反应的危险。为防止上述现象，应保证货物不会发生结晶或凝固。

(六)高挥发性货物(在37.8 ℃时其绝对蒸气压超过0.101 3 MPa的货物)

（1）如未设制冷系统，应检查货物系统是否能承受货物在45 ℃时的蒸气压力并定期检查舱内货物的蒸气压力；

（2）如设有制冷系统，则应控制货物温度，使对应的液体的饱和蒸气压在液货舱的设计压力下；

（3）液货舱应按规定留有足够的余量，防止货物过度膨胀。

(七)热敏性货物

（1）对加热可发生危险反应的货物应与温度高于该货物初始反应温度的其他货物适当隔离；

（2）装运上述特性货品的液舱内的加热盘管，应当采取有效设施，以保障安全；

（3）热敏感货物不能载运在未经绝缘的甲板货柜内；

（4）船长、大副应将货品的品种、特性、闪点等告知轮机部，以便于尽量安排远离货舱的燃油舱加热，以防燃油舱加热引起货舱温度升高。

(八)与水起反应的货物

(1) 应以妥善措施如双层底及边舱将货物与水或含有水的舱室隔离，防止发生危险反应；

(2) 舱内必须以干燥的惰性气体隔绝空气中的水分；

(3) 液货舱的压力 / 真空释放阀的空气进口应能防止水的进入；

(4) 应有独立的泵、管路、透气系统，且货物管路不得通过任何水舱（有管隧除外）；

(5) 如需加热，一般不可使用蒸气作为传热媒介，一般使用矿物油；

(6) 如与水起反应的货物不需加热，且舱内装有以水蒸气为传热媒介的加热管，则在装货前先将管内水分吹出后予以封闭；为了使液货不至于通过可能存在的加热管的沙眼进入加热管，航行中也可向加热管通入干燥的压缩空气并维持一定的正压；

(7) 载运与水起反应的货物后，液货舱应在惰性条件下予以清洗，用水时须特别注意。

(九)与空气起反应的货物

与空气反应的货物，必须与空气隔离，采用在货物周围充填惰性气体的办法，在装货时，将货舱或接触货品的舱室及相关毗邻管路及透气系统的含氧量降低到允许值以下。

(十)需加热的货物

(1) 加热货不可装在低沸点货物舱的相邻舱室，不需加热货物的沸点与加热货最大温度应保持一适当温度差，通常是 10 ℃。

(2) 加热货不可装在自反应货物的隔邻。

(3) 加热货物的配载应尽量避免靠近有毒的液货舱。

(4) 在很高温度下运输的货物，其运载温度不能超过货舱壁及船体许可的热应力，需用单独的舱室装载，或用专用船装载。

(5) 应采取措施防止加热盘管渗漏而造成毒性物质通过加温管流向机舱。

四、作业安全管理

为了保障化学品水上运输安全，防止水域污染，我国制定了许多法律、法规和规章，涉及的范围包括散化船的技术条件、船舶载运化学品的申报、过驳许可证、监装监卸、散化船的污染排放标准等方面。此外，很多地方政府或主管部门还根据授权，结合当地的情况，制定了各种地方性规章或管理规定。

散化船在营运中，经常需要进行装卸、洗舱、除气、压载等作业，这些作业不同于一般船舶的货物装卸等简单操作，每一步均存在一定的危险性，应严格遵守有关安全管理规章。

除了上述强制性要求，在装卸、航行等过程中，内河散化船还应遵守公司和船舶内部的安全管理制度。

五、船舶安全管理体系

现在内河散化船都必须具备船舶安全管理体系，船员应按照体系文件的相关规定进行

操作。2001年7月12日，交通部发布了《中华人民共和国船舶安全营运和防止污染管理规则》，该规则要求负有船舶安全营运和防止污染管理责任的公司建立并在岸上和船上实施结构化、文件化的安全管理体系，从而为船舶营运提供安全做法和安全工作环境，针对已认定的所有风险制定防范措施，并不断提高岸上及船上人员的安全管理技能，促进船舶切实履行强制性技术标准，最终实现保证海上安全，防止人员伤亡。对于跨省航行的500总吨以上的散装化学品船，要求于2004年7月1日开始实施安全管理体系。因此，实施《国内安全管理规则》是主管机关为从根本上改善水上安全形势所采取的一个重大举措，也是为搞好水上交通安全的一个强制要求。规则实施若干年来，为提高船舶管理水平，降低船舶事故率，做出了极大贡献。

建立起船舶安全管理体系的公司，要经过主管机关的审核，才能取得相应的证书。主管机关认为公司符合相应条件的，可签发相应的航运公司安全营运与防污染能力符合证明（简称符合证明或DOC证书）或者临时符合证明，对符合条件的船舶签发相应的船舶安全管理证书（SMC）或者临时安全管理证书。

一般情况下，船舶安全管理体系主要由以下几部分组成：（1）安全管理手册；（2）程序手册；（3）船舶管理手册；（4）甲板和轮机操作手册；（5）应急手册；（6）文件总清单和外部文件。这只是个基本的结构，并不是每个航运公司的体系文件都采用这样的结构，各个公司根据自已的情况不同，可能形式上会有所差别。

第二节 相关法规和规范

一、有关国际公约、规则

(一)1974年国际海上人命安全公约

《1974年国际海上人命安全公约》（简称《SOLAS 74公约》），是商船安全的最重要的国际条约之一，涉及船舶消防、救生、航行设备、危险品运输、国际安全管理、通信、核动力船舶运输、高速船、货物运输等内容，其中第七章专门论述危险货物装运。

(二)国际散化规则

《国际散化规则》（简称《IBC规则》）和《散化规则》（简称《BCH规则》），这两个规则对散化船的构造与设备方面提出了要求，分别适用于建造年份不同的散化船，后者对国内航行的化学品船同样适用。

(三)经1978年议定书修订的1973年国际防止船舶造成污染公约

《经1978年议定书修订的1973年国际防止船舶造成污染公约》（简称《MARPOL 73/78公约》）是防止船舶污染海洋方面的一个极其重要的公约，现共包括六个附则，分别涉及防止油类污染规则、控制散装有毒液体物质污染规则、防止海运包装有害物质污染规则、防止船舶生活污水污染规则、防止船舶垃圾污染规则、防止船舶造成空气污染规则等内容。

该公约附则Ⅱ是关于船舶散装运输有毒物质方面最重要的规则，详细规定了为控制散装有毒液体物质污染的排放标准和措施，将散装运输的化学品按其污染危险的评定区分为X、Y、Z、OS这4类，对不同种类的货物提出了不同的运输要求。

（四）国际海上危险货物运输规则

《国际海上危险货物运输规则》是依据《1974年国际海上人命安全公约》和联合国危险货物运输建议书的有关要求制定的，适用于危险货物的海上运输。该规则不仅包括对危险货物运输的一般规定和要求，还提供了每一种危险货物的具体资料及发生事故时应采取的应急措施及救护指南。

二、相关国内法律、法规

（一）中华人民共和国水污染防治法

《中华人民共和国水污染防治法》是为了保护和改善环境，防治水污染，保护水生态，保障饮用水安全，维护公众健康，推进生态文明建设，促进经济社会可持续发展而制定的法律。此法1984年5月11日通过，经过数次修正，目前的版本是自2018年1月1日起开始施行的。其中与船舶相关的主要有以下几点。

（1）交通主管部门的海事管理机构对船舶污染水域的防治实施监督管理。

（2）船舶排放含油污水、生活污水，应当符合船舶污染物排放标准。船舶的残油、废油应当回收，禁止排入水体。禁止向水体倾倒船舶垃圾。

（3）船舶装载运输油类或者有毒货物，应当采取防止溢流和渗漏的措施，防止货物落水造成水污染。

（4）船舶应当按照国家有关规定配置相应的防污设备和器材，并持有合法有效地防止水域环境污染的证书与文书。

（5）船舶进行涉及污染物排放的作业，应当严格遵守操作规程，并在相应的记录簿上如实记载。

（6）船舶及有关作业单位从事有污染风险的作业活动，应当按照有关法律法规和标准，采取有效措施，防止造成水污染。海事管理机构应当加强对船舶及有关作业活动的监督管理。船舶进行散装液体污染危害性货物的过驳作业，应当编制作业方案，采取有效的安全和污染防治措施，并报作业地海事管理机构批准。

（二）中华人民共和国船舶安全监督规则

《中华人民共和国船舶安全监督规则》是为保障水上人命、财产安全，防止船舶造成污染，加强船舶安全监督管理而制定的法规，自2017年7月1日起施行。

船舶安全监督，是指海事管理机构依法对船舶及其从事的相关活动是否符合法律、法规、规章以及有关国际公约和港口国监督区域性合作组织的规定而实施的安全监督管理活动。船舶安全监督分为船舶现场监督和船舶安全检查。

船舶现场监督，是指海事管理机构对船舶实施的日常安全监督抽查活动。船舶安全检查，是指海事管理机构按照一定的时间间隔对船舶的安全和防污染技术状况、船员配备及适任状况、海事劳工条件实施的安全监督检查活动，包括船旗国监督检查和港口国监督检查。

船舶现场监督的内容包括：船舶开航前自查情况、法定证书文书配备及记录情况、船员配备情况、客货载运及货物系固绑扎情况、船舶防污染措施落实情况、船舶航行、停泊、作业情况、船舶进出港报告或者办理进出港手续情况、按照相关规定缴纳相关费税情况。

对船舶安全检查的内容包括：船舶证书及有关文件、资料；船员及其配备；救生设备；消防设备；事故预防；一般安全措施；报警设施；货物积载及其装卸设备；载重线要求；系泊设施；推进和辅助机械；航行设备；无线电设备；防污染设备；液货装载设施；船员对与其岗位职责相关的设施、设备的实际操作能力；船员人身安全、卫生健康条件；船舶安全与防污染管理体系的运行有效性；法律、行政法规、规章以及国际公约要求的其他检查内容。

对船舶进行现场监督后，由海事人员签发船舶现场监督报告，对船舶进行安全检查后，由海事人员签发船旗国监督检查报告，如果船舶存在缺陷，应该按照报告的要求及时纠正，并按规定申请复查。船舶现场监督报告和船旗国监督检查报告应由船舶保存2年备查。

(三)危险化学品安全管理条例

危险化学品运输企业，应当对其驾驶员、船员、装卸管理人员、押运人员进行有关安全知识培训；驾驶员、船员、装卸管理人员、押运人员必须掌握危险化学品运输的安全知识，并经所在地设区的市级人民政府交通部门考核合格（船员经海事管理机构考核合格），取得上岗资格证，方可上岗作业。危险化学品的装卸作业必须在装卸管理人员的现场指挥下进行。

运输危险化学品的驾驶员、船员、装卸人员和押运人员必须了解所运载的危险化学品的性质、危害特性、包装容器的使用特性和发生意外时的应急措施。运输危险化学品，必须配备必要的应急处理器材和防护用品。

任何单位和个人不得生产、经营、使用国家明令禁止的危险化学品。

发生危险化学品事故，单位主要负责人应当按照本单位制定的应急救援预案，立即组织救援，并立即报告当地负责危险化学品安全监督管理综合工作的部门和公安、环境保护、质检部门。

对危险化学品的生产、储存、使用、经营、运输实施安全监督管理的有关部门（以下统称负有危险化学品安全监督管理职责的部门），依照下列规定履行职责：

（1）安全生产监督管理部门负责危险化学品安全监督管理综合工作，组织确定、公布、调整危险化学品目录，对新建、改建、扩建生产、储存危险化学品（包括使用长输管道输送危险化学品，下同）的建设项目进行安全条件审查，核发危险化学品安全生产许可证、危险化学品安全使用许可证和危险化学品经营许可证，并负责危险化学品登记工作。

（2）公安机关负责危险化学品的公共安全管理，核发剧毒化学品购买许可证、剧毒化学品道路运输通行证，并负责危险化学品运输车辆的道路交通安全管理。

（3）质量监督检验检疫部门负责核发危险化学品及其包装物、容器（不包括储存危险化学品的固定式大型储罐，下同）生产企业的工业产品生产许可证，并依法对其产品质量实施监督，负责对进出口危险化学品及其包装实施检验。

（4）环境保护主管部门负责废弃危险化学品处置的监督管理，组织危险化学品的环境危害性鉴定和环境风险程度评估，确定实施重点环境管理的危险化学品，负责危险化学品环境管理登记和新化学物质环境管理登记；依照职责分工调查相关危险化学品环境污染事故和生态破坏事件，负责危险化学品事故现场的应急环境监测。

（5）交通运输主管部门负责危险化学品道路运输、水路运输的许可以及运输工具的安全管理，对危险化学品水路运输安全实施监督，负责危险化学品道路运输企业、水路运输企业驾驶人员、船员、装卸管理人员、押运人员、申报人员、集装箱装箱现场检查员的资格认定。铁路主管部门负责危险化学品铁路运输的安全管理，负责危险化学品铁路运输承运人、托运人的资质审批及其运输工具的安全管理。民用航空主管部门负责危险化学品航空运输以及航空运输企业及其运输工具的安全管理。

（6）卫生主管部门负责危险化学品毒性鉴定的管理，负责组织、协调危险化学品事故受伤人员的医疗卫生救援工作。

（7）工商行政管理部门依据有关部门的许可证件，核发危险化学品生产、储存、经营、运输企业营业执照，查处危险化学品经营企业违法采购危险化学品的行为。

（8）邮政管理部门负责依法查处寄递危险化学品的行为。

本条例经2011年2月16日国务院第144次常务会议修订通过，自2011年12月1日起施行。

（四）内河船舶船员特殊培训考试和发证办法

中华人民共和国海事局是实施本办法的主管机关。各级海事管理机构按照职责具体负责内河船舶船员特殊培训合格证签发的管理工作。

（1）内河1 000总吨及以上散装化学品船船员特殊培训合格证：适用于内河散装化学品船、内河散装化学品驳船及拖带内河散装化学品驳船的拖船上任职的船员；合格证适用项目签注为内河散装化学品船、内河散装化学品驳船及拖带内河散装化学品驳船的拖船。

（2）内河1 000总吨以下散装化学品船船员特殊培训合格证：适用于在1 000总吨以下的内河散装化学品船、内河散装化学品驳船及拖带内河散装化学品驳船的拖船上任职的船员；合格证适用项目签注为1 000总吨以下内河散装化学品船、内河散装化学品驳船及拖带内河散装化学品驳船的拖船。

（3）完成内河船舶船员特殊培训者，可凭船员培训证明申请参加相应项目的合格证考试。

合格证的考试分为理论考试和实际操作考试。理论考试成绩满分为100分，60分及以上为及格；实际操作考试成绩分为及格和不及格两种。理论考试和实际操作考试均及格方为考试合格。

理论考试或实际操作考试不及格者，可自考试成绩公布之日起1年内完成补考。2次补考仍不及格者，须重新参加培训和考试。

考试合格者，可办理相应的合格证，合格证的有效期最长不超过5年。

（4）凡申请参加内河船舶船员特殊培训考试和发证的船员应向考试发证机关提交以下资料：

①内河船舶船员特殊培训考试、发证办理表；

②本人近期免冠白底彩色证件照片1张（可提交电子照片）；

③船员培训证明。

其中第二项规定的照片，船员管理系统已有电子照片的，船员可免于提交；第三项规定的船员培训证明无须船员提供。

（5）合格证持有人应在合格证有效期届满前一年内，按规定完成合格证再有效培训，通过考核后，可办理合格证的再有效，合格证持有人符合下列情形之一的，办理合格证再有效可免于相应再有效培训和考核：

①最近5年内具有累计不少于18个月相应船舶类别的水上服务资历；

②合格证有效期届满前1年内具有相应船舶类别连续9个月的水上服务资历；

③合格证有效期届满前9个月内具有相应船舶类别连续6个月的水上服务资历。

（6）合格证失效者，须重新参加相应的内河船舶船员特殊培训和考试。被吊销合格证者，如需重新办理合格证，应于合格证吊销之日起两年后重新参加相应内河船舶船员特殊培训和考试。

（7）本办法自2020年2月1日起施行，有效期为5年。

第三节 船舶安全检查指南

为确保内河散化船满足安全营运条件，船舶必须加强管理，定期进行安全检查，以保障船体、机电设备、消防救生设备、货物装卸设备、防污染设备、人员保护设备等处于有效状态，并配备足够的合格船员，确保船舶处于适航、适装状态，符合有关公约和国家规范的有关要求。

一、船舶和船员证书文书

（一）船舶证书

船舶证书包括船舶国籍（登记）证书、船舶检验证书簿（其中包括相关的证书）、防止油污证书和内河船舶适推/拖及装运危险货物适装证书。

船舶国籍证书是船舶取得国籍的证明，有效期一般在五年。

船舶检验证书簿是船舶通过船舶检验部门检验取得的各种证书，主要包括内河船舶适航证书、内河船舶吨位证书、内河船舶载重线证书、最低安全配员证书和适装证书。

船舶吨位证书和载重线证书一般是长期有效的，而船舶适航证书是船舶检验部门对船舶检验后签发的证书，有一定的有效期。

适装证书是船舶检验部门经检验，认为船舶适于载运一定范围危险品的证书，通常有一定的有效期，且必须与适航证书一起使用。

如果是拖船和驳船，还应分别具有内河船舶适推/拖及装运危险货物适装证书。

检查船舶的证书应注意几个问题：

（1）证书是否齐全有效，包括证书数量是否足够，证书是否具有所需的附页；

（2）是否均在有效期内，船舶的各种证书有效期可能是不一致的，应注意是否所有证书均在有效期内，是否按规定进行定期签注。

（二）船舶文书

船舶文书是船舶重要的证明文件，或者是保证船舶安全航行、货物运输及作业所不可缺少的资料，主要包括船舶签证簿、航行日志、油类记录簿（机器处所的作业）、船上油污应急计划、装载和稳性资料手册、货物记录簿、程序与布置手册、货物资料等。

船舶签证簿是所有内河船舶航行的必备文书，船舶进出港、或在港内航行、作业，必须向海事部门办理签证手续。

航行日志、油类记录簿（机器处所的作业）、船上油污应急计划同样是内河船舶（不限于内河散化船）所需的文书。

对内河散化船来说，装载和稳性资料手册、货物记录簿、程序与布置手册、货物资料是其从事液体化学品水上运输特有的船舶文书，主要考虑到货物的性质，对规定的文书，应当经过有关部门的审核或批准，如果是船舶装卸作业自行填写的文书，必须按规定如实记载，这些文书大部分与内河散化船防污染有关。

（三）船员证书

船舶应按规定配备合格的、足以确保船舶安全航行、停泊、作业安全的持证船员，其持证船员所持的职务适任证书应与所服务船舶的等级、种类、航区、主推进动力装置种类等相一致。在内河散化船上服务的船员，应持有适任证书、船员服务簿、特殊培训证书等。

适任证书是证明船员通过海事部门的考试，具备在一定船舶任职的资格证明，根据从事工作的不同，分成驾驶员、轮机员等种类。证书记载了船员能够任职船舶的种类、规模和限制条件等，有一定的有效期。

船员服务簿是船员在船上服务资料的有效记载，注明持证船员服务船舶的船名、起止时间等船上服务资历和体检、特殊培训记载等个人情况。

拟在内河散化船上任职的船员，必须按《中华人民共和国内河散装液体货船船员特殊培训、考试和发证办法》的要求，完成内河散装液体货船船员特殊培训，并取得海事主管部门签发的内河船舶船员特殊培训合格证后，才能在船上任职。

二、船舶构造、设备

（一）船型、船舶残存能力和液货舱布置

内河散化船的船型选择、船舶残存能力的确定和液货舱布置，是为了在船舶万一发生碰撞、搁浅事故后，能有效地防止液货舱发生破损而污染环境。货物性质的不同，对船舶的要求也不同，因此，船舶可以载运货物的种类及数量，必须符合规范和船舶适装证书的要求，不能随便增加新品种。

船舶在营运过程中，如果船体及液货舱等发生了锈蚀，或者出现了渗漏现象，将可能影响安全和防污的要求，必须及时修理。

（二）货物系统

船舶在营运过程中，液货舱的温度、液位或压力报警系统等货物检测装置、其他有关设备或装置应处于有效状态；货物管系应得到及时保养、标识明确，不用的管系和阀门已经关闭；货物区域的电器应符合规范要求；装卸货物所用的软管，应经过检测，其额定压

力和工况要求满足船舶将要进行的环境要求，软管外观处于满意程度，不存在可能影响作业安全的破损；等等。

（三）货物透气系统

顶部防火网罩应无破损、不能生锈或黏附了大量货物残余而发生堵塞，不能影响气体的顺利通过；船员应熟练进行呼吸阀手动／自动转换，熟悉呼吸阀的作用以及其作用时的压力范围，呼吸阀的外观良好，用于排放积水的泄放阀处于关闭状态；CO_2管路或惰性气体的手阀能正常开启。

（四）惰性气体系统

对化学品船而言，惰性气体系统不仅是重要的消防设施之一，还是某些货物必需的保护性要求。有关人员应熟悉该系统的结构及各部分的作用，设备外观良好，各种构件、阀件无锈蚀、泄漏等现象，含氧量、风机出口处压力等报警装置状况良好。

对未配备惰性气体系统的内河散化船，如果其适装证书对部分货物提出了惰性气体保护要求，其惰性气体的有关设备也应满足一定的条件，如应有船岸惰性气体输送管道，管道上应无破损，如果是不装设输送管道的，则应携带足够的惰性气体气瓶，瓶内气体压力应达到要求，气瓶与液货舱的连接管长度足够，无破损漏气现象。

（五）消防系统

内河散化船通常应装有固定式甲板泡沫系统，对于不适合泡沫的货物，可使用干粉或水雾系统。

内河散化船应按规范要求配备足够数量的消防设备，船上的消防设备应保持良好状态，并处于随时可用状态。

内河散化船的火警系统应该有效，泡沫应适于货物性质并在有效期内，泡沫的启动气瓶也在有效期内，消防水枪应该是水雾、水柱两用型，消防管、阀无锈蚀，消防带无破损。

消防员装备的数量应达到规范要求，每套装备应配齐所需的设备，如个人装备、认可型的呼吸器和救生绳等，并储存在易于到达即刻可用之处。

船员应掌握消防系统的操作，并定期举行消防演习，提高应急反应的能力。

如果发现消防水枪喷出的水呈黑色或含有很多铁锈状沉积物，说明已有较长时间未做保养和演习，需要及时进行。

（六）防污染管理

为了防止船舶造成的污染，内河散化船除了备有相应的证书和文书外，船舶在生产、运输过程中必须遵守有关规定，如必须按主管部门批准的程序与布置手册进行货物的装卸作业，换装货物品种需要清除舱内残余物时采取的方法应符合程序要求。另外，船舶应按规定处理船上产生的洗舱水，不要随便在港内冲洗甲板，船舶的货物记录簿应按要求记载。

除了证书和文书外，船员在生产过程中应采取妥善的防污措施，如装、卸期间应在现场准备足够的吸油毡、抹布，不用的管系的阀门应予以关闭，其管口用盲板加封，接管口下放置了滴漏盘，装、卸期间甲板排水孔关闭。

（七）人员防护

船舶配备的防护服种类应齐全、数量足够、其结构完整，无污渍破损；空气瓶的气压足够，呼吸管路不存在破损；气体检测仪器符合规范对数量、种类的要求，其电池电量充足，有毒气体浓度检测仪配备的试管能检测所有拟装卸货物的种类。

除了设备的功能完好性，其存放位置应符合要求，使用后及时冲洗，船员熟悉防护设备的使用。

第四节 事故案例分析

本节列举几起案例，仅供大家参考，让我们从中吸取经验教训，时刻敲响安全警钟，对自己和他人的安全负责。

必备知识

案例一

一、事故概述

2010年6月14号21时45分，停靠在某公司作业区的“×××”号船在卸苯时，船首泵机舱发生爆炸，造成1人死亡。

二、事故原因

该船在卸苯作业时，因液货泵调压阀螺栓松动，导致苯泄漏并漏入相邻的泵机舱，其可燃蒸气和空气混合形成爆炸性混合气体，遇启动柴油机产生的电火花，引起爆炸。

火灾成因分析：

其一，火灾发生在6～7月，火灾发生时气温在35 ℃左右。从危险化学品固有的火灾爆炸特性来看，气温越高火灾爆炸性也会相对增加。对这种可燃蒸气和空气混合后发生的化学爆炸，其爆炸性的混合气体原始温度越高，则爆炸下限降低、上限增高，爆炸极限范围扩大，爆炸危险性也就会增加，特别是在夏季高温期间。

其二，从火灾发生的部位和处所来看，液货泵机舱是最危险的处所。该处所历来都是船舶安全和消防安全管理的重点，可燃蒸气随时都有可能存在，极易发生动力燃烧（发生瞬间的燃烧即爆炸）。

其三，船靠码头卸货作业过程中因液货泵发生故障引起泄漏，在进行修理过程中而发生的火灾。造成火灾的根本原因是，该船违反了相关规定和操作规程，是典型的责任事故，是完全可以避免的。

其四，这艘船是私人的，船上船员大多数是家庭成员或亲属，未经过特殊培训，属于无证上岗。

三、事故教训

（1）夏季高温历来是危险化学品发生火灾爆炸的高峰时期，必须坚持不懈地抓好危险化学品运输船舶在整个运输过程中各环节的防火、防爆工作，针对所装载的危险货物的特

性，采取有效的安全措施确保安全，特别是在装卸低闪点的易燃液体时，更应保持高度警惕，严格执行法规和安全操作规程，发生泄漏后应停止作业并及时报主管机关。

（2）针对这类船舶船员的特点，应加强对船员的特殊培训：包括消防知识方面培训的力度；除了会操作船舶，还会保护自身安全；知道自己所在船舶和岗位上的火灾危险性；了解燃烧和爆炸的基本理论；掌握防火和灭火的技能；了解消防法律法规；等等。

案例二

一、事故经过

7月30日，某化学品船在某港卸货期间，发现甲板阀液压系统漏油严重。7月31日10：30开航后，大管轮与轮机长商量，决定戴呼吸器下货舱检查。

当检查到#2货舱时，大管轮叫一机匠下舱检查，机匠戴好呼吸器，带好对讲机、手电筒下舱，经检查发现左边两只阀门漏油严重，右边少量漏油，用对讲机报告大管轮后，便往上走，走到一半时感到呼吸困难，眼发花，向大管轮报告呼吸困难，这时甲板人员从对讲机里听出呼吸不正常，此时大管轮立刻叫舵工到前面去拿绳子，自己戴上呼吸器下舱营救机匠，大管轮下到中间平台碰到机匠，叫他赶快上去。机匠在前、大管轮在后，机匠安全爬出舱口，大管轮爬到舱口，手抓到上面一根横档，头已歪到在一边，呼吸器面罩脱落。舱口人员立即抓住大管轮衣服，大家一齐用力拉出舱口，将大管轮平放在甲板阴凉处，立即采取心脏按压，口对口人工呼吸。抢救一直未停止，直到抢救拖船医生到来，医生上船后立即输氧输液，对其实施抢救，并送往某医院，大管轮于8月1日13：00在该医院经抢救无效死亡。

二、事故原因

（1）缺乏化学品船风险防范意识，没有充分有效地识别风险。化学品船所载货品具有毒性、封闭舱室有缺氧窒息致人死亡的风险。对货舱阀门全面的检查，必须在洗舱、通风、测氧、测爆后，符合要求才能下舱作业，否则便有人员中毒死亡的可能。

（2）没有按要求进行风险防范。进入封闭舱室之前，下列各种情况的预防措施没有考虑和遵守：

①进舱要取得船长的允许，即签发进入封闭场所许可证。

②检查舱室里的空气，以确保没有有毒气体或有毒气体的浓度在允许范围内。

③检查舱室里的空气以确保有足够的氧气（一般要在18%以上）。

④在舱室外面安排人员守望，以便在必要时提供援助。

⑤当有人在舱室内时，要开启通风设备，保持通风。

⑥入舱人员应系好救生索，舱外守望人员应准备好救生索、吊带和呼吸器，以便进舱救助时随时可用。另外，入舱人员应事先定好联络信号。消防员装备是用作消防，而不是用作进入危险场所的呼吸器具。

（3）应急措施落实不到位。对应急设备的使用不当、缺乏有效的训练。

三、事故教训

（1）进一步强化劳动安全意识、提高识别化学品船风险的能力。

①加强化学品船安全知识和安全操作的学习，识别化学品船可能存在的风险，针对可

能存在的风险采取相应的防范措施，降低或控制风险。

②强化劳动安全意识。劳动安全不仅是航运企业的事，而且更是每一个船员自己的事。安全事故如果对航运企业还可以挽回或补救的话，对于当事人个人而言是没有挽回或补救的机会的，对当事人及其家庭将是永久的伤害。

③树立“三不作业”的思想，即安全规定没有落实不作业，劳动保护没有落实不作业，必需的作业程序没有落实不作业。

（2）船公司应定期进行劳动安全工作专项检查，对照检查劳动安全是否符合SMS关于劳动保护规定和相关法律法规的要求。

（3）加强劳动安全的培训，提高防范风险能力。

①船舶必须切实按SOLAS要求、SMS的要求组织培训和训练。通过训练提高人员对应急设备使用的熟练程度，同时检验设备的使用性能。

②船舶要将消防员装备的维护使用和登高作业安全须知，进入封闭场所许可作为重点进行培训。

参考文献

［1］刘彦伟，朱兆华，徐丙根. 化工安全技术. 北京：化学工业出版社，2012.

［2］刘敏文，范贵根，魏振中，等. 危险货物运输管理教程［M］. 北京：人民交通出版社，2008.

［3］虞兆年. 防腐蚀涂料和涂装. 2版. 北京：化学工业出版社，2002.

［4］冯肇瑞，杨有启. 化工安全技术手册. 北京：化学工业出版社，2003.

［5］罗思殿. 船舶维修技术实用手册. 长春：吉林科学技术出版社，2005.

［6］陆远志. 散化船安全知识与操作. 上海：上海港务监督局，1999.

［7］中国海事服务中心. 油船和化学品船货物操作（基本培训适用）［M］. 大连：大连海事大学出版社，2012.

［8］中国海事服务中心. 化学品船货物操作（高级培训适用）. 大连：大连海事大学出版社，2012.